Der Barnim.

EIN WEGBEGLEITER

Joachim Nölte

Folgende Symbole helfen:

Stadtrundgang

Wanderweg

Radweg Berlin-Usedom

Tour Brandenburg

Tourist-Information

Gastronomie

Camping

Fahrradservice/-verleih

Der Barnim in 6 Kapiteln

DER BARNIM

((2 Die Schorfheide Seite 54

((1 Naturpark Barnim Seite 16

((6 Barnimer Feldmark Seite 206

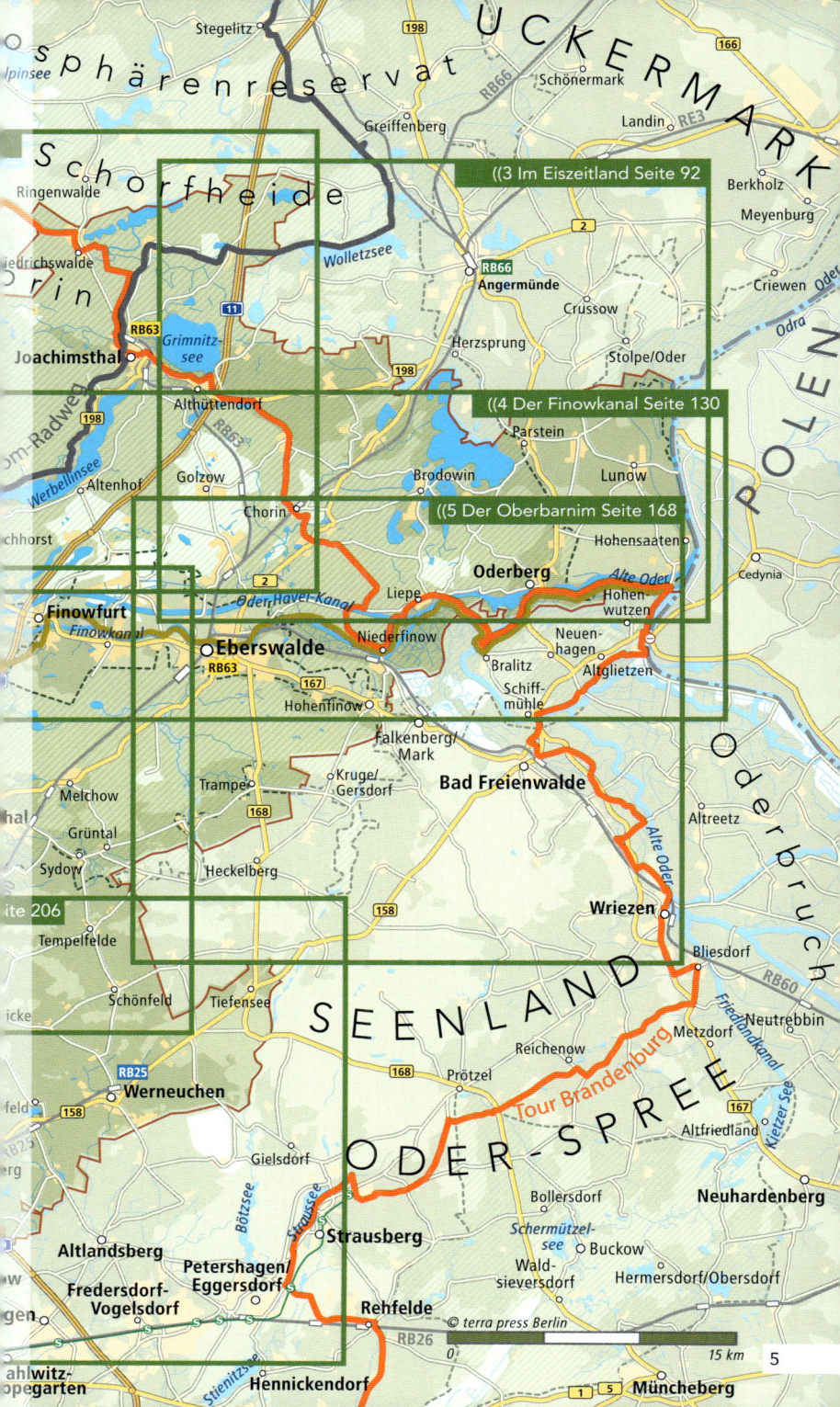

Der Barnim

WAS IST DAS EIGENTLICH?

Der Barnim hat sehr viel zu bieten: Wälder und Seen in anmutiger Landschaft, reizvolle Orte mit vielerlei Geschichten und vor allem interessante Menschen. Gerade die Berliner haben allen Grund, ein Hohelied auf den Barnim zu singen – sie fahren hin, um zu baden, zu wandern, zu radeln, viele haben dort ihr Wochenenddomizil, ihre „Datsche". Die Verkehrsanbindungen sind sehr gut. Eine Autobahn führt mitten hindurch (noch dazu mit einem Abzweig, der „Barnim" heißt), fünf Regionalbahn-Strecken machen große Gebiete des Barnims in weniger als einer Stunde von Berlin aus erreichbar, sogar mit der S-Bahn kommt man hin. Und dennoch sagt kaum ein Berliner: „Ich fahre in den Barnim". Das kann nur an der Nähe liegen, die das Große und Ganze in viele Einzelheiten zerlegt. Dann heißt es: Ich fahr` in die Schorfheide, nach Lanke, an den Werbellinsee, zum Kloster Chorin und so weiter.

Und so hilft dieser Wegbegleiter zum einen, den Barnim in seiner Gesamtheit als Landschaft wahrzunehmen, und zum anderen, genauer hinzuschauen und reizvollen Details nachzuspüren. Mit Neugier wollen wir diese Region, die manche vielleicht schon mit einem „Kennen-wir-längst" abgehakt haben, neu oder noch einmal entdecken.

Beginnen wollen wir mit der Frage: Was ist das eigentlich – Barnim? Zunächst ist es der brandenburgische Landkreis, der fünf Prozent der Fläche des Landes ausmacht, in dem aber sieben Prozent der Brandenburger leben. Seit 1994 ist die Einwohnerzahl kontinuierlich gestiegen. Diese überdurchschnittliche Bevölkerungsdichte geht auf das Konto der Berlin-Nähe des Barnims. Mit wachsender Entfernung von der Hauptstadt nimmt sie wieder ab.

Barnim lässt sich als Landschaft leicht beschreiben: Es ist die Hochfläche zwischen dem Berliner und dem Eberswalder Urstromtal. Wo in aufeinanderfolgenden Stadien der Eiszeit das abtauende Gletschereis gewaltige Ströme bildete, fließen heute die Spree, die Oder und – man glaubt es kaum – der Finowkanal.

Radfahrer in Berlin wissen, dass sie mindestens einen Gang tiefer schalten müssen, wenn sie vom Alexanderplatz aus zum Prenzlauer Berg hinauffahren wollen. Aber niemand denkt in diesem Moment daran, dass es jetzt hinaufgeht auf die Barnimer Platte. Und wer es bis Bad Freienwalde geschafft hat, braucht hinunter in die Stadt nicht mehr zu treten. Hier geht es wirklich steil bergab.

Um der politischen Korrektheit willen müssen wir jetzt aufpassen, denn der Landkreis Barnim und die Landschaft sind nicht identisch. Das eben erwähnte Bad Freienwalde gehört zum Landkreis Märkisch-Oderland. Das soll uns in diesem Wegbegleiter allerdings nicht stören. Wir beziehen die Berge und Wälder des Oberbarnim kurzerhand mit in unsere Erkundungstouren ein. Ebenso werden wir bei kleinen Ausflügen nach Templin, Angermünde und Altlandsberg in die benachbarten Landkreise Uckermark und Märkisch-Oderland schauen.

links: Herbst am Nonnenfließ

Der Barnim im Vergleich
Fläche:

Barnim
1.494 km²

Berlin
892 km²

Uckermark
3.058 km²

Einwohnerzahl:

Barnim
173.000

Berlin
3.502.000

Uckermark
129.000

**Bevölkerungsdichte
(Einwohner/km²):**

Barnim
116

Berlin
3.785

Uckermark
40

Barnim ganz nah

DRAUSSEN IN DER NATUR

Die Natur hat im Barnim prominente Namen: Schorfheide für eins der größten Waldgebiete Europas, Grumsiner Buchenwald für UNESCO-Weltnaturerbe, Werbellinsee für ein vielbewundertes Gewässer, Brodowin für ökologischen Landbau, Kloster Chorin für die glückliche Verschmelzung von Natur und Kultur. Eine Aufzählung, die man beliebig verlängern könnte.

All die Wälder, Seen und Hügel des Barnims sind aus erdgeschichtlicher Sicht noch sehr jung. Das Land lag noch vor 20.000 Jahren unter einer dicken Eisschicht, die am Nordpol begann und hier endete. Bis zu 300 Meter hoch sollen die Gletscher gewesen sein. Mit ihrer gewaltigen Kraft haben sie hier sandige Hügel aufgeschoben, dort feuchte Moore hinterlassen und immer wieder für Gewässerreichtum gesorgt. Heute zeigt sich das Barnimer Land vielgestaltig und reizvoll.

Im Barnim hat die Natur liebevolle Beschützer.

Nachdem die Menschen fast eintausend Jahre lang die natürlichen Ressourcen wenig schonten, gilt nun eine intakte Umwelt mit artenreicher Flora und Fauna als wichtige Lebensressource. Daher wird über die Hälfte der Fläche des Landkreises Barnim als Großschutzgebiet besonders behütet. Da sind das UNESCO-Biosphärenreservat Schorfheide-Chorin und der Naturpark Barnim. Bei beiden geht es darum, die wirtschaftliche und touristische Nutzung mit dem Naturschutz in Einklang zu bringen. Noch weiter reichen die Bemühungen im Nationalpark Unteres Odertal, in den der östlichste Zipfel des Barnimer Landes um Stolzenhagen hineinragt – hier ist Renaturierung das oberste Gebot. Zahlreiche örtliche Naturschutzgebiete wie das Biesenthaler Becken, der Pimpinellenberg bei Oderberg oder die Schönower Heide sind beliebte Ausflugsziele und gleichzeitig Lebensräume für schützenswerte Tiere und Pflanzen.

In den vergangenen Jahren entstanden vielerorts Besucherzentren, in denen wahre Natur-Schauspiele zu erleben sind. Hier wird Bildung und Spaß für jedes Alter geboten. Sie befinden sich für den Naturpark Barnim im historischen Speicher in Hobrechtsfelde und im BARNIM PANORAMA in Wandlitz; für das Biosphärenreservat Schorfheide-Chorin im Naturerlebnisbahnhof in Groß Schönebeck und in der Blumberger Mühle bei Angermünde (Uckermark). Der Norden des Barnimer Landes gehört zum Geopark „Eiszeitland am Oderrand". Im Geoparkzentrum Groß Ziethen bekommt man einen Eindruck von der Kraft der Eismassen, die eine anmutige Hügellandschaft entstehen ließen.

Zahlreiche Punkte zur Naturbeobachtung – zum Beispiel der Turm des BIORAMA-Projektes in Joachimsthal und die Aussichtsplattform über dem Grimnitzsee bei Althüttendorf, die Aussichtsplattform Drebitzberg oder gar der weite Blick vom Schiffshebewerk – ergänzen das Angebot an Naturerlebnissen. Wem das immer noch nicht reicht, der schließe sich einer von Rangern geführten Tour abseits der Wanderwege an.

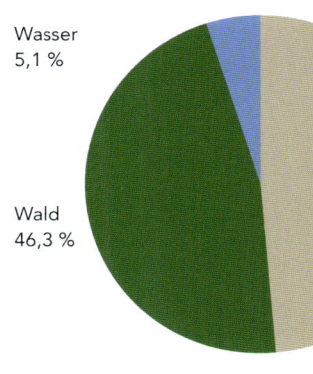

Wasser
5,1 %

Wald
46,3 %

Parsteiner See
10 km² Fläche
31 m tief, 44 ü NN

Grimnitzsee
7,8 km² Fläche
11 m tief, 65 ü NN

Werbellinsee
7,8 km², 58 m tief, 43 ü NN

links: Badespaß am Gamensee

Barnim verstehen

Eine irre Geschichte

Fast 1.000 Jahre in der Zeit zurück führen uns die steinernen Zeugen der Vergangenheit im Barnimer Land. Das sind vielerorts anzutreffende wuchtige Feldsteinkirchen, filigrane Backsteingotik wie die des Klosters Chorin und Reste einst wehrhafter Burgen. Bei unseren Erkundungen stoßen wir auf besonders viele Spuren, die die einst Mächtigen hinterlassen haben. Erst waren es Kurfürsten, dann Könige, schließlich Kaiser. Nach ihnen kamen die Repräsentanten der ersten deutschen Republik, dann nationalsozialistische Führer und schließlich die Lenker des sozialistischen Großversuchs im Osten Deutschlands.

Die brandenburgischen Kurfürsten ließen in der ersten Hälfte des 17. Jahrhunderts die erste künstliche Wasserverbindung zwischen zwei deutschen Stromsystemen graben und im Barnim Glashütten errichten, bis ein verheerender Krieg alles zunichtemachte. Der

Gesundbrunnen lockte den Großen Kurfürsten nach Freienwalde und ließ dort den ältesten brandenburgischen Kurort entstehen.

Meist begegnen wir den Mächtigen in den Wäldern der Schorfheide. Ganz gleich, welcher Staatsform sie vorstanden – die Jagd gehörte stets zu ihren bevorzugten Freizeitvergnügen. Die dortigen Wälder waren über riesige Flächen hinweg eingezäunt, um das Wild in Reichweite der Jagdflinten zu halten. Besonders schießwütig war der letzte deutsche Kaiser. Im Alter von 39 Jahren erlegte er seinen 1.000. Hirsch. Ein „Gedenkstein" in der Schorfheide erinnert daran. Das war 20 Jahre vor seiner erzwungenen Abdankung. Wie viele mögen es bis dahin noch gewesen sein?

Über Jahrhunderte hinweg entstanden – häufig im Wald versteckt – Jagdschlösser, Jagdhäuser und Jagdhütten. In ihrem Aussehen entsprachen sie dem jeweiligen Zeitgeschmack.

Das heißt aber nicht, dass sich die Menschen im Barnim mit einem Leben als Hinterwäldler begnügt hätten. Im Gegenteil. Sie entwickelten die Forstwirtschaft zu einer anerkannten Wissenschaft, die heute noch an einer Fachhochschule in Eberswalde gelehrt wird. Entlang des Finowkanals entstanden Manufakturen und Fabriken, die sich vor allem auf die Metallverarbeitung spezialisierten. Ein regelrechtes Industrierevier: Eisenspalterei, Kupferhammer und Messingwerk, so heißen heute noch Ortsteile von Eberswalde. Im Barnim steht eine der größten Fleischverarbeitungsfabriken Deutschlands. Die Eberswalder Würstchen sind eine Spezialität zum Anbeißen.

Architekturinteressierte finden im Barnim fast zu jedem Baustil einen Vertreter. Vor allem das 20. Jahrhundert ist hier mit besonderen Exponaten vertreten. Zum Beispiel die Gewerkschaftsschule vor den Toren von Bernau – erbaut im feinsten Bauhaus-Stil und fachgerecht restauriert.

Eine andere Schule unter Denkmalschutz sei hier noch erwähnt: die zentrale Hochschule der DDR-Jugendorganisation FDJ. Im Zuckerbäckerstil der Stalin-Zeit errichtet, kann man dort heute dabei zusehen, wie sich die Natur ihr Terrain zurückerobert. Eine spezielle Form von Bauwerken bleibt allerdings zunächst verborgen. Kein Wunder, haben sie sich doch unter dem Boden des Barnims ausgebreitet: die Führungsbunker der DDR.

links: Hier halten sogar Züge – der Kaiserbahnhof Joachimsthal.

400
500
600
700
800
900
1000
1100
1200
1300
1400
1500
1600
1700
1800
1900
2000

Beginn der Völkerwanderung – Abwanderung germanischer Stämme

Einwanderung slawischer Stämme

Eroberung durch deutsche Feudalherren

1245:
Zugehörigkeit des Barnim zur Mark Brandenburg

1451:
Aufteilung in „Hohen Barnim" (Oberbarnim) und „Niederbarnim"

1861:
Eingemeindung der ersten Gemeinden des Niederbarnim nach Berlin

1952:
neue Kreiseinteilung

Barnim genießen

Für jeden etwas

Im Barnim treffen sie sich alle: die Asketen, die auf abgelegenen Landstraßen mit ihren Rennrädern Kilometer schruppen, die Hedonisten, die gemütlich auf einer Terrasse sitzen und auf das Wildgulasch warten, die Stadtflüchter, die zwischen Yoga und Sauna noch eine kräftige Massage über sich ergehen lassen, oder die lustige Reisegesellschaft, die nach dem Museumsbesuch das Eiscafé stürmt. Und alle werden am Abend sagen: Im Barnim kann man wirklich genießen.

Obwohl es nur kurze Wege sind von der Metropole Berlin in die Barnimer Abgeschiedenheit, haben sich zahlreiche Hotels und Ferienhäuser mit speziellen Angeboten auf die Gäste aus der Hauptstadt eingestellt. Sie locken damit, in kürzester Zeit einen gründlichen Ausstieg aus dem Alltagstrott zu ermöglichen. Wachsende Buchungszahlen zeigen, wie beliebt ein solcher Kurzurlaub ist. Aber auch aus ferneren Gegenden in Deutschland oder aus dem Ausland kommen vermehrt die Besucher. Sie verbinden erholsame Tage im Grünen mit Ausflügen ins nahe Berlin. Vor allem auf den Campingplätzen im Barnim hört man das bunte Sprachengewirr.

Dann die vielen Möglichkeiten zur Einkehr, die über das Barnimer Land verstreut sind: Da gibt es die Gaststätten unter freiem Himmel, oft idyllisch an einem See gelegen, oder die urigen, in alten Gemäuern in historischen Stadtkernen. Die traditionsreichen mit bodenständiger und die jungen mit experimenteller Küche. Jene, die ein anspruchsvolles Ambiente bieten, und die anderen, die einfach versprechen, schnell und gründlich den Hunger zu stillen. In Wassernähe, in Altenhof am Werbellinsee zum Beispiel, überwiegt auf der Speisekarte der Fisch, in der Schorfheide wird natürlich vorwiegend Wild serviert. Und wer nach Bernau kommt, wird wohl nach dem berühmten Schwarzbier fragen.

Barnim – das sind nicht nur Seen und Wälder, sondern auch Felder und Weiden. Die Landwirtschaft spielt hier eine große Rolle. Nicht wenige Agrarbetriebe setzen dabei auf biodynamischen Anbau. Anstelle chemischer Dünger, Massentierhaltung und genetischer Veränderung bedienen sich die Bauen dabei natürlicher Mittel: intelligente Fruchtfolge, Renaissance alter und widerstandsfähiger Sorten, Zucht von robusten Tierarten und naturnahe Freilandhaltung. Die Folge dieses Engagements ist eine große Zahl an Hofläden, die Bio-Produkte verkaufen. Auch auf Berliner Wochenmärkten oder in hauptstädtischen Bio-Läden wird eine breite Palette von Produkten aus dem Barnim angeboten.

So weit, so bekannt. In den vergangenen Jahren wurden auf den Barnimer Feldern und Weiden Tiere gesehen, die man lange nicht mehr sah oder noch nie gesehen hat: Ziegen, Strauße oder Wasserbüffel zum Beispiel. Wir werden auf unseren Erkundungstouren solche Höfe besuchen und der Frage nachgehen, aus welchem Grund diese Tiere gezüchtet werden. Und wie erfolgreich die Bestrebungen sind, Exotik in das Barnimer Land zu bringen.

Ziegenkäse
Brodowin

Würstchen
Britz

Speiseeis
Oderberg

Spritzkuchen
Eberswalde

Niederfinow
Senf

Straußeneier
Hohenfinow

Honig
Melchow

Joghurt
Lobetal

Rehrücken
Ladeburg

Dammwild
Selbstpflücke
Willmersdorf

links: Süße Verführungen am Markt von Eberswalde.

Büffelgulasch
Hirschfelde

Martinsgänse
Seefeld

Kartoffeln
Blumberg

Pilze
Krummensee

13

Radeln im Barnim

Das Barnim-Dreieck

Ein Wegbegleiter braucht selbstverständlich einen Weg, an dem sich all die Dinge aneinanderreihen, die zum Schluss unser Barnim-Bild ergeben. Hier bietet sich die Radtour Barnim-Dreieck an, die wir zwischen dem Finowkanal und Berlin durch weitere Radwege erweitern.

So können wir auf dem Berlin-Usedom-Radweg symbolträchtig am Brandenburger Tor in Berlin starten. Oder wir lassen uns, um Kraft und Nerven zu schonen, von der S-Bahn vor die Tore der Hauptstadt bringen. Zepernick wäre ein guter Startpunkt. Durch Bernau und Wandlitz gelangen wir dann zum eigentlichen Startpunkt des Barnim-Dreiecks. Diese Radroute ergibt sich aus Teilstücken dreier überregionaler Radwege: dem Berlin-Usedom-Radweg zwischen Marienwerder und Joachimsthal (der Weg am Westufer des Werbellinsees entlang ist von einmaliger Schönheit), dann weiter auf der „Tour Brandenburg" bis Niederfinow (Höhepunkt: das Kloster Chorin) und von dort entlang des Finowkanals auf dem „Oder-Havel-Radweg" zurück bis zur Kreuzung mit dem „Berlin-Usedom-Radweg".

Vom nahegelegenen Bahnhof Ruhlsdorf sind wir mit der Heidekrautbahn binnen einer Stunde wieder in der City. Zusammen ergibt das eine Strecke von rund 100 Kilometern. Sportliche werden das an einem Tag schaffen. Viel schöner ist es aber, zu entschleunigen und sich Zeit für diese Tour zu nehmen.

Die Kapitel zwei bis vier dieses Wegbegleiters folgen dem Barnim-Dreieck: Wir durchfahren die Schorfheide, kommen dann in die Wälder zwischen Britz, Chorin und Oderberg und gelangen schließlich an den Finowkanal, dessen früherer Treidelweg nun als Oder-Havel-Radweg eine reizvolle Tour am Wasser bietet.

Alle Teilstrecken des Barnim-Dreiecks sind gut ausgeschildert. Und besonders wichtig: Über 90 Prozent der Strecke führt über Wege, die Radfahrern oder Wanderern vorbehalten sind. Begegnungen mit Autofahrern sind selten.

Die Ausschilderung auf dem Barnim-Dreieck ist mit dem Knotenpunktsystem versehen. An einem mit Ziffern versehenen Knotenpunkt treffen mindestens drei Radwege aufeinander. Eine Übersichtstafel zeigt mit einem Umkreis von 15 km an, welcher Weg in welche Richtung führt.

Im Kurpark der Berliner

Naturpark Barnim

Nicht verpassen

1 Der alte Kornspreicher in Hobrechts-felde mit Zeitreise durch die Riesel-felderlandschaft. - S. 19

2 Der Kunst- und Handwerkermarkt im Külzpark in Bernau. - 22 ff

3 Eine Runde um die historische Innenstadt von Bernau entlang der Stadtmauer. - S. 26

4 Die Gewerkschaftsschule Bernau, ein Architektur-Klassiker. - S. 28

5 Ein Spaziergang rund um den Mechesee in Lobetal. - S. 30 ff

6 Die Wanderung durch das Nonnen-fließtal von Melchow nach Eberswalde. - S. 37

7 Mit der Fähre „Frieda" über den Liep-nitzsee zu Badestränden mit klarem Wasser. - S. 40

8 Die Wanderung rund um den Pren-dener Bauersee. - S. 42 ff

9 Ein Besuch der Traktorenherde im BARNIM PANORAMA in Wandlitz. - S. 49 ff

10 Die Fahrt mit der Heidekrautbahn, die seit über 100 Jahren die Berliner in die Schorfheide bringt. - S. 53

Anfahrt

Mit dem Fahrrad
Radfernweg Berlin - Usedom: Berlin - Bernau - Biesenthal - Finowkanal

Mit Bahn & Bus
Der Regional-Express RE 3 verkehrt stündlich vom Berliner Hauptbahnhof nach Bernau (Fahrzeit 20 min) und wei-ter nach Eberswalde (34 min). Die S-Bahn-Linie S 2 fährt alle 20 Minuten zwischen dem Berliner Stadtzentrum und Bernau (Fahrzeit von Bhf. Friedrich-straße 36 min). Die Regionalbahn RB 27 („Heidekrautbahn") fährt stündlich von Berlin-Karow (erreichbar mit der S 2 alle 20 min) nach Wandlitz, Wandlitzsee und Klosterfelde, alle 2 Stunden weiter nach Ruhlsdorf und Groß Schönebeck (Fahr-zeit am Bhf. Friedrichstr. insgesamt 70 min.

Mit dem Auto
Die Autobahn A 11 führt vom Berliner Ring (Dreieck „Barnim") quer durch den Naturpark Barnim und das Biosphären-reservat Schorfheide-Chorin mit den Abfahrten Bernau-Süd, Bernau-Nord, Wandlitz, Lanke, Finowfurt.

Daran, dass Berlin wegen seiner grünen Umgebung gerühmt wird, hat der Naturpark Barnim einen gewichtigen Anteil. Ausgedehnte Wälder, offene Landschaften sowie Fließtäler und Seenketten machen seinen besonderen Reiz aus. Da ist das Wandlitzer Seenge-biet mit glasklarem Wasser und beliebten Badestränden. Da ist das Biesenthaler Becken mit seinen vielen Seen und Mooren oder das Nonnenfließ mit seinen eindrucksvollen Wäldern. Seit fast einhundert Jahren gehört diese Gegend zu den bevorzugten Ausflugsgebieten der Berliner. Der Heidekrautbahn sei Dank.

Der Naturpark Barnim ist eine der 15 Nationalen Naturlandschaften Brandenburgs, wie auch das Untere Odertal, die Märkische Schweiz und der Spreewald, die er alle an Fläche übertrifft. Er erstreckt sich über den westlichen Teil des Barnimer Höhenrückens zwischen dem Berliner Norden und dem Finowkanal sowie der Oder-Havel-Wasser-straße. Jenseits dieser Kanäle folgt mit dem Biosphärenreservat Schorfheide-Chorin ein weiteres Großschutzgebiet nationalen Ranges.

Der Naturpark reicht deutlich über den Landkreis Barnim hinaus. Gut fünf Prozent befinden sich auf Berliner Territorium. Nach Westen hin erstreckt er sich in den Landkreis Oberhavel – bis an die Stadtgrenze von Oranienburg. Nach Osten hin grenzt er an die Barnimer Feld-mark. Die Stadt Bernau, die sich zu Recht „Tor zum Naturpark" nennt, gehört streng genommen nicht zum Schutzgebiet. Beim NATUR-PARK-FEST, das alljährlich Ende August an wechselnden Orten stattfindet, präsentiert sich die Region in ihrer ganzen Vielfalt.

In den Wäldern rund um Lanke, Prenden und Ützdorf befinden wir uns übrigens erneut auf Berliner Gebiet, denn sie gehören zu den Berliner Forsten und werden vom Forstamtsbereich Berlin-Pankow verwaltet. In dieser Gegend befindet sich die Wasserscheide zwi-schen Nord- und Ostsee. Hier entspringen Bäche, die zum Teil in die Havel (und weiter mit der Elbe in die Nordsee), zum Teil in die Oder (und damit in die Ostsee) fließen.

Café am Obersee bei Lanke

Während der Radfernweg Berlin - Usedom auf direktem Weg und parallel zur S-Bahn-Strecke über Röntgental und Zepernick nach Bernau führt, genehmigen wir uns einen Umweg über Hobrechtsfelde, der ersten Station unserer Barnim-Erkundung.

Am Berliner Stadtrand

Hobrechtsfelde

Dieses Dorf gleich hinter der Stadtgrenze von Berlin hat erst in jüngster Zeit von sich reden gemacht. Noch vor wenigen Jahrzehnten konnte man über diese Gegend buchstäblich nur die Nase rümpfen. Hier befanden sich von 1878 bis 1980 die Rieselfelder für den Berliner Nordosten.

Die Berliner Kanalisation gehört zu den großen ingenieurtechnischen Leistungen der „Gründerjahre". Nicht allein über die Entsorgungswege für das Abwasser der Großstadt machte man sich damals Gedanken, sondern auch über dessen Verwendung, nachdem es durch den märkischen Sand verrieselt und somit gefiltert wurde. So begann vor gut einhundert Jahren die Bewirtschaftung der Rieselfelder. Die Stadt Berlin gründete ein Gut für die landwirtschaftliche Produktion und benannte es nach James Hobrecht. Es war ein außerordentlich modernes Mustergut mit einer eigenen Loren-

Besucherzentrum Gut Hobrechtsfelde mit Ausstellung im historischen Getreidespeicher
Apr–Okt an Wochenenden und Feiertagen 10–18 Uhr

Speicher und seine Ausstellung

Konikpferde als Landschafts-pfleger

bahn und einer – für damalige Verhältnisse – sozialen Infrastruktur samt komfortablen Arbeiterwohnungen. Das Gut belieferte Berlin mit Gemüse aller Art.

Noch heute beeindruckt die ausgeklügelte Technik, mit der das Getreide von oben nach unten durch den riesigen **Kornspeicher** transportiert und dabei getrocknet wurde. Das Rohrsystem wurde für Besucher sichtbar gemacht. Im Speicher wurde jüngst ein modernes **Besucherzentrum** eingerichtet, in dem die Geschichte des Ortes und der Rieselfelderwirtschaft lebendig wird. Vom Speicher aus präsentiert sich ein weites Panorama über die flache Landschaft.

Ein Klärwerk ersetzte 1985 die Abwasserreinigung durch Rieselfelder. So begann rund um Hobrechtsfelde die Umgestaltung der Landschaft zu einem Erholungswald mit einem Aufforstungsprogramm, das rund 50 Baumarten umfasste. Aber nur Pappeln und Eschen-Ahorn hielten den schwierigen Bodenverhältnissen stand. Ein radikales Umdenken brachte die Lösung: Nicht mehr ein dichter Mischwald wurde als Ziel ausgegeben, sondern eine halboffene Waldlandschaft – ein in Mitteleuropa heute extrem seltener Landschaftstyp. Als „Landschaftspfleger" wurden 170 robuste Rinder und 30

WER WAR JAMES HOBRECHT?

Leider war James Hobrecht (1825 - 1902) bereits sechs Jahre tot, als ein Ort seinen Namen erhielt - eine Straße und eine Brücke in Berlin waren bereits nach ihm benannt worden. Die Berliner haben ihm sehr viel zu verdanken. Er plante die ersten großen Eingemeindungen von 1861, als Wedding, Moabit und Gesundbrunnen den Kreis Niederbarnim verließen und zu Berlin kamen. Von 1873 bis 1897 war er der Chefingenieur der Berliner Kanalisation. Er entwickelte die Idee, Berlin in zwölf Entwässerungsgebiete einzuteilen - die Radialsysteme. Darin fließt das Abwasser zu Pumpstationen, die es zu den Feldern befördern, wo es im Boden verrieselt wird. Der Sand ist der Filter. So entstand die Kanalisation, die noch heute eine Grundlage des hygienischen Lebens in der Großstadt ist.

Konikpferde in die größte **Waldweide** Deutschlands entlassen. Sie weiden dort das ganze Jahr über und behüten Lebensräume für seltene Pflanzen- und Tierarten.

Hobrechtsfelde ist heute ein beliebtes Ausflugsziel für die ganze Familie. Das Gut bietet mit mehreren **Schaugehegen** die unmittelbare Begegnung mit Rindern und Pferden, es gibt einen Streichelzoo, wer mag, kann auf dem Pony reiten. Für die Kleinen gibt es einen Abenteuerspielplatz und für die Großen einen Kletterpark. Vom Alten Speicher aus führt ein Spazierweg an den Gattern für den Weidewald entlang zum **Skulpturenpark**. Die einstige Rieselfelderlandschaft ist hier gespickt mit über 100 Skulpturen aus Holz und Stein. Mal gegenständlich, mal abstrakt, nehmen die Kunstwerke Bezug auf die sich neu entwickelnde Natur.

Nur einen Katzensprung entfernt liegt der **Gorinsee**. Nachdem es gelang, seine allmähliche Austrocknung zu stoppen und sogar rückgängig zu machen, ist er wieder zum beliebten Badesee geworden. Gleich hinter dem Strand wartet das rustikale Gasthaus „Am Gorinsee" mit Wildspezialitäten aus der Schorfheide auf Gäste.

Schönow

Der Weg nach Bernau führt an der **Schönower Heide** vorbei – ein Naturschutzgebiet, das aus einem militärischen Übungsgelände hervorgegangen ist. Diese Nutzung hat einerseits eine offene Heidelandschaft hinterlassen, andererseits aber auch schützenswerte Biotope wie Binnendünen und Feuchtwiesen. Dam- und Rotwild wurden hier als „Landschaftsgärtner" ausgesetzt.

In **Schönow**, einem Ortsteil von Bernau, kommen wir erstmals mit den Hussiten in Berührung, zumindest mit dem Schrecken, den sie 1432 verbreiteten: Sie machten den Ort dem Erdboden gleich. So kam die um 1400 errichtete Feldsteinkirche erst 350 Jahre später zu ihrem Turm. Der wurde nach einem Brand 1860 noch einmal mit Backsteinen hochgezogen. Rund um die Kirche gruppieren sich Wohnhäuser mit Jugendstilfassaden – die nahe Großstadt lässt grüßen.

Badestrand am Gorinsee

Kunstausstellung im Gelände der ehemaligen Rieselfelder

Direkt am Eingang zum Schönower Heidegelände steht ein Aussichtsturm, der einen weiten Blick über die Heide ermöglicht. Verschieden lange Rundwanderwege vermitteln Wissenswertes über Flora und Fauna auf dem einstigen Manövergelände.

Bürgermeisterstraße und St.-Marien-Kirche im Jahr 2013

Tourist-Information Bernau
Bürgermeisterstr. 4
16321 Bernau bei Berlin
Tel. (03338) 761919

Der Radfernweg Berlin - Usedom erreicht Bernau in der Nähe des Bahnhofs, wo eine Linie der Berliner S-Bahn endet und wo die Züge des Regionalverkehrs der Bahn halten. Ein Fahrradparkhaus bietet sichere Abstellmöglichkeit. Vom Bahnhof aus geht es durch die Alte Goethestraße ins Zentrum. Der Weg führt am Henkerhaus vorbei, verlässt die Stadt durch das Mühlentor und nimmt geradewegs Kurs auf Lobetal. Zuvor sehen wir uns jedoch in der Bernauer Innenstadt etwas genauer um.

BERNAU BEI BERLIN

Niemand kann sagen, wann genau im 14. Jahrhundert die Bernauer Stadtmauer errichtet wurde. Ist eigentlich egal. Wichtig ist nur, dass sie auch heute noch eine wichtige Funktion erfüllt. Sie hält Verkehr und hektischen Trubel von der Altstadt fern. So können sich die Besucher im historischen Stadtkern wohlfühlen wie in einer charmanten, beschaulichen Kleinstadt: auf dem Platz vor dem Steintor einen riesigen Eisbecher verdrücken, im „Zicken-Schulze" einkehren und sich ein Bernauer Schwarzbier genehmigen.

Oder man sucht Rast im Schatten der St. Marien-Kirche. Die Bernauer Altstadt ist in wenigen Minuten durchschritten und bietet dennoch eine Fülle an historischen Bauten und idyllischen Orten, die die Plattenbauten fast vergessen machen.

Die **Stadtmauer** war ursprünglich fast 1,5 Kilometer lang, 8 Meter hoch und erreichte eine Stärke von 1,5 Metern. Drei Stadttore führten hindurch, 2 Rundtürme und 42 Lughäuser boten zusätzlichen Schutz. Außerhalb der Mauer umschloss eine breite Wallanlage mit Wassergräben die Stadt. Sie ist heute ein Grünzug, der die Altstadt zusätzlich abschirmt. Er macht Bernau zu einer grünen Stadt mit vielen Plätzen, gleichermaßen geeignet für Bewegung und Erholung.

Nach dem Wahrzeichen von Bernau gefragt, kommt man in Erklärungsnot. Natürlich hat jeder schon einmal ein Bild mit dem gewaltigen viereckigen Steintor und dem runden Hungerturm daneben gesehen. Nicht weniger prägt die St. Marienkirche das Bild der Stadt. Aber manchmal sind es die kleineren Dinge, die eine Stadt unvergesslich machen. Im Falle von Bernau könnte das die Bronzesäule am südlichen Ende des Marktplatzes sein, die Szenen aus der Stadtgeschichte darstellt. Von unten nach oben führt sie die Betrachter durch rund 800 Jahre Stadtgeschichte. In Bernau kommt man auch an dem berühmten Bier, dem Zickenschulze und dem alljährlichen Hussitenfest nicht vorbei. Was hat es damit auf sich?

Teil der Säule am Marktplatz

Hotel und Gasthof „Zum Zicken-Schulze", Brauerstr. 2

links: Das Steintor
rechts: Stadtmauer am Pulverturm

23

3 FEIERLICHE FRAGEN AN BERNAU

Warum feiern die Bernauer das Hussitenfest?

Seit 1832 feiert Bernau jährlich Anfang Juni das Hussitenfest. Da gibt es einen Festumzug durch die Altstadt, viel Mittelalterspektakel und ein großes Volksvergnügen. Gefeiert werden genau genommen nicht die Hussiten, sondern die braven Bernauer Bürger, die einen Hussitenansturm an der Stadtmauer abgewehrt haben. Der aus Böhmen stammende Jan Hus und seine Anhänger, die Hussiten, wollten zunächst (wie rund 100 Jahre nach ihnen Martin Luther) die Kirche reformieren. Nachdem Hus wegen Ketzerei auf dem Scheiterhaufen verbrannt worden war, verwandelten sich die Hussiten in rachsüchtige Fundamentalisten und überzogen ganze Landstriche mit einem Vernichtungsfeldzug. 100 Städte und Burgen, 500 Kirchen und mindestens 1.500 Dörfer sollen während der Hussitenkriege zwischen 1420 und 1436 zerstört worden sein. Dass es den Bernauern 1432 gelang, sich dank fester Mauern und dem verzweifelten Mut der Verteidiger dieser Geisel zu entledigen, mag Grund genug zur lang andauernden und jährlich wiederkehrenden Freude sein.

Gibt es noch das berühmte Bernauer Bier?

Ja, es gibt es wieder, das Bernauer Schwarzbier.

Zunächst aber die Geschichte von Anfang an. Es war einmal eine Stadt, die war weithin bekannt für ihr vorzügliches Bier. Das war dermaßen vollkommen, dass es als „männerbezwingender Starktrunk" galt und jeder daran kleben blieb, der es zwischen sich und seinen Stuhl bekam. Der Legende nach gossen die Bernauer ein wenig Bier auf einen Stuhl und setzten sich anschließend darauf. Nur wenn die Hose am Stuhl kleben blieb, war es stark genug und durfte verkauft werden. Dem Bier soll die Stadt sogar ihre Gründung verdanken. War es doch der legendäre Markgraf Albrecht der Bär, der sich um 1140 bei der Jagd im Wald verirrte und schließlich zu einem Gasthof kam, in dem ihm das Bier derart mundete, dass er sogleich befahl, an diesem Ort eine Stadt zu errichten. So ward Bernau gegründet. Wer's glaubt...

Im 15. Jahrhundert wurde in 146 Bernauer Häusern gebraut – von 320 Häusern insgesamt. In Berlin wurde das Bernauer Bier ausgeschenkt, sogar in Hamburg mundete es jenen, die es sich leisten konnten. Aber es eignete sich nicht nur zum Verzehr: Immer wieder wird die Geschichte aus dem Jahr 1432 erzählt, als die Hussiten durch

die Mark Brandenburg zogen und die Bernauer von ihrer Stadtmauer herab siedend heiße Braurückstände auf die Belagerer schütteten. Listig wurden die lädierten Angreifer dann auch noch mit Bier abgefüllt und so vollends kampfunfähig gemacht.

Seit dem Dreißigjährigen Krieg nahm die Zahl der Braustätten in Bernau jedoch beständig ab. Schließlich mussten sie sich den Berliner Großbrauereien geschlagen geben. Eine Weile noch wurde Bernauer Bier in Berlin-Friedrichshagen hergestellt, auch dort erlag man 2010 der Konkurrenz.

Die Bernauer allerdings wollten sich nicht damit abfinden, dass es ihr berühmtes Schwarzbier künftig nicht mehr geben sollte. Und so ergriff Bernd Peckel die Initiative, kräftig unterstützt von seinem Sohn Heiko. Glücklicherweise fand sich noch eine dreißig Jahre alte Flasche mit Bernauer Schwarzbier. Deren Inhalt ließen die Peckels von einem Labor untersuchen und erfuhren so die genaue Zusammensetzung des Malzes und die Art des Hopfens. Dieses Bier hatte allerdings einen Alkoholgehalt von über sieben Prozent. Eine einheimische Braumeisterin machte sich daran, die Rezeptur mit einem für heutige Ansprüche angepassten geringeren Alkoholgehalt nachzubrauen. Dann bewertete eine Gruppe von zwanzig Bernauer Geschmackstestern das Ergebnis. Sie waren zufrieden: Das Bernauer Schwarzbier mit der leichten Karamell-Note war wiederauferstanden. Sie beauftragten eine Brauerei, das Bier nach dem Bernauer Rezeptur zu brauen und auf Flaschen zu ziehen. Unter dem Namen „Bernauer Torwächter" wurde es während des Hussitenfestes 2013 der Öffentlichkeit vorgestellt und kam bestens an. Und wo gibt es den „Bernauer Torwächter"? Aus dem Fass wird es in einigen Bernauer Gaststätten – speziell in der Altstadt – ausgeschenkt. In Flaschen hält es die Tourist-Information in der Bürgermeisterstraße 4 bereit.

Wer war denn der „Zickenschulze aus Bernau"?

Zickenschulze war eine Erfindung des Vortragskünstlers – heute würde man „Comedian" sagen – Fredy Sieg (1878 - 1962). Dass der Held des einst sehr populären Liedes aus Bernau stammt, liegt einfach daran, dass sich Bernau auf Frau reimt. Denn es heißt in dem Gassenhauer: „Zickenschulze aus Bernau nahm sich schon die vierte Frau..." Und dann beschreibt der Sänger wort- und pointenreich den Verlauf jenes Hochzeitsfestes als eine turbulente Folge von Pleiten, Pech und Prügel. Das Ende des Liedes zeigt den typischen Berliner Optimismus: „Wenn sich Zickenschulze wieder scheiden lässt - Kinnekinns, dann jibt's noch mal so'n schönet Fest."

Hussitenfest in Bernau: Reitturnier, Schwarzbierverkauf, „Zickenschulze" beim Festumzug

Bei unserer Stadterkundung folgen wir dem von der Bernauer Tourist-Informati-on erarbeiteten „Kulturpfad". In der Bürgermeisterstraße 4, nur ein paar Schrit-te vom Marktplatz entfernt, gibt es ein Faltblatt, auf dem dieser Weg und seine Sehenswürdigkeiten genauer beschrieben sind. Der Rundgang beginnt und endet am Bahnhof.

1 **Bahnhof** - Seit 1842 ist Bernau an das Eisenbahnnetz angeschlossen, seit 1924 endet hier eine Linie der Berliner S-Bahn. Bis in die Berliner City sind es 25 Minuten.

2 **Herz-Jesu-Kirche** - Im Jahr 1908 wurde diese katholische Kirche geweiht.

3 **Külzpark** - Dieser Park am Steintor ist an den letzten Sonntagen im April, Mai, August und September Schauplatz der Kunst- und Handwerkermärkte.

4 Das **Steintor** - Das Tor war einst Teil der Stadtbefestigung und beherbergt bereits seit 130 Jahren das Stadtmuse-um. Der Turm ist über einen Wehrgang mit dem Hungerturm verbunden. Dort befindet sich ein 8 Meter tiefes Verlies.

5 Die städtische **Tourist-Information** ist in dem Haus mit der Jugendstilfassade in der Bürgermeisterstraße unterge-bracht, in unmittelbarer Nachbarschaft zur historischen Adler-Apotheke (1755).

6 In der Brauerstraße reihen sich **histo-rische Fachwerkhäuser** aneinander. Eini-ge von ihnen besitzen noch alte Gewöl-bekeller, in denen vermutlich das berühmte Bernauer Bier gelagert wurde.

7 Das klassizistische **Rathaus am Markt** stammt aus dem Jahr 1805.

8 Am Markt zeigt eine **bronzene Säule** fünf Szenen aus der Stadtgeschichte. Der im Oderbruch lebende Bildhauer Horst Engelhardt hat sie geschaffen.

9 Die **St. Marien-Kirche** gehört zu den bedeutendsten Bauwerken der Mark Brandenburg. Die vierschiffige Hallen-kirche wurde nach 200 Jahren Bau 1519 fertiggestellt. Sie besitzt eine reiche Aus-stattung aus dem Mittelalter und der Renaissance. Ostern bis Erntedank täg-lich 14–16 Uhr geöffnet.

10 Das **Mühlentor** wurde 2010 mit Hilfe von Spenden aus der Bürgerschaft in Anlehnung an die ursprüngliche Form wieder aufgebaut.

11 Die **Stadtmauer** war ursprünglich fast 1,5 Kilometer lang, 8 Meter hoch und erreichte eine Stärke von 1,5 Metern. Drei Stadttore führten hindurch, 2 Rundtürme und 42 Lughäuser boten zusätzlichen Schutz.

12 Das **St.-Georgen-Hospital** außerhalb der Stadtmauer beherbergt heute noch eine karitative Einrichtung und gehört zur ältesten Stiftung Brandenburgs.

13 Der 44 m hohe Turm sieht aus wie ein Teil einer alten Burg, ist aber ein **Wasserturm** aus dem Jahr 1911.

14 An der Stadtmauer siedelte sich im Mittelalter jemand an, der innerhalb der Stadt nicht gern gesehen war: der Bern-auer Scharfrichter. Das „**Henkerhaus**" ist Teil des Heimatmuseums und zeigt Arbeitsgeräte des Henkers, darunter ein „Schandstein" für zanksüchtige Weiber.

15 Das als „**Cafe am Pulverturm**" 1985 erbaute Haus beherbergt seit 2005 die Sammlung des Videopioniers und Medi-enkünsters Wolf Kahlen (geb. 1940).

16 Der 29 Meter hohe **Pulverturm** war Teil der Stadtbefestigung. Eine Lücke in

der Stadtmauer bietet einen Zugang zum Stadtpark, der zwischen üppiger Pflanzenwelt Skulpturen zeigt.

17 Das **Kantorhaus** aus dem Jahre 1583 ist das älteste erhaltene Wohnhaus von Bernau.

18 Das **Berliner Tor** wurde bereits Ende des 18. Jahrhunderts abgerissen, ist aber im Pflaster symbolisch dargestellt.

19 In der **Alten Goethestraße** befindet sich die Skulpturensammlung der Waldsiedlung Bernau (siehe S. 29).

Das Bauhausdenkmal Bernau

Unser Besuch in Bernau bliebe unvollständig, würden wir nicht ein wichtiges Architekturdenkmal der klassischen Moderne besuchen. Wir verlassen die Innenstadt von Bernau in Richtung Wandlitz, kommen an einem Gewerbegebiet vorbei und machen vielleicht Rast am „Waldkater", einer traditionsreichen Bernauer Ausflugsgaststätte, bekannt für eine gediegene Küche. Zur ehemaligen Gewerkschaftsschule folgt man am besten den Wegweisern zum Bernau-Gymnasium, das sich auf dem gleichen Gelände befindet.

Das Ensemble der Gewerkschaftsschule wurde zwischen 1928 und 1930 nach Plänen der Bauhaus-Architekten Hannes Meyer und Hans Wittwer als Bundesschule des Allgemeinen Deutschen Gewerkschaftsbundes erbaut. Damit steht vor den Toren Bernaus nach dem Bauhaus-Ensemble in Dessau das größte Bauprojekt dieser Kunstrichtung. Hier vereint die Bauhaus-Architektur hohe Funktionalität mit Naturverbundenheit. Bereits seit 1977 genießt das Ensemble Denkmalschutz.

Im Mittelpunkt der Anlage steht die Aula im Empfangsgebäude. Hier befinden sich auch die Mensa und der Wintergarten. Ein Glasgang führt zu den fünf Wohntrakten – ans Gelände angepasst und von Grün umgeben. Zum Komplex gehören Wohnungen für die Lehrer, ein Lehrgebäude mit Seminarräumen, Turnhalle, Lesesaal, außerdem ein Sportplatz und ein Freibad.

Im Laufe der Jahre hat die Anlage ihre Funktionen gewandelt. Manches existiert nicht mehr, anderes ist hinzugekommen. Seit 2001 ist die Handwerkskammer Berlin Eigentümerin des wesentlichsten Teils des Baudenkmals. Unter ihrer Regie wurde der Schulbau in mehrjähriger Arbeit restauriert und weitgehend den ursprünglichen Intentionen der Architekten angepasst. Als die Arbeiten abgeschlossen waren, erhielt das Ensemble den Namen Hannes-Meyer-Campus.

Das zentrale Mensa- und Aula-Gebäude ist während der allgemeinen Arbeitszeiten öffentlich zugänglich.

Briefmarke aus den 1980er Jahren mit einer Abbildung der Gewerkschaftsschule

Die Skulpturensammlung

Die berühmt-berüchtigte Wohnsiedlung des SED-Polit-büros, die „Waldsiedlung", wurde allgemein mit der Stadt Wandlitz in Verbindung gebracht (siehe S. 52). Tatsächlich aber liegt sie auf dem Gebiet von Bernau. Das ist auch der Grund dafür, dass sich die Stadt um bildhauerische Werke kümmert, die einst in der Siedlung aufgestellt und damals für die Öffentlichkeit unzugänglich waren. Sie wurden in den 1960er und 1970er Jahren von namhaften Bildhauern geschaffen.

19 Skulpturen aus der Bernauer Waldsiedlung haben in einem Laden in der Alten Goethestraße 3 an der Bernauer Stadtmauer ein neues Zuhause gefunden. Zu sehen sind dort Werke von Bildhauern wie Fritz Cremer, Heinrich Drake, Waldemar Grzimek und Gustav Weidanz.

Skulpturensammlung
Alte Goethestr. 3
Eintritt frei
Mi 10–18 Uhr, Sa 10–16 Uhr

WER WAR EIGENTLICH HANNES MEYER?

Hannes Meyer wurde 1889 in Basel geboren und starb 1954. Im Gegensatz zu Namen wie Walter Gropius oder Mies van der Rohe ist Hannes Meyer weniger bekannt. Obwohl er zwischen 1928 und 1930 Direktor des Dessauer Bauhauses war und ihm seine soziale Ausrichtung gab. Er wollte nicht für Wohlhabende bauen, sondern für das Volk. Nach Auflösung des Bauhauses durch die Nazis emigrierte der Architekt nach Moskau, wo er den stalinistischen Repressionen ausgesetzt war. Während er als Bürger der Schweiz das Land verlassen konnte, wurde seine Lebensgefährtin 1938 ermordet. In Mexiko leitete Meyer das Institut für Städtebau und Planung und begann mit der Herausgabe architekturwissenschaftlicher Bücher. Er war Autor eines Schwarzbuches über den Naziterror in Europa. Seine letzten Jahre verbrachte er wieder in seiner Schweizer Heimat. Ein „Stararchitekt" wie seine Bauhauskollegen Gropius und van der Rohe wurde er nie.

Auf dem Radfernweg Berlin - Usedom verlassen wir Bernau in nördliche Richtung. Unser Ziel ist das 4 Kilometer entfernte Lobetal. In Ladeburg müssen wir darauf achten, die Hauptstraße zu verlassen und auf eine enge Wirtschaftsstraße einzubiegen.

LOBETAL

Rechts und links Felder, kein Ort in Sicht. Umso größer ist die Überraschung, als sich ein Waldstück als der Ort Lobetal entpuppt. Eine Parksiedlung, die den Neuankömmling mit Ruhe und Frieden empfängt. Hier ist die Welt in Ordnung, könnte man meinen, wenn nicht gleich am Ortseingang eine Gedenkstätte an 13 Juden erinnert, die in Lobetal betreut und geschützt, aber dennoch Opfer des Nazi-Terrors wurden (Foto links).

Mit Lobetal hat es eine besondere Bewandtnis. Der Ort wurde von Pastor Friedrich von Bodelschwingh 1905 begründet, um Obdachlosen und armen Wanderarbeitern eine Bleibe zu bieten. Zugleich gründete er den „Verein Hoffnungstal für die Obdachlosen der Stadt Berlin e.V.", aus dem nach und nach die „Hoffnungstaler Stiftung Lobetal" hervorging. Der Ansturm aus den Berliner Asylen war enorm. Im Laufe der Zeit verlagerte sich der Tätigkeitsschwerpunkt in Richtung Altenbetreuung und Behindertenhilfe.

Die Stiftung ist innerhalb des Diakonischen Werkes der evangelischen Kirche tätig. Zu DDR-Zeiten war Lobetal die größte **Behinderteneinrichtung** des Landes. Sie betreibt die Hoffnungstaler Werkstätten GmbH, die an verschiedenen Orten 850 Arbeitsplätze für Menschen mit Behinderungen zur Verfügung stellt. Eine dieser Produktionsstätten ist eine Bio-Molkerei, die vor allem mit Joghurt in den Naturkostläden der Region vertreten ist. Die Hälfte der 700 Lobetaler Einwohner sind Menschen mit besonderem Hilfebedarf.

Im Februar und März 1990 machte Lobetal Schlagzeilen, als Margot und Erich Honecker hier Asyl fanden.

Am Mechesee

Die damalige DDR-Regierung hatte den im Herbst 1989 von seinen SED-Genossen gestürzten Honecker kurzzeitig in Haft genommen und aus der Politbüro-Siedlung bei Wandlitz exmittiert, aber nicht bedacht, dass das Ehepaar eine Bleibe benötigt. In dieser prekären Situation war es der damalige Leiter der Hoffnungstaler Anstalten, Uwe Holmar, der ihnen Kirchenasyl anbot. Dass dazu persönlicher Mut gehörte, zeigten Demonstrationen aufgebrachter DDR-Bürger vor dem Pfarrhaus. Noch 1953 hatte die damalige DDR-Führung versucht, die Einrichtungen in Lobetal zu enteignen und zu verstaatlichen. Auch damals verhinderte persönlicher Mut den Vollzug.

Am Ortsrand erstreckt sich der idyllische **Mechesee**. An seinem östlichen Ufer gibt es eine kleine Badestelle. Nicht alltäglich zeigt sich der Friedhof von Lobetal. Betreuer und Betreute haben hier Seite an Seite ihre letzte Ruhestätte gefunden. Ein Mahnmal erinnert dort an über 500 Menschen, die in den Nachkriegsmonaten an Hunger und Krankheit in Lobetal starben.

Die „Alte Schmiede", Café und Tourist-Information ist geöffnet:
Mo–Fr 15–17
Sa, So, Fr 17–17 Uhr

Das Gästequartier „Bonhoeffer-Haus" trägt das Zertifikat „Bett & Bike"

WER WAR EIGENTLICH FRIEDRICH VON BODELSCHWINGH?

Der Sproß einer alten westfälischen Adelsfamilie – der Vater war preußischer Finanzminister – war ein Spielkamerad des „88-Tage-Kaisers" Friedrich III. Bereits in jungen Jahren berührte ihn die Not anderer. Er wurde evangelischer Pfarrer und wirkte vor allem in der Inneren Mission, die es sich zur Aufgabe gemacht hatte, verarmte und von der Religion entfremdete Menschen wieder in den Schoß der Kirche zurückzuholen. Er gründete 1882 im ostwestfälischen Wilhelmsdorf eine Arbeiterkolonie, später auf Amrum eine Ferienkolonie und 1905 die Lobetaler Anstalten. Dazwischen hob er in Bielefeld die erste deutsche Bausparkasse aus der Taufe und setzte sich als Mitglied des Preußischen Abgeordnetenhauses für eine Gesetzgebung ein, die auch soziale Aspekte berücksichtigt. Immer auf der Suche nach Spenden, galt er später als der „genialste Bettler Deutschlands" (Th. Heuss).

FÜR DEN WAHRHAFT NATÜRLICHEN JOGHURT:

Milch aus Lobetal

Bei der Hoffnungstaler Stiftung Lobetal hat die Landwirtschaft eine über 100-jährige Tradition. In Lobetal, Dreibrück, Blütenberg und Reichenwalde arbeiten stiftungseigene landwirtschaftliche Betriebe. Gemeinsam bewirtschaften sie 662 Hektar landwirtschaftliche Nutzfläche. In ihren Ställen in Lobetal und Dreibrück stehen 210 Milchkühe und 150 weibliche Jungrinder. Das Besondere dieser Agrarbetriebe: Hier arbeiten behinderte und nicht behinderte Menschen zusammen, und alle vier Betriebe sind seit 2008 Mitglied im Naturland-Verband, der sich weltweit für ökologische und nachhaltige Lebensmittelproduktion stark macht. Die Milch aus diesen Betrieben landet frisch in der Molkerei der Hoffnungstaler Werkstätten. Was dort aus ihr entsteht, verrät Bereichsleiter Michael Kuper.

Was unterscheidet die Lobetaler Bio- Molkerei von anderen?
Unsere modernen Anlagen aus Edelstahl gleichen denen anderer großer Molkereien. Wir unterscheiden uns jedoch wesentlich in drei Punkten. Das sind erstens die Menge der verarbeiteten Milch, zweitens die ausschließliche Verarbeitung von Bio-Produkten und drittens der hohe Grad an Handarbeit bei der Verpackung unserer Produkte. Denn diese Arbeit übernehmen bei uns zwanzig Menschen mit Behinderung. Die fachliche Arbeit der Milchverarbeitung übernehmen fünf Molkereifacharbeiter. Wir sind ein gut eingearbeitetes Team und können stolz auf unsere Belegschaft sein.

Was entsteht aus der Milch?
In der Molkerei wird die Lobetaler Milch pasteurisiert und zu Sahne, Joghurt, saurer Sahne, Ayran sowie dem „Lobetaler", einem Weichkäse, verarbeitet.

Wie kommen Ihre Produkte in die Läden?
Der Bio-Fachhandel beliefert die Naturkostläden, von denen es in Brandenburg und Berlin immer mehr gibt, und die traditionellen Großhandelsmärkte wie Edeka, Reichelt oder REWE. Somit können wir in der gesamten Region Berlin/Brandenburg von unseren Kunden gefunden werden.

Das macht unseren Anspruch an Regionalität und Nachhaltigkeit aus: anspruchsvolle Beschäftigung von Menschen mit Behinderung aus der ländlichen Region, kurze Transportwege für Milch und Produkte sowie die Nähe zum Kunden.

Am bekanntesten ist ja wohl der Naturjoghurt aus Lobetal?
Ja, denn der Naturjoghurt ist für mich das leckerste und ursprünglichste Produkt. Je weniger Zusätze in einem Produkt sind, desto besser.

Und wenn jemand den Morgenjoghurt lieber mit Früchten mag?
Dann kann er bei uns zwischen verschiedenen Geschmacksrichtungen wählen. Am liebsten kaufen die Kunden den Mango-Vanille-Joghurt. Wer sich für Erd-

beere und schwarze Johannisbeere entscheidet, kann sicher sein, dass auch hier nur Früchte aus Norddeutschland verarbeitet werden.

Und welcher Geschmack steckt im „Naturschutzbecher"?
Im „Naturschutzbecher" befindet sich unser ganz normaler Naturjoghurt. Das Besondere: Den Becher stellen wir in den Dienst des Naturschutzes. Wir empfehlen monatlich auf der Platine einen Ausflug zu einem Naturschutzprojekt in den Naturpark Barnim. Eine

genauere Beschreibung dazu finden die Kunden dann auf www.naturschutzbecher.de. Konkrete Naturschutzprojekte haben wir mit unseren Bechern schon unterstützt: eine Waldweide mit wilden Pferden bei Hobrechtsfelde, Fischtreppen am Nonnenfließ oder den Moorschutz im Rabenluch. Übrigens ist der Becher selbst ein Stück Naturschutz. Er besteht zu 50 Prozent aus natürlich vorkommendem Talkum. Somit wird nur die Hälfte des Kunststoffs verbraucht, der in herkömmlichen Bechern steckt. Das heißt 30% weniger CO_2-Ausstoß.

Wo gibt es noch Handarbeit in der Molkerei?

Während die Joghurtproduktion von der Annahme der Rohmilch bis zum Versiegeln der gefüllten Becher in einem geschlossenen System erfolgt, ist in unserer Käserei jeder Arbeitsschritt Handarbeit. Unsere Mitarbeiter bringen die jungen Käse ins Salzbad und in die Reiferäume, pflegen und verpacken sie. Das erfordert nicht nur Kraft, sondern auch Fingerspitzengefühl.

Experimentieren Sie auch mit neuen Produkten?

Für viele mag Ayran etwas Neues sein. Das ist ein Getränk aus Joghurt, Wasser und Salz. In der Türkei wird es traditionell einem Gast gereicht. Es kurbelt den Stoffwechsel an und bietet dem Körper wichtige Nährstoffe. Außerdem ist es außerordentlich erfrischend. Seit 2014 bringen wir im Frühjahr und Herbst jeweils für kurze Zeit zwei Saisonfrüchte auf den Markt. Im Frühjahr war es zum Beispiel Aprikose, im Herbst etwas mit Nüssen.

Kann man die Lobetaler Bio-Produkte direkt in der Molkerei kaufen?

In der Nähe des Bahnhofes von Biesenthal steht unsere Lobetaler Bio-Molkerei mit ihrem Milchladen, der durch große Scheiben Einblick in die Produktion gibt. Hier sind all unsere Produkte frisch abgefüllt, an- oder aufgeschnitten zu haben. Etwas Besonderes ist unsere „Joghurt-Bar", wo man die nur hier erhältliche „Mischphase" kaufen kann. Diese ist der Teil Joghurt, der bei einer Fruchtumstellung „abfällt". Hier kann man sich auch unsere nicht homogenisierte Lobetaler Frischmilch zapfen.

Schau-Molkerei und Milchladen
Sydower Feld 1, 16359 Biesenthal
5 min. vom Bahnhof

Öffnungszeiten:
Mo 10–15
Di–Fr 9–18
Sa 9–14 Uhr

www.lobetaler-bio.de

Im Biesenthaler Becken

Der Radweg Berlin - Usedom führt zwischen Lobetal und Biesenthal durch das Naturschutzgebiet Biesenthaler Becken.

Biesenthal

Das Biesenthaler Becken durchzieht die Barnim-Hochfläche und ist reich an Gewässern – kleinen Seen, Fließen und Bächen. Und es ist das Quellgebiet der Finow, die ihr Wasser wiederum an die Oder abgibt. Die Bemühungen der Naturschützer gelten hier vor allem der Wiederbelebung von Mooren, die helfen sollen, den Grundwasserspiegel im Barnim zu heben. Als Fauna-Flora-Habitat steht das Biesenthaler Becken unter dem besonderen Schutz der Europäischen Union. An einem der Seen, dem Großen Wukensee, befindet sich das 1926 angelegte Strandbad von Biesenthal. Viele halten es zu Recht für das schönste im ganzen Land.

Der Radweg erreicht Biesenthal genau im Zentrum. Mit rund 5.500 Einwohnern gehört er zu den größeren Orten im Barnim. Das **Rathaus** kündet vom Bürgerstolz, der beim Bau in den 1760er Jahren genauso vorhanden gewesen sein muss wie im Jahr 2003, als sich der prägnante Fachwerkbau frisch restauriert zeigte. Bei den Arbeiten wurden eine Schwarze Küche sowie zwei Kamine entdeckt und originalgetreu wiederhergestellt.

Vom Marktplatz, dem die Jubiläumseiche ausgiebig Schatten spendet, geht der Blick zum höchsten Punkt von Biesenthal. Dort steht die evangelische Stadtkirche, die nach einem Stadtbrand von 1756 in den folgenden zehn Jahren wieder aufgebaut wurde. Dahinter verbirgt sich das älteste Haus des Ortes, ein Fachwerkbau mit Reetdach, dessen Erbauungsjahr bis ins 17. Jahrhundert zurückgeht. Ein paar hundert Meter weiter an der Straße nach Eberswalde steht die reichlich dimensionierte katholische Kirche St. Marien. Sie wurde 1908/09 nach barocken französischen Vorbildern auf einem kreuzförmigen Grundriss erbaut.

i Tourist-Information
Biesenthal im Alten Rathaus
Am Markt 1
16359 Biesenthal
Tel 03337 490718
www.barnim-tourismus.de

Die Jubiläumseiche wurde am 3.1.1886 anlässlich des 25. Regierungsjubiläums von Preußenkönig Wilhelm I. (ab 1871 Kaiser) gepflanzt.

Der frisch restaurierte Kaiser-Friedrich-Turm

🍴 Restaurant Strandbad Wukensee, Ruhlsdorfer Str. 5–6

Der Kulturbahnhof Biesenthal macht auf sich aufmerksam.

Eine besondere Sehenswürdigkeit von Biesenthal ist der **„Kaiser-Friedrich-Turm"**, der nach der Restaurierung seit Sommer 2014 wieder geöffnet ist. Er steht auf dem Schlossberg, einem Hügel, der sich in einer Senke unterhalb des Stadtkerns erhebt, und bietet eine weite Aussicht über das Biesenthaler Becken. 1878 errichteten die Biesenthaler auf dem Hügel einen hölzernen Turm und ersetzten ihn 1907 durch einen steinernen. Der wurde nach dem 1888 gestorbenen „99-Tage-Kaiser" Friedrich benannt – zu einer Zeit, als überall in Deutschland Türme zu Ehren von Reichskanzler Bismarck gebaut wurden. Wie auch immer: Genau hier wurden Reste einer Askanierburg aus dem 13. Jahrhundert gefunden. In diese Zeit fällt auch die erste urkundliche Erwähnung Biesenthals.

Ein Stück außerhalb des Biesenthaler Zentrums führt die Bahnstrecke Berlin - Eberswalde vorbei. Dort steht ein Bahnhof, der im Jahr 2005 von der Deutschen Bahn zum Verkauf angeboten wurde. Eine Gruppe rühriger Biesenthaler packte die Gelegenheit beim Schopfe, gründete den **„Kultur im Bahnhof e.V."** und eröffnete den Kulturbahnhof. Seither hängt am Gebäude ein „Kulturfahrplan" aus, der Konzerte, Theater, Lesungen und Veranstaltungen aller Art ankündigt.

Melchow und das Nonnenfließ

Die Straße von Biesenthal nach Eberswalde führt durch Melchow. Hier sind es keine Gebäude, die hervorzuheben wären – selbst die Kirche versteckt sich zwischen Gehöften. Naturliebhaber kommen allerdings auf ihre Kosten: Da wäre vor allem die Melchower Schweiz, deren „Berge" bis zu 15 Metern aufragen. Geformt wurde dieses Hügelland vom Wind, der nach der letzten Eiszeit Massen von Sand heranblies und als Binnendünen ablagerte.

Ausgangspunkt für Wanderungen ist der „Naturparkbahnhof", an dem stündlich die Züge der Regionalbahn RB 60 von Berlin-Lichtenberg über Eberswalde nach Frankfurt (Oder) halten. Besonders beliebt ist die **Wanderung von Melchow nach Eberswalde** durch das Naturschutzgebiet „Nonnenfließ- und Schwärzetal". Das Nonnenfließ schneidet sich teilweise tief in die Barnimer Platte ein und lässt eine hügelige Landschaft entstehen. Es kommt dabei kräftig in Fahrt. Fischtreppen sollen dafür sorgen, dass Forellen und seltene Fischarten wie Bachneunauge und Steinbeißer hier ihren Lebensraum finden.

Die Tour ist rund 13 Kilometer lang und besitzt angesichts der zahlreichen Informationstafeln am Weg beinahe Naturlehrpfad-Qualität. Am Naturparkbahnhof Mel-

Am Nonnenfließ

Am Rand von Melchow befindet sich eine Pflegestation, die sich um einheimische Wildtiere kümmert. Hier werden Tiere aufgenommen, die verletzt und hilflos aufgefunden werden. Pro Jahr sind das über 500.

Wanderung von Melchow nach Eberswalde

chow können sich die Wanderer über Ausflugsmöglichkeiten schlau machen. Unser Wanderweg ist mit einem blauen Balken auf weißem Grund markiert. Im Ort kommen wir an der alten Schmiede, dem Kirchlein und einer riesigen Eiche vorbei. Durch dichten Wald gelangen wir nach Schönholz. Vor „Sempf's Landgasthaus" erwartet uns eine weitere Infotafel und vielleicht eine Rast. Die „Bernauer Heerstraße", ein teilweise gepflasterter Sandweg, führt uns zu einer Brücke über das Nonnenfließ. Wir folgen ab jetzt einfach dem Lauf des Baches. Das Forsthaus „Geschirr" und die „Hinz-Eichen" liegen am Weg, dann durchqueren wir **Spechthausen** – Rastmöglichkeit im „Waldhof" – und erreichen die Stelle, an der sich Nonnenfließ und Schwärze vereinen. Schon vor langer Zeit verlassene Fabrikgebäude erinnern an eine Zeit, als in diesem Ort das Papier für die preußischen Geldscheine hergestellt wurde. Nun folgen wir dem Verlauf der Schwärze in Richtung Eberswalde. Kurz vor Eberswalde treffen wir auf Wegweiser mit grünem Punkt für den „Kleinen Stadtrundweg". Der führt uns zum Zoologischen Garten und weiter zum Hauptbahnhof.

Spechthausen und das Papier

Zu einer Zeit, als Briefeschreiben noch ein wichtiges Mittel des Gedankenaustauschs war, spielte Briefpapier eine entscheidende Rolle. Worauf man schrieb, erzählte bereits viel über den Absender. Wer damals beeindrucken wollte, griff zum Büttenpapier aus Spechthausen. Das raue Material zeigte seine edle Herkunft durch ein Wasserzeichen – richtig, ein Specht war da zu sehen. Spezialpapiere aus Spechthausen genossen Weltruf: Aktien, Banknoten und andere Wertpapiere wurden darauf gedruckt. In Spechthausen arbeitete bereits im Mittelalter eine Schneide- und Mahlmühle und sogar ein Hammerwerk zu. Daraus wurde unter Preußenkönig Friedrich II. eine Papierfabrik. Bis 1956 lief hier die Produktion. Heute sind von diesem traditionsreichen Betrieb nur noch leerstehende Gebäude zu sehen. Noch fast 40 Jahre lang lieferte die Eberswalder Papierfabrik Wolfswinkel das begehrte Büttenpapier mit dem Specht.

Lanke und Ützdorf

Wer aus Biesenthal kommend in Lanke einfährt, wird von alten Gemäuern begrüßt. Links eine alte feldsteinerne Parkeinfriedung, rechts eine halbverfallene Brennerei. Einen Augenblick später zeigt sich im Park ein prächtiges Schloss, und auf der anderen Straßenseite öffnet sich ein weitläufiger Gutshof.

Lanke war der Mittelpunkt einer Gutsherrschaft – und das Schloss war eigentlich „nur" ein Herrenhaus. Eigentümer des Gutes war Friedrich Wilhelm von Redern. Auf diese schillernde Persönlichkeit werden wir im äußersten Norden des Barnim, an der Grenze zur Uckermark, noch einmal stoßen (S. 87). Zunächst halten wir fest: Das Landgut Lanke umfasste vor dem Ersten Weltkrieg 4.500 Hektar und damit war von Redern der größte Grundbesitzer des Barnim. 1914 verkaufte er die Ländereien für 20.000 Goldmark an die Stadt Berlin. Sie gingen an die Verwaltung der Berliner Forsten.

Werfen wir einen Blick in den **Schlosspark**: Da steht ein frisch renovierter Bau, der so gar nicht in die Mark Brandenburg passen will. Eher schon zu den Renaissance-Schlössern an der französischen Loire. Entworfen vom Architekten Eduard Knoblauch, wurde das historisie-

Das restaurierte Schloss in Lanke

 „Seeschloss"
Am Obersee 6, Lanke
täglich ab 11 Uhr

Wildgehege am Obersee

Nachdem er das Schloss in Lanke fertiggestellt hatte, übernahm Eduard Knoblauch den Auftrag, die Neue Synagoge in Berlin zu errichten. Auch hier bediente er sich Stilelementen aus anderen Kulturen.

🍴 Restaurant „Jägerheim"
Wandlitzer Str. 12, Ützdorf
täglich ab 11.30 Uhr

Ützdorf ist Start und Ziel des halbjährlich stattfindenden Liepnitz-Laufes, einem Volkslauf für unterschiedliche Altersklassen und Streckenlängen.

Die Fähre über den Liepnitzsee ist nach Frieda Nikolaus benannt, deren Großvater den Grafen von Redern vor dem Versinken im Sumpf rettete.

rende „Schloss" im Jahr 1858 fertiggestellt. In letzter Zeit haben sich hier junge Familien ein Zuhause geschaffen.

Dass im Zusammenhang mit der Parkgestaltung vor allem der Name Peter Joseph Lenné fällt, wundert nun nicht mehr – auch dessen, freundlich ausgedrückt, naturnaher Zustand. Mehrere Wanderwege berühren ihn, zum Beispiel der zehn Kilometer lange, landschaftlich reizvolle Rundweg um den Hellsee.

Lanke – das ist ein von der Natur verwöhnter Ort. Er liegt zwischen drei Seen: dem Obersee, der Krummen Lanke und dem Hellsee. Alle drei sind eiszeitliche Schmelzwasserrinnen, im allgemeinen sehr sauber und somit beliebte Ausflugsziele im Sommer. Dem Ort am nächsten befindet sich die Badestelle am **Obersee** mit Fischrestaurant und Bootsverleih. Auf der anderen Seeseite befindet sich das „Hotel Seeschloss" mit eigener Hochzeitsvilla und fantasievoll gestalteter Parkanlage für Eheversprechen unter freiem Himmel.

Der kürzeste Weg nach Wandlitz führt über **Ützdorf**. Der Ort signalisiert: Hier sind Besucher willkommen. Das Hotel „Jägerheim" mit seinem alpinen Charme vermittelt Urlaubsatmosphäre. Im historischen Fachwerkhaus nebenan ist eine Jugendherberge untergebracht.

Ützdorf gilt als das Tor zum **Liepnitzsee**. Der gehört zu den beliebtesten Badeseen nördlich von Berlin. Dazu trägt sein klares Wasser bei, seine idyllische Lage im Wald und seine 34 ha große Insel namens **Großer Werder**. Die ist durch die Personenfähre „Frieda" mit dem Rest der Welt verbunden. Zum nördlichen Fähranleger geht es von Ützdorf aus, zum südlichen von der Waldsiedlung Bernau. Die Fähre verkehrt im Sommer stündlich, wenn nötig nach Bedarf. Auch ein Campingplatz befindet sich am See. Der Liepnitzsee zieht sich über fast drei Kilometer in Richtung Wandlitz hin. Von dort führen ausgeschilderte Wanderwege zum beliebten Waldbad, das bis zum Ende der DDR nur den Bewohnern der Waldsiedlung (siehe S. 52) zur Verfügung stand.

Eine Kaderschmiede im Schlossformat

Zwischen Ützdorf und Wandlitz lockt uns ein Wegweiser an den **Bogensee**. Er verrät uns allerdings nicht, was uns dort erwartet. Auf einer engen Straße geht es durch den Wald. Hin und wieder lässt eine kaputte Straßenlaterne vermuten, dass man hier schon bessere Zeiten gesehen hat. Was dann kommt, sprengt jede Vorstellungskraft: Da steht ein riesiges Gebäudeensemble, dessen Häuser nach barocken Vorbildern ausgerichtet sind. Es gibt ein Haupthaus ganz nach Art eines Königsschlosses: mit Treppenaufgang, Auffahrten von der Seite, großem Portal und Balkon darüber. Davor ein Schlosspark mit Teich und einer Plastik darin. Gegenüber, wie eine Kulissenarchitektur, ein flacheres Gebäude. An den Seiten stehen die – nennen wir sie – Kavaliershäuser. Das Ganze im Baustil des sozialistischen Realismus der frühen 1950er Jahre. Am meisten beeindrucken aber nicht die Gebäude, sondern die Gewächse, die sich aus den Ritzen drängen und überall munter wuchern. Hier zeigt die Natur, wie schnell sie sich Terrain zurückerobern kann.

Wir befinden uns inmitten dessen, was von der Jugendhochschule der FDJ „Wilhelm Pieck" übriggeblieben ist. Die Hochschule wurde zur gleichen Zeit gebaut wie die Stalinallee in Ostberlin, in der ersten Hälfte der 1950er Jahre. Und auch der Architekt war derselbe: Hermann Henselmann. In diesem Campus, dessen Größe heute noch mancher Universität zur Ehre gereichen würde, wurde die künftige politische Elite der DDR ausgebildet. Zunächst, um verantwortliche Funktionen in der Jugendorganisation FDJ zu übernehmen, und später dann, um Karriere im SED-Apparat zu machen. Es kamen auch Studenten aus anderen Ländern, z.B. aus der Dritten Welt und sogar aus der BRD.

Das Lektionsgebäude besaß die zweitgrößte Anlage für Simultanübersetzer in der DDR – sie hatte 18 Dolmetscherkabinen. Diese Ausstattung qualifizierten die Schule als Pressezentrum während des Aufenthals von Bundeskanzler Schmidt 1981 in Schloss Hubertusstock.

Hauptgebäude der früheren Jugendhochschule am Bogensee

Die Natur lässt sich nicht bremsen.

41

Goebbels´ „Waldhof"

Nach dem Zerfall der DDR ging das Gelände samt Bebauung wieder zurück an der ursprünglichen Besitzer – an das Land Berlin. Versuche, hier ein Bildungszentrum zu etablieren, scheiterten, auch für ein Hotel waren die Gebäude kaum noch zu gebrauchen. So steht das Gelände noch immer zum Verkauf.

Erwähnt werden sollte, dass hier noch ein anderes Gebäudeensemble existiert – viel kleiner, aber auch älter. Der **„Waldhof"** war der Landsitz von NS-Propagandaminister Joseph Goebbels. Hier traf er auch die Filmstars seiner Zeit. Die Gemäuer haben die Zeiten überdauert und dienen heute den Berliner Forsten als Waldschule. Hier, mitten im Wald, können Schulklassen Umweltbildung mit Abenteuer verbinden. Und zu jedem Aufenthalt gehört eine Nachtwanderung – ohne Taschenlampe!

Prenden

Nun denken wir uns kurz nach Lanke zurück und nehmen auf dem Weg nach Wandlitz einen Umweg über Prenden. Unterwegs stellen wir fest, dass wir uns mitnichten im flachen Land bewegen. Die letzte Eiszeit hat auch hier das Bodenprofil kräftig aufgemischt.

Wie Lanke und Ützdorf ist auch Prenden ein Ort, der Besucher anzieht. Die Berliner hatten ihn schon in den 1920er Jahren als Luftkurort für sich entdeckt. Heute lockt er vor allem Golfspieler. Mit der Gründung des **Golfclubs Prenden** im Jahr 1991 entstanden auf 120 Hektar Land 27 Spielbahnen für alle Ansprüche. Mit Sandhügeln, Wasserhindernissen und Baumgruppen kommt er den schottischen Vorbildern sehr nahe. Der Platz gehört zu den Top Ten in Deutschland.

www.golfplatz-prenden.de

Zum anderen sind es Angler, die allerlei Equipment von Angel bis Zelt zum Bauersee tragen und auf Fang warten. Denn der See, der von Süden nach Norden vom Pregnitzfließ durchzogen wird, ist sehr fischreich. Zander, Schleie, Aale und Hechte gehen hier an die Angel.

Sehr schön ist der **Wanderweg mit Start am „Seegrund"
rund um den See**, denn das Ufer ist so gut wie nicht verbaut. Der Weg führt an einem Hochstand vorbei. Wer die
Leiter erklimmt, kann am Ufer des Bauersees, das mit
Schilf, Büschen, Erlen, Buchen und Kiefern bewachsen
ist, Graureiher und Kormorane beobachten. Nach ein paar
Gehminuten kommt eine Badestelle mit Wiese, kleinem
Sandstrand und einer Schutzhütte in Sicht. Nach dem
erfrischenden Bad ist es nicht mehr weit bis in den Ort.
Wem die etwa einstündige Tour nicht reicht, kann über
die Strehlepromenade noch um den Strehlsee laufen und
kommt dann wieder zum Ausgangspunkt zurück.

Wanderung um den
Bauersee und den Strehlsee

   In Prenden selbst fällt vor allem die **Dorfkirche** auf,
die über dem Ort thront. Der massige Fachwerk-Glocken-
turm stammt aus dem Jahr 1704, die Kirche selbst ist
deutlich älter. Sie dient als Gotteshaus und ist gleichzeitig
als Veranstaltungs- und Ausstellungsort kultureller Mittelpunkt Prendens. Ein Bauwerk völlig entgegengesetzten
Charakters hat den Ort vor allem in den ersten Jahren
nach der politischen Wende bekannt gemacht: das Objekt
5001. Es war der dreistöckige Bunker, in dem die wich-
tigsten Mitglieder der Partei- und Staatsführung der DDR
im Kriegsfall Unterschlupf gefunden hätten. Der Bunker
wurde geplündert und ist jetzt verschlossen.

Abstieg in die Bunkerwelt

Streng geheim und reichlich getarnt – Bunker gibt es im gesamten Landkreis Barnim und drumherum. Stets befinden sie sich ein wenig abseits in irgendeinem Wäldchen, waren lediglich über gesperrte Betonstraßen zu erreichen. Einstmals hatte man die Objekte eingezäunt. Sie wurden von Soldaten gesichert, die patrouillierten oder von Wachtürmen aus das Gelände beobachteten.

Im Barnimer Land waren die Elite-Bunker der DDR eingegraben. Bei Prenden der Führungsbunker, in den Erich Honecker mit seinem Stab des Nationalen Verteidigungsrates im Ernstfall eingerückt wäre. Er trug die freundliche Tarnbezeichnung „Perle". Nicht weit entfernt bei Biesenthal liegen der Führungsbunker der Staatssicherheit und bei Freudenberg der des Innenministeriums unter der Erde. In einem Wald in Harnekop zwischen Werneuchen, Strausberg und Bad Freienwalde versteckte sich die atombombensichere Hauptführungsstelle des Verteidigungsministeriums. Es war zum einen die Nähe zu Berlin und zur „Waldsiedlung" des Politbüros (siehe S. 52), die diese Bunker-Häufung mit sich brachte, aber auch der feste Untergrund, den die Eiszeit hier zusammengeschoben hatte.

Die zwischen vier und 30 Meter in die Erde eingelassenen Betonklötze schüttete man zu und setzte Gebäude oben drauf – Baracken, Schulungsobjekte, Lager, irgendwelche simplen Plattenbauten, die sich auch als Kasernen eigneten, Garagenkomplexe und Verwaltungsgebäude. Und um die Tarnung einigermaßen perfekt zu machen, streute man Gerüchte von entstehenden Ausbildungs- oder Erholungszentren der NVA. Das erklärte auch die strenge Bewachung oder die zeitweise häufigen An- und Abfahrten schwerer Lkw. Letztlich ahnten weder Einheimische noch Wachsoldaten, was im inneren Kreis des Objektes tatsächlich entstanden war. Weniger elitär war der Bunker in Ladeburg bei Bernau, der bei Führungen besichtigt werden kann. Er diente als Gefechtsstand einer Flugzeugabwehr-Raketenbrigade. Bis zu zehn Raketenabteilungen erhielten von hier aus ihre Befehle.

Sämtliche Bunkerkomplexe, auch die nicht wenigen im deutschen Westen, sind Auswüchse und Relikte des Kalten Krieges, geschuldet einer irrwitzigen Konfrontati-

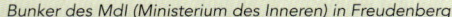

Bunker des MdI (Ministerium des Inneren) in Freudenberg

on der Systeme: Beide Seiten waren mit Waffen von kaum überschaubarer Vernichtungskraft ausgerüstet und durchaus gewillt, dieselben einzusetzen. Deshalb waren auch die Barnimer Bunker weitgehend gegen atomare, chemische und biologische Waffen gesichert. Je nach Schutzklasse befinden sich im Inneren ausgeklügelte Systeme von gestelzten Fußböden, etwa 30 bis 40 Zentimeter hoch, auf Federn stehende Plattformen oder solche, die an Federn aufgehängt sind. Es wurden riesige Mengen Stahl und Beton verbaut. Nach dem Zusammenbruch der DDR stellten Experten der NATO fest, dass diese Bunker vergleichbaren Anlagen im Westen um rund zehn Jahre voraus waren. Immerhin sollen Systemteile auf sowjetischen Atomtestgeländen erprobt und später unter anderem in den Nahen Osten exportiert worden sein. Im Bunker-Bau gehörte die DDR zur Weltspitze.

Drinnen befanden sich moderne Aggregate zur Strom- und zur Wasserversorgung, Klimaanlagen, Schleusen zur Dekontamination. Ob mancherorts die anstelle einer Tür mit einem Vorhang ausgestatteten Toiletten tatsächlich, wie behauptet, mit Suizid-Vorsorge angesichts möglicher Bunker-Koller zu tun haben sollten, bleibt ungeklärt. Die meisten Bunker sind – bei sommers wie winters gleichbleibenden 8 bis 10 Grad Celsius und nur leicht schwankender Luftfeuchtigkeit von 50 bis 70 Prozent – in einem relativ guten Zustand. Wenngleich inzwischen mehr und mehr der Schimmel regiert. Und nach diversen Einbrüchen auch das Chaos. Vermutlich hat das mit Abenteuerlust, aber auch mit immer wieder kursierenden Vermutungen zu tun, nach denen sich in den Tiefen der Gemäuer das weltberühmte Bernsteinzimmer, goldene Medaillen oder Barren sowie Kunstschätze befinden sollen. Dementis von Experten, die jeden Winkel der Schutzobjekte kennen, erscheinen als sinnlos und schüren nur neue Gerüchte.

Manche der Schutzbauten, inzwischen offiziell zu Baudenkmalen erklärt, werden von Vereinen betreut und sind zu besichtigen. Die Zugänge des Bunkers zu Prenden wurden auf Weisung des Eigentümers – des Berliner Senates – zubetoniert. In Biesenthal und Freudenberg schiebt man ein bis zweimal im Jahr die dicken Platten für Kontrollgänge beiseite. Eine gute Gelegenheit für Interessierte, einen genehmigten Blick in die einstige militärische Unterwelt zu werfen.
www.ddr-bunker.de, www.bunker-brandenburg.de   *Rainer Funke*

Bunker der Nationalen Volksarmee (NVA) in Kunersdorf

45

Am Wandlitzsee

Wandlitz

i Tourist-Information
Wandlitz
Bahnhofsplatz 2
16348 Wandlitz
Tel. (033397) 67277
www.barnim-tourismus.de

Ortsteil Klosterfelde

Der Weg nach Wandlitz führt durch Klosterfelde. Dabei überqueren wir die Trasse der Heidekrautbahn. Sie hat Haltepunkte in Klosterfelde selbst und am nördlich des Ortes gelegenen Großen Lottschesee. Dort ist es nur ein kleiner Spaziergang zum **Kleinen Lottschesee** mit einer Badestelle. Eine Gaststätte erwartet hungrige Besucher. Der benachbarte Campingplatz ist ganzjährig geöffnet.

Nach mehrjähriger Restaurierung präsentiert sich die Dorfkirche von Klosterfelde wie neu. Ursprünglich im 13. Jahrhundert aus Feldsteinen erbaut, wurde sie 1742 in einen barocken Bau verwandelt. Bekannt wurde Klosterfelde auch durch das weltweit einzige Artistenmuseum. Nach dem Tod des Gründers, Roland Weise, wurde es 2013 geschlossen.

Alle zwei Jahre (in den Jahren mit geraden Zahlen) sind auf den sommerlichen Landstraßen besondere Hingucker unterwegs: Zu Pfingsten kommen Triker – das sind Biker, deren Gefährt ein drittes Rad besitzt – nach Klosterfelde, um sich mit ihren fantasievoll gestalteten Fahrgeräten bestaunen zu lassen.

Der Bahnhof Wandlitzsee gehört zu den attraktivsten in ganz Brandenburg.

Der Erholungsort Wandlitz

Wandlitz ist eine Klasse für sich: Ausflugsziel und Urlaubsort zugleich – mit zahlreichen Hotels, Pensionen, Restaurants und Cafés. Dort, wo mehr Gäste als Einheimische unterwegs sind, also rechts und links des **Bahnhofs Wandlitzsee**, strahlt Wandlitz durchaus das Flair eines gediegenen Badeortes aus.

Viel trägt dazu das denkmalgeschützte Bauensemble des Bahnhofs bei. Es bietet den Gästen ein fulminantes Entree: ein Grünzug, der bis zum Wandlitzsee reicht, rechts und links gesäumt von berankten Wandelgängen. Ein Brunnen, das Strandrestaurant, selbst die Umkleideräume des Bades – alles aus einem Guss.

Der attraktive Bahnhof selbst war für den Empfang eines betuchten Publikums ausgelegt. Mit Wartesaal, drei Fahrkartenschaltern und Gaststätte. Und das alles für eine Bahn, die im Volksmund „Heidekrautbahn" heißt. Gebäude wie diese werden für den heutigen Verkehr auf Nebenstrecken nicht mehr benötigt. Für den Bahnhof Wandlitzsee fand man die beste der denkbaren Lösungen. Er wurde „Kulturbahnhof" mit Modecafé, Blumenladen, Veranstaltungsräumen. Auch eine kleine Touristinformation hat hier Platz gefunden.

MODEcafé Wandlitz
Bahnhofsplatz 1, Wandlitz
Saison: täglich 14–18 Uhr
Nebensaison: an Wochenenden

„Rosengarten"
Prenzlauer Chaussee 171
Wandlitz
täglich ab 11 Uhr

Strandrestaurant: Die volksei-
gene Handelsorganisation (kurz
HO) behielt sich die größeren
und bedeutsameren Läden und
Gaststätten vor – ein Indiz für
die Rolle, die Wandlitz bereits
zu DDR-Zeiten spielte.

🍴 „Zur Dampflok"
Breitscheidstr. 23a, Wandlitz
täglich ab 9 Uhr

In der ehemaligen Wandlitzer
Schule arbeitet heute die Verwaltung des Naturparks Barnim.

Sehen wir uns noch ein wenig am See um. An die ehemalige HO-Gaststätte „**Strandrestaurant**" erinnert noch
immer der riesige Schriftzug auf dem Hausdach. Wie
das gesamte Ensemble steht auch er unter Denkmalschutz. Der italienische Betreiber der Gaststätte, die
sich mit einer großen Terrasse zum See hin öffnet,
kann sicher gut damit leben. Vor dem Haus erzählt
eine **Brunnenskulptur** die Sage, wonach es Teufelswerk
war, dass die Maränen in den Wandlitzsee kamen. Sie
ist ein Werk des Berliner Bildhauers Michael Klein. Das
gute alte **Strandbad** hat sich mit Sprungturm und Wasserrutsche der Zeit angepasst. Den Eleven einer Surfschule kann man von hier aus bei den ersten Übungen
zusehen. Betreiber des Bades ist die Gemeinde Wandlitz, die damit zurechtkommen muss, dass der gesamte
See in Privateigentum überging und damit Pacht für
das Bad zu entrichten ist. Ein paar Schritte weiter befindet sich eine der schönsten Jugendherbergen des Landes: Die Zimmer mit Blick auf den See und großzügig
ausgestattet mit Gruppenräumen.

Wandlitz ist nicht nur Kleinstadtidylle. Je weiter sich
die Straße in Richtung Berlin vom See entfernt, tau-
chen die üblichen Discounter, Tankstellen usw. auf.
Etwa auf der Höhe des Bahnhofs Wandlitz, dem zweiten Haltepunkt der „Heidekrautbahn" im Ort, zeigt ein
Wegweiser zum BARNIM PANORAMA. Die holperige
Straße führt uns schließlich zu einem dritten Gesicht
von Wandlitz – dem ursprünglichen Dorfkern. Zahlreiche Bauernhäuser, darunter das um 1800 errichtete
Lehnschulzenhaus, gehören zu dem denkmalgeschützten Ensemble. So auch der „Goldene Löwe" – einst
Dorfkrug und heute Ort von Kabarett, Lesungen und
ähnlichem. Die Entwicklung vom Dorf zum Erholungsort verdankt Wandlitz vor allem dem Ortsvorsteher zwischen 1910 und 1933, Karl Jünemann.

Das BARNIM PANORAMA

Der vielleicht beste Grund, nach Alt-Wandlitz zu kommen, ist das BARNIM PANORAMA. Mitten im alten Ortskern, in der alten Dorfschule und in einem nagelneuen Museumsbau finden sich hier nebeneinander das Barnimer Naturparkzentrum und das traditionsreiche, aber komplett aufgefrischte Agrarmuseum. Hier greift alles auf raffinierte Weise ineinander: die Darstellung der Geschichte des Barnim von der eiszeitlichen Wildnis zur heutigen Kulturlandschaft, die Entwicklung der landwirtschaftlichen Produktionsmittel, das Leben der Menschen im Einklang mit der Natur. Kurz: Es wird Besuchern ein breites Panorama des Barnimer Landes vermittelt.

Dabei ist das BARNIM PANORAMA alles andere als eine Anhäufung von Gerätschaften aus Opas Zeiten, auch wenn es beim Gang durch die Traktoren„herde" so scheinen mag. Aber selbst Besucher, die ansonsten nichts mit Technik am Hut haben, bekommen hier angesichts der alten Trecker, der bulligen Zugmaschinen und altertümlichen Lokomobile große leuchtende Kinderaugen. Kontrastprogramm dazu und zugleich krönendes Sahnehäubchen ist es, in einem ultramodernen Hightech-Traktor-Cockpit zwischen Computern und Monitoren Platz zu nehmen.

BARNIM PANORAMA
geöffnet täglich
(außer Fr) 10–18 Uhr
Breitscheidstraße 8–9
16348 Wandlitz
Tel. (03 33 97) 68192-0
www.barnim-panorama.de

49

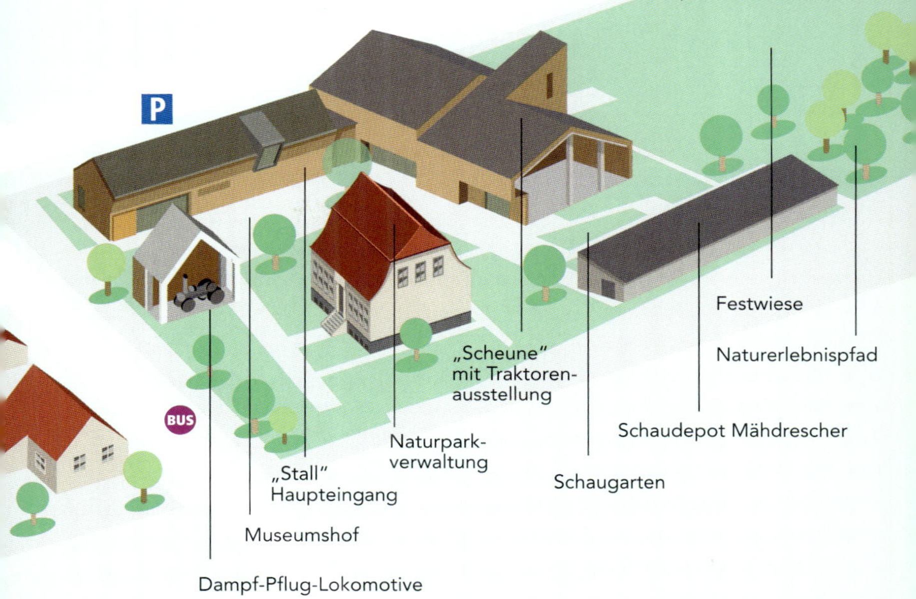
P
BUS
„Scheune“
mit Traktoren-
ausstellung
Festwiese
Naturerlebnispfad
Schaudepot Mähdrescher
Naturpark-
verwaltung
„Stall“
Haupteingang
Schaugarten
Museumshof
Dampf-Pflug-Lokomotive

Als besonders reizvolle Idee erweist es sich, die historischen Geräte, auch ganz normale Gebrauchsgegenstände von vor rund einhundert Jahren, nach Jahreszeiten sortiert zu präsentieren. So ergeben sie ein lebendiges Bild vom Leben der Menschen zu einer Zeit, als die Gegebenheiten der Natur noch eine viel größere Rolle spielten als heute. Der Barnim aus der Weltall-Perspektive ist auf einer begehbaren Landkarte abgebildet.

Zu den Attraktionen des BARNIM PANORAMAS zählt bereits die Architektur des Museums. Sie ermöglicht einen weiten Ausblick auf die Wandlitzer Seenlandschaft. Im Außenbereich stehen jene Geräte, für die selbst die großzügig dimensionierte Traktorenhalle zu klein war.

Das BARNIM PANORAMA spielt sich jedoch nicht nur in Räumen ab. Es gibt einen Schaugarten, in dem all das angepflanzt ist, was die Lebensgrundlage der Menschen im Barnim ausmachte. Auch in Vergessenheit geratene Pflanzen, darunter alte Kartoffelsorten, werden hier kultiviert. Vor allem für die Kinder ist der Naturerlebnispfad gedacht, auf dem es viel zu entdecken gibt – sei es im Baumhaus oder auf der Naturplattform am Wasser.

Der Museumsshop bietet regionale Produkte und einschlägige Literatur an und hält Samen jener Pflanzen bereit, die im Schaugarten angebaut werden.

BARNIM PANORAMA
Naturparkfrühling
HONiG

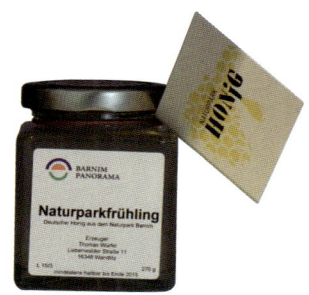

Die Waldsiedlung Bernau

Die Straße von Wandlitz nach Bernau führt vorbei an der „Waldsiedlung", die zum Bernauer Stadtgebiet gehört. Unter dem Namen „Waldsiedlung Wandlitz" war sie zu DDR-Zeiten bekannt als hermetisch abgeriegelte und als „Wildforschungsgebiet" getarnte Wohnsiedlung für die Mitglieder des SED-Politbüros. Seit 1958 mussten dort alle Angehörigen dieser Machtelite mit ihren Familien wohnen – ob sie wollten oder nicht. Aus Berichten ehemaliger Bewohner ist zu entnehmen, dass sich dort nur wenige freundschaftliche Nachbarschaftsbeziehungen entwickelten. Eifersüchteleien, Missgunst und Abschottung waren an der Tagesordnung. Über einen Laden innerhalb der Siedlung, in dem es westliche Waren für wenig Ostgeld gab, verbreiteten sich zu DDR-Zeiten die Gerüchte. „Wandlitz" stand oftmals pauschal für ungerechtfertigte Privilegien. Ganz normale Wandlitzer hatten damals darunter zu leiden, wenn sie ihren Herkunftsort angaben. Kein Wunder, wenn die Auflösung dieser Siedlung eine der ersten Aktionen am Ende der DDR war.

Für DDR-Nostalgiker mag die Siedlung eine Sehenswürdigkeit sein, andere wird sie enttäuschen: Die Absperrmaßnahmen sind kaum noch zu sehen, die Häuser der „führenden Genossen" – im Zeitgeschmack von 1958 vielleicht noch ansehnlich – flößen heute keinerlei Respekt mehr ein. Wer gern wissen möchte, wo Honecker, Mielke oder Mittag gewohnt haben, sollte sich im Buchladen von Wandlitz mit entsprechender Literatur versorgen. Was den Besucher wirklich überrascht, ist die umfangreiche Klinik-Landschaft, die hier in den vergangenen 20 Jahren entstanden ist. Begonnen hat es mit der Brandenburg-Klinik im Verbund der Michels-Kliniken für 700 stationäre Patienten, hinzu kamen eine Kinder-Nachsorgeklinik, ein Wachkoma-Zentrum, zwei Seniorenresidenzen ...

Hier wohnte einst Erich Honecker.
unten: Die Brandenburg-Klinik in der „Waldsiedlung"

Was ist eigentlich die „Heidekrautbahn"?

Die Bahnverbindung zwischen Berlin-Karow und Groß Schönebeck am Rand der Schorfheide hat eine sehr ungewöhnliche Geschichte. Gebaut wurde sie erst im Jahr 1901 von einem Konsortium, dem Berlin, der damalige Landkreis Niederbarnim und an die Schorfheide angrenzende Gemeinden angehörten. Und so bedachte der Volksmund die Strecke mit der liebevollen Bezeichnung „Heidkrautbahn". Seit den 1920er Jahren spielte sie für die Wochenendausflüge der Berliner eine große Rolle. Besitzer und Betreiber der Strecke war seit 1927 die Niederbarnimer Eisenbahn AG (NEB). 1950 übernahm zwar die Deutsche Reichsbahn der DDR den Betrieb, die NEB blieb aber offiziell Eigentümerin der Trassen und Anlagen – eine für DDR-Verhältnisse sehr untypische Konstellation. Schrittweise gelangte die Strecke bis 1998 wieder an die NEB. Sie begann ein umfangreiches Sanierungsprogramm. Aber erst nachdem sich die NEB in einer Ausschreibung durchsetzen konnte, war sie auch der alleinige Betreiber des Zugverkehrs auf der Regionalbahn-Linie RB 27. Die heute eingesetzten Triebwagen vom Typ „Talent" haben allerdings mit den „Ferkeltaxen" der alten „Heidekrautbahn" nicht mehr viel gemein. Auch die NEB erlebte Veränderungen: Sie betreibt die Linie RB 26, die „Oderlandbahn" zwischen Berlin-Lichtenberg und dem polnischen Kostrzyn, und übernimmt zum Jahresende 2014 weitere Linien in Ostbrandenburg, darunter die RB 60 von Eberswalde über Bad Freienwalde nach Frankfurt (Oder) und die RB 63 von Eberswalde nach Joachimsthal, mit Halt am Kaiserbahnhof Werbellinsee.

Wer mehr über die Geschichte der „Heidekrautbahn" erfahren, vor allem aber die alten Fahrzeuge einmal sehen möchte, der komme zum Bahnhof Basdorf und besuche dort das Heidekrautbahnmuseum. Hier steht zum Beispiel der letzte mechanische Zugzielanzeiger der NEB („Hampelmann", siehe linkes Foto) sowie ein Eisenbahnläutewerk. Im ehemaligen Meisterbüro der Lehrwerkstatt wurde das Fahrdienstleiterbüro und Stellwerk des Bahnhofs Mühlenbeck mit dem originalen Mobilar und der Stellwerkstechnik nachgebildet. Betrieben wird das Museum vom Verein Berliner Eisenbahnfreunde e.V. Das Heidekrautbahnmuseum ist von April bis Oktober zwischen 11–17 Uhr geöffnet. Von Anfang November bis Ende März ist es geschlossen.

Exponat des Heidekrautmuseums, rechts: die Heidekrautbahn am Haltepunkt Zühlsdorf

Wo die Natur sie selbst bleiben kann

Die Schorfheide

Nicht verpassen

1 Im Wildpark Schorfheide Auge in Auge mit einem Wolfsrudel oder Zicklein streicheln. - S. 58 f

2 Die Schleuse in Eichhorst. Spätestens hier beginnt die Entschleunigung. - S. 61

3 Der Blick von der Terrasse „Am Spring" auf den Werbellinsee. - S. 63/66

4 Ankommen am Kaiserbahnhof und von dort zur Anlegestelle der „Altwarp". - S. 68/74

5 Ein Fischrestaurant am Werbellinsee und ein Teller voll Kleiner Maränen. - S. 72

6 Die Kreuzkirche mitten in Joachimsthal von Baumeister Schinkel. - S. 76

7 Das schmucke Holzschuhmacherdorf Friedrichswalde mitten im Wald. - S. 80 f

8 Das kleinste Museum Brandenburgs im Glambecker Taubenturm. - S. 86 f

9 Ein Konzert in der Glambecker Kirche mit historischen Flügeln. - S. 88 f

10 Eine Führung durch den Grumsiner Buchenwald mit Buchen in allen Altersstufen. - S. 90 f

Anfahrt

Mit dem Fahrrad
Radfernweg Berlin - Usedom zwischen Finowkanal (Marienwerder/Eichhorst) - Werbellinsee - Joachimsthal - Glambeck -Altkünkendorf;
Tour Brandenburg zwischen Templin - Friedrichswalde - Joachimsthal - Althüttendorf - Chorin - Niederfinow - Oderberg;
Tour „Rund um die Schorfheide".

Mit Bahn und Bus
Der Regional-Express RE 3 verkehrt stündlich vom Berliner Hauptbahnhof nach Eberswalde (34 min). Von dort mit der Regionalbahn RB 63 zum Kaiserbahnhof Werbellinsee und nach Joachimsthal (Fahrzeit 20 min). Von Joachimsthal mit Bus 515 nach Friedrichswalde und weiter nach Templin. Der „Werbellinseebus" 917 umrundet den See in beiden Richtungen. Die Regionalbahn RB 27 („Heidekrautbahn") fährt alle zwei Stunden von Berlin-Karow (erreichbar mit der S 2 alle 20 min) nach Wandlitz und weiter nach Fuhlsdorf und Groß Schönebeck.

Mit dem Auto
Die Autobahn A 11 führt vom Berliner Ring (Dreieck „Barnim") quer durch das Biosphärenreservat Schorfheide-Chorin mit den Abfahrten Finowfurt, Werbellin, Chorin, Joachimsthal. Die L 100 führt zwischen Groß Schönebeck und Templin direkt durch die Schorfheide.

Dieses und das nächste Kapitel geleiten uns durch das Biosphärenreservat Schorfheide-Chorin. Es erstreckt sich vom Finowkanal nordwärts weit in den Landkreis Uckermark hinein. Es ist eins der größten Schutzgebiete Deutschlands mit verschiedenen Landschaftstypen, 240 Seen, 3000 Kleingewässern und tausenden Mooren. Der Wasserreichtum macht das Biosphärenreservat zu einem der größten Brutplätze für Kraniche. 19 Naturbeobachtungspunkte bieten Einblicke in Flora und Fauna.

Das Biosphärenreservat besteht aus zwei landschaftlich verschiedenen Regionen: Westlich der Autobahn A 11 befindet sich das riesige Waldgebiet der Schorfheide (große Geister streiten sich, warum dieser Wald seit Jahrhunderten „Heide" heißt) mit sehr unterschiedlichem Baumbestand. Vom natürlichen Erlenbruchwald und bis zu 600 Jahre alten Eichen und Buchen bis hin zur Kiefern-Monokultur findet sich ein Abbild norddeutscher Wälder. Der östliche Teil des Biosphärenreservats, der Choriner Endmoränenbogen, mit seinen sanften Hügeln gehört hingegen zu den trockensten Landschaften Deutschlands. Die natürlichen Reize beider Regionen werden wir in den beiden folgenden Kapiteln kennenlernen.

Der Schutz dieser Landschaft ist ein internationales Anliegen, hier bestimmt die UNESCO die Regeln. Es geht um ein verantwortungsvolles Verhältnis zwischen dem Schutz der Natur und ihrer wirtschaftlichen Nutzung, einschließlich der touristischen. Dazu gehören Umweltbeobachtung, Forschung und Bildung, die Entwicklung regionaler Produkte, Rangertouren und markierte Wanderwege ebenso wie für Besucher gesperrte Schutzzonen, wie der zum UNESCO-Weltnaturerbe zählende Grumsiner Buchenwald.

Das Waldgebiet der Schorfheide war jahrhundertelang ein eingezäuntes Jagdgebiet der jeweils Mächtigen. Es blieb daher weitgehend siedlungsfrei. Als in den 1990er Jahren das Biosphärenreservat entstand, mussten zunächst das ökologische System ins Gleichgewicht und der Wildbestand reduziert werden. Gegenwärtig geht es um die Sicherung der Artenvielfalt des Waldes. Die Wälder der Schorfheide sind eine beliebte Pilzregion. Bei günstigen Wetterbedingungen wird man vom Frühsommer bis in den späten Herbst fündig. Pfifferlinge, Steinpilze, Maronen sowie Birken- und Butterpilze wachsen reichlich. Naturwacht und Pilzsachverständige bieten auch geführte Pilzwanderungen an.

Bewohner des Wildparks Schorfheide

Detailkarte Templin
Seite 83

Albrechtsthal

Ahlimbsmühle

Libbesicke

Dargersdorf

Reiersdorf

Vietmannsdorf

Gollin

Ahlimb

Tour Brandenburg

7

Biosphä

Bebersee

Friedrich

Groß Väter

Döllnkrug

Klein Dölln

Groß Dölln

Klein
Dölln

Forst
Joachimsthal

-reservat

Schorfheide

Joad

Detailkarte S. 60

1

Wildpark
Schorfheide

Hubertusstock

Werbellin

Sarnow

3

Groß Schönebeck

RB27

Wildau

Groß Schönebeck
(Schorfh)

2

Eichhorst

Werbellin

Sperlingsau
Klandorf

Eiszeitstraße

Werbellinkanal

Udersee

Gr
Bu

Klandorf

Rosenbeck

Ka

TORE ZUR SCHORFHEIDE

Zwei Orte beanspruchen für sich, das „Tor zur Schorfheide" zu sein: Groß Schönebeck und das acht Kilometer entfernte Eichhorst. Anstatt hier darüber befinden zu wollen, wer mehr Recht auf diesen Titel hat, freuen wir uns auf die Begegnung mit zwei sehr unterschiedlichen Orten am südlichen Rand der Schorfheide.

„Schorfheide – Naturreich", unter diesem Label präsentieren sich die Gemeinde Schorfheide und das Amt Joachimsthal.

Durch Eichhorst führt der Berlin-Usedom-Radfernweg, der uns auch weiter durch die Schorfheide begleiten wird. Daher werden wir uns zunächst in Groß Schönebeck umsehen, bevor wir uns wieder auf den Radfernweg begeben.

Groß Schönebeck

Groß Schönebeck ist die Endstation der Heidekrautbahn. Hier steht noch ein alter Wasserkran, der einst die Dampflokomotiven mit Wasser versorgte. Das kleine Bahnhofsgebäude ist ein Stützpunkt der hiesigen Naturwacht und Ausgangspunkt für Rangertouren. Im einstigen Wartesaal befindet sich eine kleine, aber informative Ausstellung über die Natur der Schorfheide.

Keine 500 Meter sind es vom Bahnhof zum **Schloss** von Groß Schönebeck. Es steht in einem Park mitten im Ort und verrät mit seinen Ecktürmen seine einstige Bestimmung: Es war ursprünglich eine mittelalterliche Burg und ab 1680 erst ein kurfürstliches, später königliches Jagdschloss. Es war der Große Kurfürst Friedrich Wilhelm, der sich hier ein Jagdrefugium schaffen wollte. Aber erst sein Enkel, der „Soldatenkönig", vollendete das Werk. Er besaß mit dem Schloss von Königs Wusterhausen und dem Jagdschloss Stern bei Potsdam weitere Rückzugsorte für sich und seine Jagdgesellschaften und dürfte daher nicht allzu häufig in Groß Schönebeck gewesen sein. Dennoch blieb es bis zum Ende der Monarchie im Besitz der Hohenzollern. Die stolze Trophäen-Sammlung macht deutlich, dass hier kräftig ins Hubertushorn geblasen wurde.

Dieser Hirsch hatte 1976 eine Begegnung mit Erich Honecker.

Das Schloss und die benachbarte **Museumsscheune** sind Schauplatz einer spektakulären Ausstellung. Sie heißt „Jagd und Macht in der Schorfheide" und zeigt ein Panorama der Jagdsitten in den unterschiedlichen Staatsformen vom feudalen König über die bürgerliche Weimarer Republik und das faschistische Nazireich bis zum sozialistischen Versuch der DDR. Und sie erzählt von den Umbrüchen der 1990er Jahre. Die riesigen Räume in der Museumsscheune ermöglichen beeindruckende Installationen mit Videoprojektionen und Tierpräparaten. Das Ganze wird durch Klangbilder ergänzt.

Das Jagdschloss Groß Schönebeck

Wolf im Wildpark Schorfheide

www.jagdschloss-
schorfheide.de
Mai–Sep Mo–So 10–17 Uhr
Okt–Apr Mo–So 10–16 Uhr
2.–4. Januarwoche
geschlossen.

Wildpark Schorfheide
täglich 9–18 Uhr
letzter Einlass 16 Uhr
Otterfütterung
täglich 11 Uhr

Kletterwald Schorfheide
Apr–Okt Fr 14–19 Uhr
Sa, So, feiertags 10–19 Uhr
Sonderöffnungen
während der Ferien
www.kletterwald-
schorfheide.de

Einer, der gern zur Jagd in die Schorfheide kam, war die Boxer-Legende Max Schmeling. Zwei Räume im Erdgeschoss des Schlosses sind ihm gewidmet.

Auf dem Gelände des Jadschlosses befindet sich die „Waldschule Jägerhaus" mit zwei Schulräumen für Umwelt-Projekttage und praxisnahen Unterricht. Außerdem hat sich hier eine **Tourist-Information** für die gesamte Schorfheide eingerichtet. Sie erwartet Besucher während der Öffnungszeiten des Museums.

Ein paar Schritte vom Schloss entfernt, am ehemaligen Dorfanger von Groß Schönebeck, unterhält Jürgen Bohm in seinem Bauernhof eine Sammlung von historischen Kutschen und Schlitten. Der **Kutschenhof** ist auch Schauplatz des Hof- und Erntedankfestes, das jährlich im September stattfindet.

Der Wildpark Schorfheide

Der Rand der Schorfheide ist genau der richtige Platz für die Begegnung von Menschen (am liebsten ganzen Familien) und Tieren. Wir besuchen den Wildpark Schorfheide, nicht nur an Wochenenden ein Besuchermagnet. In großzügig bemessenen Freigehegen leben all jene Wildtierarten, die entweder in der Schorfheide heimisch sind, wie Wolf (gerade wieder), Fischotter, Rot- und Damwild,

Schwarz- und Muffelwild, oder aber Tiere, die in hiesigen Wäldern längst ausgestorben sind: Wisent, Elch zum Beispiel. Außerdem züchtet der Wildpark seltene Haustierrassen: Englische Parkrinder, Rauhwollige Pommersche Landschafe, Exmoorponys, Wollschweine... Die Kleinen zieht es in ein Streichelgehege und zum Spielplatz.

Auf sieben Kilometer langen Wanderwegen mit Rast- und Picknickplätzen verbringen die Gäste erlebnisreiche Stunden, während sie die Tiere fast wie in freier Wildbahn beobachten – teilweise von Aussichtsplattformen aus. Wer mag, kann sich mit dem Kremser durch den Wildpark fahren lassen, für Kinder stehen Bollerwagen bereit. Das Besucherhaus kümmert sich um das leibliche Wohl.

Unmittelbar neben dem Wildpark lädt ein **Kletterwald** ein, die Schorfheide aus luftiger Höhe zu erleben.

Groß Dölln

Von Groß Schönebeck aus führt eine fast zwanzig Kilometer lange schnurgerade Straße durch den Wald der Schorfheide. Wo er sich lichtet, beginnt die Uckermark. Ungefähr auf halber Strecke zeigen Wegweiser einerseits in Richtung des Ortes Groß-Dölln, andererseits zum 4-Sterne-Hotel Döllnsee-Schorfheide.

Bei Groß Dölln befand sich zu DDR-Zeiten der größte **Flugplatz** der sowjetischen Streitkräfte in Deutschland. Er besaß zwei Start- und Landebahnen im 90-Grad-Winkel. Die eine war so dimensioniert, dass im Notfall auf ihr die nie zum Einsatz gekommene sowjetische Raumfähre „Buran" hätte landen können. Heute wird ein Teil des Geländes von der Driving Center Groß Dölln GmbH genutzt, die den großen deutschen Autoherstellern Pisten für Sicherheitstests und Fahrsicherheitstrainings anbietet. Außerdem entstand dort auf über 200 Hektar einer der größten Solarparks der Welt. Einer der früheren Flugzeughangare ist alljährlich zum **Bebersee-Festival** Anziehungspunkt für Freunde der Kammermusik.

Weit genug von dieser Anlage entfernt steht das **Hotel** Döllnsee-Schorfheide, eine der ersten Adressen Brandenburgs, wenn es um Wellness geht. Eine große Schwimmhalle, Badehaus am See, mehrere Saunen und zahlreiche Massageräume stehen hier für gestresste Großstädter bereit. Fahrräder und Boote können ausgeliehen werden. Die Lage mitten im Wald mit Blick auf den Döllnsee tut ihr Übriges. Der Kern der heutigen Hotel-Anlage wurde in den Jahren 1934/35 für den „Leibjäger" der Nazi-Größe Hermann Göring erbaut. Der „Reichsmarschall" selbst unterhielt nicht weit entfernt das schlossartige Anwesen „Carinhall". Hier jagte er, lagerte aus dem besetzten Europa geraubte Kunst und empfing Staatsgäste. Im April 1945 wurden die Gebäude von deutschen Truppen gesprengt. Hobby-Archäologen werden hier kaum noch fündig.

Wächter vor dem Hotel Döllnsee-Schorfheide

🍴 Restaurant „Cottage"
im Hotel
„Döllnsee-Schorfheide"
Döllnkrug 2
17268 Groß Dölln
www.doellnsee.de

Auf halbem Weg zwischen Groß Schönebeck und Eichhorst steht eins der markantesten Naturwunder Brandenburgs: Die Silke-Buche. Sie ist über 33 Meter hoch, hat einen Stammumfang von gut sechs Metern und verästelt sich derart üppig, dass sie als der massereichste Baum Brandenburgs gilt und als eine der größten Buchen Deutschlands. Man schätzt ihr Alter auf mindestens 250 Jahre. Das ist bereits das Doppelte einer üblichen Lebenserwartung für Buchen.

Zur Silke-Buche (benannt nach der Frau eines Försters) führt keine Bahnstrecke und keine Autostraße. Man kann sie nur erwandern. Das ist auf Rundwanderungen von Groß Schönebeck und Eichhorst aus möglich. Die Wege sind ausgeschildert. Oder auf einer Tour zwischen den beiden Orten. In jedem Fall beträgt die Strecke ca. 12 km. Wer die doppelte Entfernung nicht scheut, der unternimmt eine Wanderung zwischen den Bahnhöfen Groß Schönebeck und Kaiserbahnhof Werbellinsee. Der Weg führt vorbei an Schloss Hubertusstock und folgt anschließend dem Kaiserweg zum nördlichen Ende des Werbellinsees. GPS: 13°37,3041' Ost 52°55,5641' Nord

Die Schleuse in Eichhorst

Wir folgen nun wieder dem Radfernweg Berlin - Usedom. Von unserer letzten Station auf der Radtour, Marienwerder zwischen Finowkanal und Oder-Havel-Kanal, sind es acht Kilometer nach Eichhorst, dem anderen Tor in die Schorfheide.

Eichhorst

Zunächst orientieren wir uns am Verlauf des Werbellinkanals. Der wurde 1756 fertiggestellt und diente einerseits der Wasserversorgung für den Finowkanal und zum anderen als schiffbare Verbindung zwischen dem Werbellinsee und den Oder- bzw. Havel-Gewässern. Die Schleusen in Rosenbeck und Eichhorst fangen das Gefälle zwischen Werbellinsee und Finowkanal auf.

Eichhorst, das sind ein paar Häuser rechts und links der Schleuse. Es hat den Anschein, als wäre mindestens die Hälfte von ihnen auf Gäste eingestellt: auf Freizeitkapitäne, Radwanderer, Biker. So das markante Blockhaus mit „Petras Fischexpress" und das bei Bikern beliebte „Café Eiszeit". Man macht gern Rast in Eichhorst, es ist schattig und an der Schleuse gibt es immer etwas zu sehen. Eine **Tourist-Information** bietet Orientierungshilfe für alle Fortbewegungsarten. Ein Wisent-Denkmal erinnert daran, dass diese Urrinder vor Zeiten in der Schorfheide lebten.

Auf halbem Weg zwischen Groß Schönebeck und Eichhorst, unserem zweiten Tor in die Schorfheide, bittet das Gut Sarnow zur Rast. Das Restaurant mit Wintergarten bietet von März bis Dezember märkische Spezialitäten, das Hotel bequeme Betten und das Gestüt Ausritte in die waldreiche Umgebung.

Marienwerder siehe Kapitel 4, „Der Finowkanal", S. 162

61

Wie war das mit dem Wisent-Denkmal?

Das Denkmal gleich neben der Eichhorster Schleuse zeigt einen lebensgroßen Wisent in Form einer aus Ton gebrannten Halbplastik. Geschaffen wurde es 1934 von Max Esser (1885 – 1945), der sich vor allem als Porzellangestalter einen Namen gemacht hatte. Der Wisent markierte ursprünglich den Eingang zum ersten deutschen Urwildgehege am Werbellinsee. Hier wurden reinrassige Wisente gezüchtet, die in Mitteleuropa schon ausgestorben waren. Ein Teil der Wisentherde stand Hermann Göring, zu dessen zahlreichen Funktionen im faschistischen Deutschland

auch die des Reichsforst- und des Reichsjägermeisters gehörten, zum Abschuss zur Verfügung. Da auf der Rückseite des Denkmals ein Hakenkreuz angebracht war, wurde es 1958 vergraben. Im April 1990 wurde es vom Eichhorster Forstbetrieb wieder ausgegraben und 1998 an seinem neuen Platz aufgestellt, das Hakenkreuz ist herausgemeißelt. Inzwischen steht der Stein auf der offiziellen Denkmalliste des Landkreises Barnim.

Am Werbellinsee

Rund um den Askanierturm

Zwischen Eichhorst und dem Zufluss in den Werbellinsee führt der Weg für ca. drei Kilometer direkt am Kanal entlang nach Wildau, einem Ortsteil von Eichhorst. Hier verlässt der Werbellinkanal den See an seinem südlichen Ende. Dort steht der Askanierturm, eine neue Fußgängerbrücke führt über den Kanal. Da am anderen Ufer der Verbindung zwischen Werbellinsee und Finowkanal ebenfalls ein Weg verläuft, ergibt sich für Spaziergänger ein beschaulicher Rundweg zwei Kilometern von und nach Eichhorst.

Die Bezeichnung „Askanierturm" führt etwas in die Irre. Das Fürstengeschlecht der Askanier (es lebte später in den Anhaltinern fort) herrschte bis 1320 über Brandenburg und betrieb an vorderster Front die deutsche Ostexpansion. Dabei entstanden viele Burgen, um die im Kampf mit den Slawen erfochtenen Gebiete abzusichern. So auch hier am Südende des Werbellinsees. Aber bereits 1350 war sie verfallen. Prinz Carl von Preußen, ein Bruder des damaligen Kaisers Wilhelm I., ließ 1879 den Turm errichten, der an die militärischen Taten der Askanier erinnern sollte. Der Turm kann bestiegen werden, den Schlüssel gibt es bei der Tourist-Information in Eichhorst, im nahen „Café Wildau" oder im Café „Kunst & Rad".

Das traditionsreiche Ausflugslokal **„Café Wildau"** hat sich aus der Villa eines Ziegeleibesitzers (über Umwege) in ein elegantes Restaurant mit exklusivem Hotel verwandelt. Auf der Speisekarte stehen Fisch- und Wild-Spezialitäten aus der Region. Auf der Terrasse genießt man den Ausblick auf den Südzipfel des Werbellinsees. Mergelseen, ehemalige Tongruben der Ziegelei, sind inzwischen belebte Biotope. Gleich nebenan lädt Familie Hartwig ins Café „Kunst & Rad" ein. Es ist die „1. Radstation" entlang des Radfernweges Berlin - Usedom. Hier können die Radwanderer auftanken, auch Ferienzimmer für Übernachtungen stehen bereit.

Der Fernradweg Berlin - Usedom verläuft anschließend acht Kilometer lang parallel *zu der nach Joachimsthal führenden Landstraße.*

Am Westufer des Werbellinsees

Bevor es richtig losgeht, besuchen wir noch den **„Spring"**, eine besonders wohlgeformte Böschung hinab zum See. Oben auf dem Hügel steht das Gasthaus „Am Spring", das nur in den Sommermonaten, dann aber täglich geöffnet ist. Von seiner Terrasse aus bietet sich ein wundervolles Werbellinsee-Panorama. Nun kann es losgehen auf dem straßenbegleitenden, vorbildlich asphaltierten Radweg. Da allerdings der Uferstreifen und die Straße oftmals keinen weiteren Platz für einen Radweg gelassen haben, schlängelt er sich immer wieder auf- und abwärts durch das Gelände.

Nach rund zwei Kilometern veranlasst uns ein Schild mit dem Hinweis **„Hubertusstock"**, der Straße in den Wald zu folgen. In den 1980er Jahren, als west- und ostdeutsche Politiker in immer kürzerer Abfolge aufeinandertrafen, spielte Hubertusstock eine große Rolle,

Der Werbellinkanal

🍴 Restaurant „von Hövel"
im Ringhotel Schorfheide
Hubertusstock 2
16247 Joachimsthal
www.tagungs-zentrum.de

Um den Werbellinsee führt
ein 23,6 km langer Rund-
weg.

Das Jagdschloss Hubertusstock

denn wegen strittiger Statusfragen machten einige der
Gäste aus der BRD einen großen Bogen um Ostberlin.
Also traf sich SED-Generalsekretär Honecker mit Kanz-
ler Schmidt, Ministerpräsident Strauß und SPD-Fraktio-
onsvorsitzender Wehner hier in der Schorfheide.

Erbaut wurde das Jagdschloss für Preußenkönig
Friedrich Wilhelm IV. im Unruhejahr 1848. Dieser – wie
er später genannt wurde – Romantiker auf dem Thron
wollte seiner Angetrauten, einer Prinzessin aus Bayern,
seine Liebe beweisen, indem er an verschiedenen Orten
der Mark Landhäuser im Alpenstil in Auftrag gab. In der
Potsdamer Pirschheide findet sich eins, an der Moorlake
nahe der Pfaueninsel und hier in der Schorfheide. Aber
erst sein Nachfolger begann damit, Treibjagden für illus-
tre Gäste zu veranstalten. Dabei wurde das Wild vor die
Schießkanzeln der hohen Herren getrieben und mühe-
los erlegt. Kaiser Wilhelm II. hatte es besonders eilig,
nach Hubertusstock zu kommen. Er ließ eigens einen
Bahnhof für sich und seinen Hofstaat anlegen, von dem
aus er erst mit der Kutsche, ab 1904 mit dem Auto in
die Schorfheide fuhr.

Wer heute das Anwesen betritt, kommt zunächst an
einem modernen Hotelbau vorbei, dem Ringhotel
Schorfheide. Es ist ein Tagungshotel der Berliner Wirtschaft, steht aber auch Gästen von überall her offen. Ein
paar Meter weiter das Jagdschloss Hubertusstock und
darum im Wald verstreut eine Reihe von Gästehäusern.
Wer am Jagdhaus die Patina aus Kaisers Zeiten vermutet, sollte die Suche schnell einstellen. Als die DDR-
Führung hier ein Gästehaus einrichtete, wurde das alte
Gemäuer völlig abgerissen und ein neues erbaut.
Äußerlich noch ein wenig Alpenland, der Anbau und
die Innengestaltung aber 1970er Jahre DDR pur. Es ist
– samt der Waldvillen – heute das zweite Hotel auf dem
Areal. Das Frühstück wird im Kaminzimmer serviert,
genau dort, wo sich die Politprominenz begegnete.

Die Jagd und die Mächtigen

Nicht weit von Schloss Hubertusstock entfernt steht ein Gedenkstein, der an den 20. September 1898 erinnert, als Kaiser Wilhelm II. im zehnten Jahr seiner Regentschaft den 1.000 Hirsch erlegte. Es soll ein edler 20-Ender gewesen sein. 13 Jahre später kam ihm sein 2.000. Hirsch vor die Flinte. Wohlgemerkt: Hier zählten nur die kapitalen Hirsche, nicht all das andere Wild, das dem abschussfreudigen Kaiser vor die Flinte kam: Wildgänse, Hasen, Füchse, Wildschweine...

Es war aber nicht nur der kaiserliche Rekordschütze, sondern auch Republikaner und gar Sozialisten, die die Jagd in der Schorfheide zu ihrem Ausgleichssport gemacht hatten. Das tief in feudalistischer Zeit verankerte Vorrecht der Mächtigen zur Jagd (immerhin war es damals auch ein permanentes Kavallerie-Training) hat sich über alle Staatsformen erhalten. Zumindest über all jene, in denen sich die Mächtigen unangefochten und dauerhaft auf ihrem Platz wähnten. Ursprünglich standen Jagd und Verzehr noch in einem Zusammenhang. Der prunksüchtige Preußenkönig Friedrich I. befahl seinem Oberjägermeister im Jahr 1708, für eine einzige Festlichkeit innerhalb von vier Wochen 145 Stück Rotwild, 348 Wildschweine, 870 Hasen, 2.320 Rebhühner abzuliefern. Im Laufe der Zeit wurde es immer mehr zum Freizeitvergnügen.

Es gab aber auch Mächtige, die sich dem widersetzten. Der feinsinnige Friedrich II. mochte die Jagd nicht, die bei seinem Vater noch ganz oben auf der Prioritätenliste stand. Zwar fiel im Zuge der Reformen Anfang des 19. Jahrhunderts das Adelsprivileg für die Jagd, umso mehr wurden privilegierte Jagdgebiete abgesteckt. Die Schorfheide war das größte dieser Art in Deutschland. Ob der Kaiser vor der Abdankung noch seinen 3.000. Hirsch erlegte, ist nicht bekannt.

Wenige Jahre später finden wir auf Fotos der Jagdgesellschaften in der Schorfheide den sozialdemokratischen Reichspräsidenten Friedrich Ebert, den preußischen Ministerpräsidenten Otto Braun und Reichspräsident Paul von Hindenburg. Hermann Göring, bis kurz vor dem Zusammenbruch des Nazi-Reichs zweiter Mann nach Hitler, nutzte die Schorfheide in besonderem Maße als Spiegel seines Egos. Er ließ sich mit Staatsgeldern ein schlossartiges Landhaus errichten. Allein die Eingangshalle war ein 50 m langer Gang, voll bedeckt mit Kunstwerken. Ein paar Kilometer entfernt entstand eine Holzkopie seines Anwesens, um Luftangriffe zu vereiteln, die jedoch hier nie stattfanden. Stattdessen wurde das Riesenanwesen im April 1945 auf Befehl des flüchtenden Göring von einer Nachhut gesprengt. Nach den Nazis kamen sowjetische Generale in die Schorfheide zur Jagd und mit ihnen die neuen Herren im Osten Deutschlands. Walter Ulbricht und Nikita Chruschtschow, Erich Honecker und Leonid Breshnew, aber auch Krupp-Chef Berthold Beitz – sie alle waren da und haben in der Schorfheide ihre Macht ausgelebt. Welche Ironie: Erich Honecker soll selbst kein Wild gegessen haben.

Im Schloss Groß Schönebeck wird die Dauerausstellung „Jagd und Macht" gezeigt, zu der ein Buch von Burghard Ciesla und Helmut Suter erschien.

Erich Honecker, hier mit einem sowjetischen General, übernahm fast vollständig Görings Jagdrevier, 21.000 ha, und war komplett umzäunt. (Foto aus: Erich Honecker: Aus meinem Leben)

Der Werbellinsee am „Spring"

🚌 In der warmen Jahreszeit startet an Wochenenden und feiertags die Buslinie 917, der „Werbellinsee-Bus", im 2-Stunden-Takt. Die Busse fahren eine komplette Runde um den Werbellinsee. Da zwei Busse wechselweise im und gegen den Uhrzeigersinn verkehren, sind alle Orte entlang der Route im Stundentakt miteinander verknüpft. Die Fahrradmitnahme ist hier dank eines speziellen Anhängers problemlos möglich.

Der weitere Weg entlang des Werbellinsees gibt nur gelegentlich den Blick auf das Wasser frei. Das Grün der Bäume ist dicht. Gelegentlich öffnet eine Badestelle das Ufer. In den Sommermonaten sind die kleinen Parkplätze an diesen Stellen schon in den Morgenstunden besetzt. Das glasklare Wasser lädt zum Bade.

Die Geheimnisse des Werbellinsees

Der Werbellinsee gilt als geheimnisvoll. Zu diesem Image hat Theodor Fontane kräftig beigetragen. Am Ende seines Kapitels über den Werbellinsee schreibt er in den „Wanderungen durch die Mark Brandenburg": „Es ist ein Märchenplatz, auf dem wir sitzen, denn wir sitzen am Ufer des »Werbellin«."

Da gibt es zum Beispiel die Sage vom Untergang der **Stadt Werbellow**. Es kursieren mehrere Versionen als Gründe für die Katastrophe. Mal sollen die Wohlhabenheit und der Geiz seiner Bewohner den Untergang herbeigeführt haben, mal war es ein böser Zauberer, der auf diese Weise bestraft werden sollte. Tatsächlich aber wurden in der Nähe der ehemaligen Fischerei in Altenhof im Wasser die Reste von Pfahlbauten entdeckt, die möglicherweise zu einem mittelalterlichen Herrensitz gehörten. Um 1350 wurde die Pfahlstadt Opfer eines Brandes. Vielleicht ist das der Hintergrund für die gruseligen Sagen.

Noch heute soll es Sonntagskindern vergönnt sein, am Johannistag zur Mittagsstunde die Glocken der Stadt läuten zu hören. Außerdem soll Jahr für Jahr eine „weiße Frau" aus den Wogen des Werbellinsees steigen, die sich ein männliches Opfer holt.

Kein Geheimnis ist allerdings die **Entstehung des Werbellinsees**. Er war ursprünglich ein Abfluss des Schmelzwassers der Eiszeitgletscher vor rund 10.000

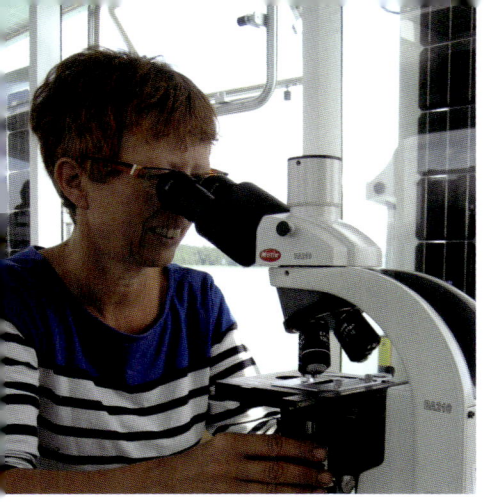

Jahren. Die riesigen Wassermassen schaufelten eine Rinne aus, die bis zu 60 Meter tief war und dem See heute noch eine maximale Tiefe von 55 Metern bescheren. Das Wasser sammelte sich in einem Urstromtal, das später nach der Stadt Eberswalde benannt wurde. Der Finowkanal kennzeichnet den Verlauf dieses Stroms in Richtung Nordsee.

Um Geheimnisse ganz anderer Art zu lüften, legt das **Forschungsschiff „Solar Explorer"** vom Liegeplatz am Wassersportklub in Altenhof zu Expeditionsfahrten auf dem Werbellinsee ab. Dann geht es um hydrografische Vermessungen des Sees, um Wasser- und Bodenanalysen, Sichttiefen, Beobachten der Tiere und Pflanzen mit der ferngesteuerten Unterwasserkamera. Denn der solarbetriebene Katamaran ist bestückt mit modernster Technik von digitalen Mikroskopen bis hin zur Wetterstation.

Er hat sogar einen Schiffsboden aus Glas, der sich für Unterwasserbeobachtungen ein Stück absenken lässt. Das Schiff gehört dem Verein Kulturlandschaft Uckermark, dem Förderverein des UNESCO-Biosphärenreservates Schorfheide-Chorin, und kann für Expeditionen gechartert werden.

Quasi im schwimmenden Klassenzimmer beschäftigen sich hier Kinder-, Schüler- und Studentengruppen, aber auch Familien, Vereine und andere Interessierte mit erneuerbaren Energien und Gewässerökologie und genießen dabei Wind, Wasser, Wellen und herrliche Sichten.

Platz hat das Schiff für insgesamt 48 Passagiere, an sechs Arbeitsstationen können bis zu 35 Forscher unter Anleitung eines Pädagogen für Umweltwissenschaften experimentieren, je nach Alter dauern die Touren zwischen 1,5 und 2,5 Stunden.

Auf dem See kreuzt das Forschungsschiff „Solar Explorer", durch dessen gläsernen Boden die Unterwasserwelt beobachtet werden kann. In einem Bordlabor werden Wasserproben untersucht.

www.solar-explorer.de

Rund um den Werbellinsee gibt es 7 Liegewiesen und 3 Campingplätze.

Sportlicher Höhepunkt ist die alljährliche Werbellinseeregatta.

Kurzfilm: Schleienangeln an einem kleinen Waldsee in der Schorfheide

„… und über allem thront die Eiszeit" – das ist die Botschaft, die uns diese Kunstinstallation auf dem Gelände der Gaststätte „Zum Seewolf" vermittelt.

🍴 „Byn ollen Hoff"
Joachimsthaler Str. 5
Altenhof
Di–Sa ab 11.30 Uhr
So, feiertags ab 10 Uhr

Die „Altwarp" legt in Altenhof an.

Eine Seefahrt…

Während der Werbellinsee an seinem nördlichen Ufer seinen vollen Charme behält, vermittelt die Straße durch **Elsenau** den Eindruck eines maritimen Gewerbegebietes mit Marina, Bootsausrüstern und einer Fischerei. Die **Fischerei Werbellinsee**, geführt von Volker Wolf, dem letzten professionellen Fischer auf dem See, bietet frische und geräucherte Ware an. Die Forellen holt er direkt aus dem See. Die Fischgaststätte **„Zum Seewolf"** lockt mit frischem Fisch und wunderbarem Seeblick.

Wer gediegenes Ambiente bevorzugt, findet in der **„Seerandperle"** direkt an der Straße entlang des Werbellinsees ebenfalls ein Fischgericht aus aktuellem Fang.

An der nördlichen Spitze des Sees hat die „Altwarp", das Flaggschiff der aus zwei Schiffen bestehenden Werbellinsee-Flotte, ihr Zuhause. Die **Reederei Wiedenhöft** betreibt von hier aus ihre Werbellinsee-Rundfahrten, wobei der Ort Altenhof in beiden Richtungen angefahren wird. So ist ein einstündiger Aufenthalt möglich, der für eine Fischmahlzeit bequem ausreicht. Die **„Altwarp"** mit ihren 100 Innen- und 70 Außenplätzen ist ein schwimmender Oldtimer. Sie wurde 1935 in Marienwerder gebaut und auf den Namen „Reichsforstmeister Göring" getauft. Zeitweise fuhr sie als Fähre zwischen Wismar und der Insel Poel, auch Jahre des Stillstandes hat sie erlebt, doch seit 1969 zieht sie zuverlässig ihre Runden auf dem Werbellinsee.

Die 2 Stunden und 20 Minuten dauernden Rundfahrten finden dreimal täglich außer Montag statt, an Montagen startet die Schleusenfahrt durch den Werbellinkanal bis Eichhorst, Dauer 4 Stunden und 20 Minuten.

Vom Schiffsanleger ist es nur ca. ein Kilometer nordwärts zum Kaiserbahnhof (S. 74). Wer unterwegs genau hinsieht, wird die Reste einer Lorenbahn entdecken, die früher einmal große Teile der Schorfheide durchzogen hat.

Von Fischern, Anglern und Köchen:

Seen sind zum Angeln da

Stephan Höferer ist Angler. Er betreibt das Angeln als Sport und – man könnte sagen – als Wissenschaft. Seit Jahren ist er in seiner brandenburgischen Heimat unterwegs, testet Angelgewässer, erkundet Ufer, registriert genau alle seine Fänge, sammelt die Erfahrungen anderer Angler und fügt alles in Karten zusammen, die als „Stephan Höferers Anglerkarten" im Fachhandel erhältlich sind. Neben der Angelrute hat er meist auch seine Videokamera dabei und produziert Naturfilme. Gelegentlich unternimmt er Reisen zu den abenteuerlichsten Angelplätzen der Welt – nach Skandinavien, Irland, Nordamerika. Zurück kommt er mit Naturfilmen. Dennoch gehören Werbellin- und Parsteiner See zu seinen Lieblingsangelplätzen.

Beim Begriff „Schorfheide" denkt man doch in erster Linie an die Jagd. Wir wollen uns aber übers Angeln unterhalten.
Tatsächlich finden wir in der Schorfheide unendlich viel Wasser. Zum Beispiel mit zwei der acht größten Seen Brandenburgs – dem Werbellin- und dem Grimnitzsee. Hinzu kommen viele kleinere Gewässer. Hier fängt man fast alle in Brandenburg bekannten Fischarten. Sowohl der Friedfischangler als auch der Raubfischangler kommen hier voll auf ihre

Kosten. Hier kann man sich seinen Anglertraum erfüllen – und den Fisch seines Lebens fangen. Von der Plötze über den Karpfen und Schlei bis hin zum Barsch, Hecht und Wels. Die Schorfheide ist ein wahres Eldorado für uns Angler, wenn auch mit einigen naturrechtlichen Einschränkungen.

Und welche Chance haben Angler, eine Maräne aus dem See zu holen?
Am Werbellinsee und am Stechlinsee im Ruppiner Seenland ist die Maräne zurzeit im doppelten Sinne in aller Munde. Dennoch: Hier in Brandenburg zählt sie nicht zu den klassischen Angelfischen. In Bayern und Österreich spielt sie, dort Felchen genannt, eine ganz andere Rolle. Dort wird gezielt mit der speziellen Hegene auf diese Fische gefischt. Aber hier in Brandenburg, wie auch im kompletten Norden Deutschlands, gibt es nur sehr wenige Angler, die gezielt diesen Fischen nachstellen. Sie lassen sich kaum mit einem Köder anglerisch überlisten, da ihre Nahrung ausschließlich aus Zooplankton besteht. Sehr zur Freude der ansässigen Fischer. Denn der Fisch hat für sie eine hohe wirtschaftliche Bedeutung.

schmeckt dieser Fisch sehr delikat. In den Sommermonaten munden diese Fische besonders. Sie sind dann gut genährt und ihr Fleisch ist zart und aromatisch. Und sie haben noch keine Laichprodukte gebildet, was unweigerlich zur Verschlechterung des Fleisches führt.

Wo bekomme ich Maränen serviert?

In den Gaststätten in Altenhof und am Joachimsthaler Werbellinseeufer gibt es Fischgaststätten, in denen die Maräne auf der Speisekarte steht.

Bis jetzt sprechen wir aber nur über den Werbellinsee. Wie steht es mit dem Grimnitzsee und dem Parsteiner See, was macht sie für Angler interessant?

Der Grimnitzsee ist sogar noch ein wenig größer als der Werbellinsee. Beide sind über den Neuen Graben miteinander verbunden. Der Grimnitzsee ist aber gegenüber dem tiefen und klaren Werbellinsee ein relativ flacher und trüber Grundmoränensee, gerade maximal 11 Meter tief. Er ist bekannt als ein ideales Karpfengewässer. In den ergiebigen Krautbänken fühlen sich die Fische sichtlich wohl. So werden jedes Jahr kapitale Fische bis an die 50 Pfund gefangen, 30-Pfünder gehören hier fast zum Alltag. Aber natürlich gibt es auch reichlich Raubfische: Hechte und vor allem gute Barsche. Der Grimnitzsee gehört zu den ertragreichsten Gewässern in Brandenburg.

Der Parsteiner See ist von seiner Beschaffenheit wieder völlig anders. Er hat wie der Werbellin sehr sauberes und klares Wasser, doch hier ist die Einsamkeit und Abgeschiedenheit greifbar. Das Gewässer weist jede Menge kleinerer und größerer Buchten auf, hat eine unglaublich interessante Bodenstruktur mit enorm steil abfallenden Kanten, reichlich Schilfbewuchs und riesigen Krautfeldern. All das zusammen, trägt dazu bei, dass der Parsteiner See mit zu den besten Hechtgewässern Branden-

Was macht sie so besonders?

Die kleine Maräne, die in den Gaststätten rund um den Werbellinsee auf die Teller kommt, wird höchstens 20 cm groß. Ihre Laichzeit liegt nach der Herbstzirkulation bei Wassertemperaturen von 4 bis 7 Grad Celsius, also in den Monaten November und Dezember. Sie lieben klares und sauberes Wasser. Oft bemisst man die Wasserqualität eines Sees nach dem Vorkommen der Maräne. Am Stechlinsee und beim Werbellinsee ist das so.

Und wie sollte man sie zubereiten?

Am besten, wie sie ist, mit Salz und Pfeffer würzen und in die Pfanne legen. Drei bis vier kommen dann auf einen Teller mit einem Glas Weißwein. Vielleicht noch eine Scheibe Weißbrot dazu. Einfach lecker! Aber auch geräuchert

burgs gehört. Entenschnäbel von über einem Meter werden regelmäßig gefangen. Hinzu kommen prächtige Barsche, sehr gute Schleie und reichlich Aale. Auch hier gibt es die kleine Maräne.

Gibt es Möglichkeiten, einen Angelkahn auszuleihen?

Ja, natürlich. An all den großen Gewässern sind Bootsverleihe vorhanden. Nein, das stimmt nicht ganz, am Grimnitzsee ist es nicht ganz so. Hier hat man nur die Möglichkeit, über den ortsansässigen Anglerverein in Joachimsthal an ein Boot zu gelangen. Die Benutzung eines Bootes ist gerade bei den großen Gewässern von ungeheurem Vorteil. Denn Uferangelstellen sind dort wenig vorhanden, und die anglerischen Möglichkeiten vom Land aus sind doch sehr begrenzt.

Worauf müssen Angler in der Schorfheide achten?

Wie überall benötigen sie natürlich einen gültigen Anglerschein. Diesen gibt es bei den Fischern und in den Angelfachgeschäften. Ich kann nur empfehlen, die Bestimmungen exakt durchzulesen und sich daran zu halten. Und verantwortungsbewusst mit unserer

Natur umzugehen. Denn es sollte immer so sein: Wenn ein Angler seinen Platz verlässt, sollte man im Nachhinein glauben, es wäre niemals jemand da gewesen.

In diesem Sinne „Petri Heil".

Stephan Höferer ist Naturfilmer und begeisterter Angler. Sein Buch „Erlebnis Fisch" stellt die schönsten Plätze am Wasser und die kreative Fisch-Küche Brandenburgs vor. Er zeigt den Weg zum Fischer, stellt Fischrestaurants, Fischräuchereien und Fischläden vor und gibt einen Überblick über die touristischen Angebote vor Ort. Kleine Ausblicke bietet die beiliegende DVD.

19,95 EUR
ISBN
978-3-00-041168-7

Das Ostufer des Werbellin

Bevor wir uns dem nächsten Ziel unserer Tour auf dem Radweg Berlin - Usedom nähern, wollen wir uns noch am Ostufer des Werbellinsees umzusehen. Andernfalls würden wir zwei wahrhafte Sehenswürdigkeiten nicht zu Gesicht bekommen. Beginnen wir mit dem Ort **Altenhof**. Egal, ob man vom Land (früher gab es eine Postbus-Verbindung vom Potsdamer Platz in Berlin) oder vom See aus (mit der „Altwarp") hier ankommt, es stellt sich das Gefühl von Urlaub und Erholung ein.

Von der Wasserseite grüßen schon von Weitem die reetgedeckten Gebäude der **„Alten Fischerei"**, deren Gästeterrassen auf den See hinausragen. Das hat Tradition am Werbellinsee: Ganz in der Nähe fand man vor ein paar Jahren unter Wasser die Reste eines Pfahlhauses aus dem 13. Jahrhundert.

In Altenhof scheint alles einen Tick langsamer zu gehen – mit Ausnahme der Kellner und Servierdamen in den hiesigen Fischrestaurants. Im Sommer ist hier der Andrang groß, und es sollen möglichst viele Gäste frischen Fisch aus dem See auf ihre Teller bekommen. Altenhof hat eine richtige kleine Strandpromenade mit Grünanlagen und Parkbänken – fast so, wie man es von den großen Seebädern kennt.

Apropos – eine Badewiese gibt es selbstverständlich auch. Von der Seeseite bietet Altenhof mit seinen reetgedeckten Häusern, den ausgehängten Fischernetzen und den vielen Booten am Ufer einen idyllischen Anblick.

Am Ufer des Werbellinsees in Altenhof

www.ejb-werbellinsee.de

🍴 Das Café und Restaurant „Seeterrasse" heißt auch Tagesbesucher herzlich willkommen.

Nördlich von Altenhof befindet sich mit der **Europäischen Jugenderholungs- und Begegnungsstätte** (EJB) eine der größten und schönsten Kinder- und Jugendeinrichtungen in Deutschland. Sie ist das Ziel von Schul- und Klassenfahrten, Trainings- und Feriencamps. Hier gibt es sieben Jugendherbergshäuser, vier Jugendgästehäuser, ein Gästehaus sowie sechs Sommerhäuser und ein Ferienhaus.

Dazu Freizeit- und Sportstätten: Sporthalle, Fußballstadion, Streetball, Fun Court und Beachvolleyballplätze, Freizeithaus mit Naturkabinett, Kreativwerkstatt und PC-/Internetclub, Seecamp mit Kamin, Grill- u. Lagerfeuerstellen, Natursauna, Kino, Disko, hauseigener Badestrand mit Abenteuerspielplatz und vieles mehr.

Zu DDR-Zeiten war das Gelände als „Pionierrepublik Wilhelm Pieck" bekannt. Hierher kamen auch viele Kinder aus dem Ausland, speziell aus der Dritten Welt.

Joachimsthal

Der Kaiserbahnhof

In den vergangenen Jahren wurden bei der Sanierung des Gebäudes auch Wandmalereien aus der Kaiserzeit wieder sichtbar gemacht.

Jetzt wird es majestätisch: Wir machen dem Kaiserbahnhof am Werbellinsee unsere Aufwartung, gelegen an der Regionalbahnstrecke zwischen Eberswalde und Joachimsthal. Der letzte deutsche Kaiser war es, der sich im Jahr 1898 den „Kaiserpavillon" errichten ließ, um schnell und bequem zum Jagdschloss Hubertusstock zu kommen. Er stieg im „Kaiserbahnhof" am westlichen Ende des Parks Sanssouci in einen Salonwagen, dann ging es um Berlin herum auf die Stettiner Bahn bis Britz, wo der kaiserliche Zug auf die Nebenbahnstrecke nach Fürstenberg (Havel) einbog.

Die ursprüngliche Bahnstrecke zwischen Britz und Fürstenberg (Havel) schlug eine Verbindung zwischen zwei preußischen Hauptbahnstrecken: der Stettiner Bahn und der Nordbahn (in Richtung Rostock). 1996 wurde der Personenverkehr Richtung Fürstenberg (Havel) eingestellt, 2006 auch der zwischen Joachimsthal und Templin. Viele Anwohner haben die Hoffnung auf Neubelebung der Strecke nicht aufgegeben.

Nach 13 Kilometern erreichte der Kaiser seinen Bahnhof. Hier erholten sich Majestät für eine kurze Weile, um dann – in den ersten Jahren im offenen Kremser, ab 1904 im Automobil aus Stuttgart – die letzte Etappe zurückzulegen.

Das Gebäude erinnert an ein norwegisches Landhaus. Kein Wunder, unternahm doch der Kaiser alljährlich – ausschließlich in männlicher Gesellschaft – eine Schiffsfahrt nach Norwegen, in das Land seiner Träume. Das Haus wurde mehrere Jahre lang ausgiebig restauriert. Nun ist im Inneren wieder das imposante Tonnengewölbe des Kaisersaals zu bestaunen, der

Kamin funktioniert wieder und es wurden Wandmalereien aus der Entstehungszeit wiederentdeckt. Geöffnet ist der Kaiserbahnhof für Hörspielfreunde, wenn an den Wochenenden zwischen Mittsommer und dem Tag des offenen Denkmals vertonte Krimis, Abenteuer, Liebesgeschichten und große Literatur zu Gehör kommen. Hin und wieder kommen Schauspieler und Autoren zu Live-Hörspielen oder Lesungen vorbei.

Auf der Straße zwischen dem Kaiserbahnhof und Joachimsthal verläuft die „Tour Brandenburg", der längste Radweg des Landes.

Auf der Eiszeitstraße

Vom Kaiserbahnhof geht es weiter in Richtung Joachimsthal. Informationstafeln klären uns darüber auf, dass wir uns gerade auf der **Märkischen Eiszeitstraße** befinden (siehe dazu S. 99). So erfahren wir, dass sich zwischen Werbellinsee und Grimnitzsee, genau wo wir jetzt stehen, die Abbruchkante von Gletschern befand, die bis zu einer Höhe von 300 Metern (vom Fernsehturm am Alexanderplatz würde nur die oberste Spitze herausgucken) aufragten. Joachimsthal selbst steht auf den Ablagerungen einer Endmoräne, d.h. auf Sand und Gestein, die der Gletscher vor sich herschob.

Am Ortseingang von Joachimsthal erwartet uns auf einer Anhöhe das **BIORAMA-Projekt** mit seiner eindrucksvollen Aussichtsplattform. Sie wurde auf dem Dach eines ausgedienten Wasserturms eingerichtet und bietet einen Panorama-Blick über die Schorfheide und den Grimnitzsee (der Werbellinsee ist zwar nahe, wird aber durch Wald verdeckt). An klaren Tagen geht die Sicht bis nach Berlin. Ein zweiter Turm wurde errichtet, um mit Hilfe eines Lifts allen Besuchern den Ausblick zu ermöglichen.

„Zum Kaiserbahnhof"
Bahnhof Werbellinsee 4
Joachimsthal
Mo+Fr ab 12 Uhr,
ansonsten ab 11 Uhr

Der Turm des BIORAMA-Projektes ist geöffnet:
April–Okt
Do–So + feiertags 11–16 Uhr

Blick vom Turm des BIORAMA-Projektes über den Grimnitzsee

Die von Schinkel entworfene Kreuzkirche

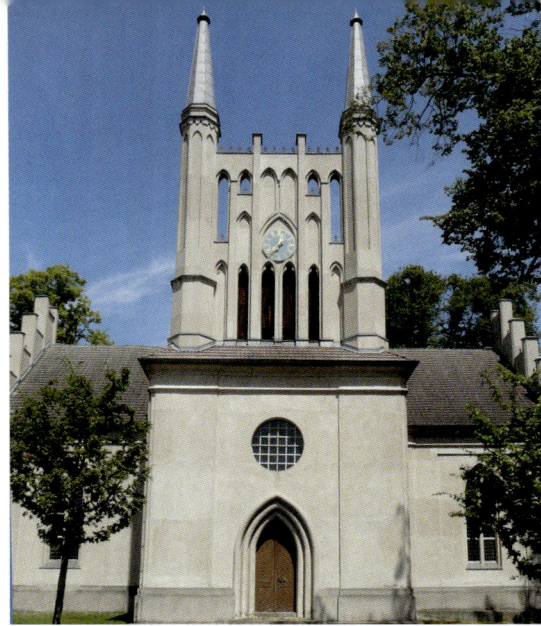

🍴 Gaststätte „Zur Krim"
Marktstr. 11
16247 Joachimsthal
Fisch- und Wildspezialitäten

ℹ️ Schorfheide-Information
Töpferstr. 1
16247 Joachimsthal
Tel. 033361 63380
Apr–Sept
Mo–Sa 10–16 Uhr
Okt Mo–Fr 10–16 Uhr
Nov–März Fr 10–16 Uhr
www.schorfheide.de

Die Stadt Joachimsthal

Bevor wir uns umsehen, schauen wir kurz in die Geschichte der Stadt. Hier, am Ufer des Grimnitzsees, stand im 13. Jahrhundert die Burg Grimnitz. Die in Brandenburg herrschenden Askanier hatten sie an der damaligen Grenze zu Pommern errichtet. Ihre wenigen Reste befinden sich heute auf Privatgelände und sind eigentlich nur für Profi-Archäologen interessant. Seit 1571 stellten böhmische Glasbläser in der Nachbarschaft der Burg außerordentlich erfolgreich kunstvolle Behältnisse her. Die Eiszeit hatte den Rohstoff Silizium in Form von Sand aufgehäuft, und Wälder sorgten für Energie für die erste Glashütte der Mark Brandenburg. Im Dresdener Grünen Gewölbe ist ein Pokal aus dieser Hütte zu bewundern.

1604 erhielt der Ort das Stadtrecht und wurde nach dem regierenden Kurfürsten benannt. 1607 wurde eine Schule für Sprösslinge adliger Familien gegründet, die Fürstenschule, das später nach Berlin verlegte Joachimsthalsche Gymnasium. Wieder war es die Abgeschiedenheit, die die Wahl auf Joachimsthal fallen ließ: Die jungen Herren sollten keine Ablenkung erfahren.

Der Dreißigjährige Krieg bremste die rasante Entwicklung gleich für Jahrhunderte. Erst der Bau der Eisenbahn führte Joachimsthal aus seiner Abgelegenheit heraus.

Denkmal für Kurfürst Joachim Friedrich (1546–1608)

Wie war das mit den Glashütten?

Die vielgescholtene „Märkische Streusandbüchse" war sicher für die Landwirte eine armselige Sache. Für die Glasmacher war sie ein Geschenk Gottes. Denn Sand ist neben Soda, Pottasche und Kalk ein Bestandteil jener Mischung, die bei über 1.400 Grad Celsius zu Glas verschmilzt. Geschickte Glasbläser konnten aus der heißen

Masse die schönsten Dinge formen: Trink- und Aufbewahrungsgefäße, aber auch Schmuckstücke und Glasscheiben. Zum märkischen Sand kam der Holzreichtum der Wälder – und schon waren die entscheidenden Voraussetzungen zur Glasproduktion im Barnimer Land gegeben. Daher die zahlreichen Glashütten am Rand der Schorfheide: in Joachimsthal, Althüttendorf, Britz... Begonnen hat die Glasproduktion mit der Herstellung der grünen Waldglasgefäße im 16. bis 18. Jahrhundert. Dem enormen Holzverbrauch und dem damit verbundenen Raubbau am Walde wurde durch eine königliche Order von 1787 Einhalt geboten. Die Waldglashütten verschwanden und wurden zwischen 1800 und 1865 durch Manufakturen in der Nähe von verkehrsgünstigen Standorten ersetzt.

Alljährlich Mitte August lebt während der „Grimnitzer Glas-Tage" die Faszination Glas auf, wenn Glasbläser das alte Handwerk präsentieren.

„Preußenflasche", produziert in der Glashütte Grimnitz

Joachimsthal erstreckt sich entlang der Straßen nach Templin, Angermünde und Eberswalde. Der kurze Weg vom Bahnhof ins Stadtzentrum führt vorbei an der Tourist-Information. An 20 Gebäuden geben Info-Tafeln Auskunft über historische Hintergründe. Für den Besuch des historischen Ortsteil rund um die frühere Burg Grimnitz sollte ein Fußweg von ca. 15 min eingeplant werden.

1 Der zentrale Platz von Joachimsthal ist der Joachimsplatz. Hier steht seit 2006 über einem Brunnen, genannt der Kurfürstenbrunnen, Joachim Friedrich (1546 - 1608) und schaut prüfend durch ein Stück Glas.

2 In seiner Nachbarschaft steht die von Karl Friedrich Schinkel entworfene Kreuzkirche. Ein Stadtbrand hatte den Vorgängerbau aus Fachwerk zerstört. Die neue Kirche mit kreuzförmigem Grundriss wurde als Ausdruck des Nationalgefühls nach den Befreiungskriegen mit gotischen Elementen versehen.

3 Auf Schinkel geht auch das Gebäude der Alten Schule zurück.

4 Zum Ensemble rund um den Joachimsplatz gehört das Rathaus mit dem Skulpturengarten. In wechselnden Freiland-Ausstellungen zeigen hier Bildhauer aus der Region ihre Werke.

5 Nur ein paar Schritte sind es zur Töpferstraße 1. Dort hat sich in einer früheren Gastwirtschaft die Schorfheide-Information einen Anlaufpunkt geschaffen. Hier gibt es Tipps für Touren und Hinweise auf Unterkünfte sowie Ausstellungen in der Region.

6 Ein Weg von ca. einem Kilometer führt uns vom Zentrum Joachimsthals an das Ufer des Grimnitzsees.

7 Wir kommen an der Kommunität Grimnitz vorbei. Auf einem Hof, der zum großen Teil die Alte Oberförsterei einbezieht, lebt hier eine Gemeinschaft von evangelischen Christen sowohl nach den Geboten der Bibel, wie auch der Ökologie und der zwischenmenschlichen Solidarität.

8 Auf einem Privatgrundstück befinden sich die Reste der Askanierburg Grimnitz, die aber nur noch Experten den Blick in die Vergangenheit bieten.

9 In der „Glashütte am Grimnitz" finden eine Woche lang im August die „Grimnitzer Glastage" statt. Dann kommen Glasbläser aus deutschen Glas-Hochburgen und zeigen, was Glaskunst heute vermag.

10 Die Badestelle am Ufer des Grimnitzsees weist eine mit höchstmöglichen drei Sternen bewertete Wasserqualität auf.

11 Am Stadtrand von Joachimsthal erstreckt sich das „Feriendorf am Grimnitzsee" mit 29 Bungalows und eigenem Badestrand.

12 Kaiserbahnhof Joachimsthal, historischer Bahnhof an der Strecke zwischen Eberswalde und Joachimsthal, kurzer Fußweg zum Werbellinsee.

13 Schiffsanleger für Fahrgastschiffe auf dem Werbellinsee.

14 Der Joachimsthaler Bienenschaugarten lädt ein zur Begegnung mit den fleißigen Honig-Sammlern.

15 Ein ehemaliger Ballsaal wurde dank engagierter Einwohner zum Veranstaltungsort „Heidekrug 2.0".
www.heidekrug.org

Die Schorfheide ((**2**))

Templin

Bhf. Joachimsthal

4 Schorfheide Info
5 ℹ TOURIST INFORMATION
14 ☕
1 **2** Kreuzkirche
Töpferstr.
3 🍴
🍴

Koblinzer Str.

10 Bade-
strand
Kommunität
Grimnitz e.V.
9
7
8
Burgruine
Grimnitz
6

Grimnitzsee

Mühlenstraße

Joachimsthaler
Gymnasium

Chausseestraße

Aussichtsturm
BIORAMA-Projekt

Angermünder

11 Bade-
strand
Feriendorf

Straße

Joachimsthal

Chausseestraße
Märkische Eiszeitstraße

🍴
12 Kaiserbahnhof
Joachimsthal

Radweg Berlin - Usedom

13 Schiffsanleger

Eberswalde

Werbellinsee

Eberswalde
Joachimsthale Str.

Angermünde

0   500 m

Das Wappen von Friedrichswal-de zeigt über dem Holzschuh den Holzzaun, der einst die Schorfheide umgab.

Heimatverein
„Pfälzer Erbe" e.V.
und Holzschuhmacher-
Schauwerkstatt
Tel 033367 371
www.friedrichswalde.de

Das Holzschuhmacherdorf Friedrichswalde

Wir verlassen Joachimsthal in Richtung Templin. Die Fahrt geht durch den dichten Wald der Schorfheide, begleitet von einer Eisenbahntrasse. Es ist die Fortsetzung der Strecke Britz - Joachimsthal, auf der jedoch 1996 der Verkehr eingestellt wurde. Die Bewohner im Norden der Schorfheide, zwischen Barnim und Ucker-mark, hegen noch immer die Hoffnung, dass der Bahnbetrieb wieder aufgenommen wird.

Wer heute auf der Straße nach Friedrichswalde kommt, wird von dem Holzschuhmacher Johann begrüßt. Der ist emsig dabei, einem überdimensionalen Schuh den letzten Schliff zu geben. Nur: Dieser Mann mit Arbeitsschürze, Mütze und natürlich den Original-Klompen ist selbst aus Holz. Eine Tafel informiert über die Geschichte von Friedrichswalde. Der Weg durch den Ort ist eine breite, mit Linden bepflanzte Allee. Rechts und links sind einige Kolonistenhäuser erhalten.

Die Allee führt auf die Kirche zu, die 1783 geweiht wurde. Damals war sie als Fachwerkbau weithin sichtbar. Seit 1890 ist sie mit Backsteinziegeln ummauert. Sie ist alljährlich am Muttertag im Mai Schauplatz eines vielbesuchten Motorradgottesdienstes. Dann holen sich die Biker für die bevorstehende Saison den himmlischen Segen.

Jenseits der Kirche ist die **Heimatstube und das Holz-schuhmacher-Erlebniszentrum** zu finden. Hier ist eine Schauwerkstatt eingerichtet, in der eine Original-Holz-schuhmaschine aus der Zeit vor rund 100 Jahren steht. Bei Führungen wird die Technik erläutert. Hier kann man auch Holzschuhe kaufen. Seit den 1950er Jahren wird diese Fußbeklei-dung in Friedrichswalde selbst nicht mehr hergestellt. Der Namenszusatz Holz-schuhmacherdorf gehört seit November 2013 zur offiziellen Ortsbe-zeichnung. Damit

weist Friedrichswalde auf eine Besonderheit hin, die in der Mark Brandenburg tatsächlich Seltenheitswert hat. Denn mehrere Umstände mussten hier zusammentreffen, um dieses für die Niederlande typische Handwerk hier ansässig zu machen. Da war zunächst der preußische König Friedrich der Große, der danach trachtete, die durch den Dreißigjährigen Krieg verwaisten Ländereien in Brandenburg durch Siedlerfamilien wieder zu beleben. Dann waren da dreißig Familien aus der Pfalz und Rheinhessen, die sich 1748 auf den beschwerlichen Weg in Richtung Schorfheide machten und dort einen Ort gründeten, den sie nach jenem König benannten.

Die Neubürger mussten allerdings erleben, dass selbst die versprochenen Privilegien nicht ausreichten, um aus dem sandigen Boden eine blühende Landwirtschaft zu entwickeln. Ein Nebenerwerb musste her. Nun wollte es der Zufall, dass viele dieser Familien Vorfahren hatten, die einst aus Flandern in die Pfalz kamen. Die hatten die dortige Kunst des Holzschuhmachens an ihre Nachkommen weitergegeben, die sie nun in die Mark Brandenburg brachten. Der Rohstoff Holz war ja reichlich vorhanden. Eine Hürde war dennoch zu nehmen: Noch bevor in Friedrichswalde die Holzschuhmacherei anlief, hatte König Friedrich II. die Herstellung von Schuhen aus Holz verboten. Er wollte damit jene Schuhmacher schützen, die für ihre Produkte Leder einsetzten. Das Verbot hinderte die Friedrichswalder nicht, ihr seltenes Talent nutzbringend einzusetzen und Schuhe aus einem Stück Holz zu zaubern. Bald war jeder zweite Bewohner des Ortes mit der Herstellung von Holzschuhen befasst.

Auf einem Stein neben der Kirche ist der Weg der Pfälzer Familien quer durch Deutschland nach Friedrichswalde nachgezeichnet.

🍴 „Winkelmann"
Café und Eisbar
Dorfstr. 51
16247 Friedrichswalde

Von einer Anhöhe am Ortsausgang in Richtung Templin hat man einen schönen Blick auf den Krummen See. Hier gibt es eine Badestelle, und Angelfreunde können im Ort Tageskarten für diesen See erwerben.

Knapp 40 Minuten benötigt der Bus 515 von Joachimsthal nach Templin. Die Route führt über Friedrichswalde, Ringenwalde und Milmersdorf nach Templin. Die Stadt bezeichnet sich selbst als die „Perle der Uckermark", und niemand hat ihr den Titel je streitig gemacht. Außerdem ist sie ein „Staatlich anerkannter Erholungsort". Gründe genug für einen Ausflug mit Stadtrundgang. Das Wahrzeichen Templins ist seit 800 Jahren die Stadtmauer. Unser Tipp: eine Umrundung der fast vollständig erhaltenen Wehranlage. Die Mauer ist 1.735 m lang, durchschnittlich 7 m hoch, reicht 2 m in den Boden und ist 1 m dick. Zur Stadtmauer gehören drei imposante Tortürme, alle im Stil der norddeutschen Backsteingotik mit den typischen Spitzbögen.

1 Der Rundgang beginnt nahe der Schiffsanlegestelle am Prenzlauer Tor, dessen Torurchfahrt aber schon lange nicht mehr passierbar ist.

2 Der Pulverturm, in dem das Schießpulver gelagert wurde. Dessen spitze Haube sollte im Falle einer Explosion auf den Brandherd fallen und das Feuer ersticken.

Blick vom Berliner Tor über die Stadtmauer

3 Im kleinen, im Sommer blumengeschmückten Akzisehaus saßen zur Zeit Friedrichs des Großen die Geldeintreiber und kassierten jeden ab, der Waren in die und aus der Stadt brachte.

Wir wechseln die Mauerseite. Von außen, von der „Feldseite", zeigt die Templiner Stadtmauer ihr grünes Gesicht. Sogar Wein wächst hier.

4 Ein schmaler Durchgang – und wir sind wieder auf der Stadtseite. Hier geht der Blick zurück zum Eulenturm, der als Hexengefängnis gedient haben soll.

5 An der nächsten Öffnung der Stadtmauer wechseln wir erneut kurz die Seite, um uns vom Berliner Tor beeindrucken zu lassen. Der Turm beherbergt eine sehenswerte Ausstellung über die Naturreservate der Umgebung und zeigt bemerkenswerte Zeugnisse aus der Stadtgeschichte. Außerdem bietet er einen herrlichen Blick über die Stadt.

6 Nach ein paar Schritten in die Stadt stehen wir vor der St. Georgen Kapelle, dem einzigen Haus, das beim großen Stadtbrand von 1735 verschont blieb, obwohl der Brand gleich nebenan ausbrach. Es war aus Stein. Beim Wiederaufbau Templins zog man gerade und breite Straßen durch die Stadt. So entstand das heutige Stadtbild.

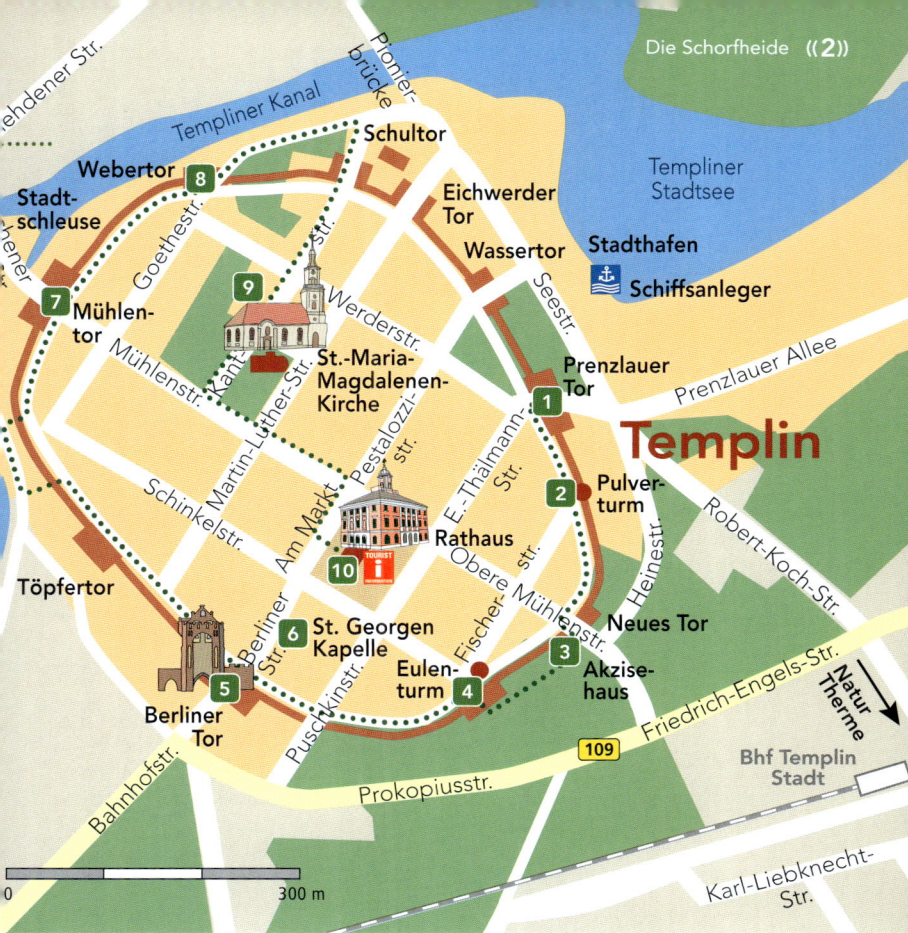

Templiner Kanal

Schultor

Webertor

Stadt-schleuse

Eichwerder Tor

Templiner Stadtsee

Mühlen-tor

Wasssertor

Stadthafen

Schiffsanleger

Goethestr.

Werderstr.

Seestr.

Prenzlauer Tor

Mühlenstr.

St.-Maria-Magdalenen-Kirche

Prenzlauer Allee

Templin

Martin-Luther-Str.

Pestalozzi-str.

E.-Thälmann-

Str.

Pulver-turm

Schinkelstr.

Am Markt

Rathaus

Obere Mühlenstr.

Heinestr.

Robert-Koch-Str.

Töpfertor

Berliner Str.

St. Georgen Kapelle

Fischer-str.

Neues Tor

Akzise-haus

Eulen-turm

Berliner Tor

Puschkinstr.

109

Friedrich-Engels-Str.

Natur Therme

Bahnhofstr.

Prokopiusstr.

Bhf Templin Stadt

0   300 m

Karl-Liebknecht-Str.

---

7 Es folgt das dritte der großen Stadt-tore, das Mühlentor. Es ist das kleinste und älteste der Templiner Stadttore und ein Kleinod mittelalterlicher Baukunst. Das beweist auch der Plattenfries mit Palmettenornamenten aus Backstein. Eine Wassermühle nutzte einst das Gefälle des Templiner Kanals aus.

8 Weiter zum unscheinbaren Webertor. Der Weg führt nach außen, am Templi-ner Kanal entlang. Der Blick fällt auf die Goetheschule, wo vor 40 Jahren ein Mädchen namens Angela die Schulbank drückte. Ihr Abitur schloss sie mit 1,0 ab und brachte es bis zur Bundeskanzlerin.

9 Durch das Schultor betreten wir erneut die Innenstadt und kommen zur St.-Maria-Magdalenen-Kirche. Ihr 70 m hoher Turm thront über Templin. Ihr Stolz ist eine 1994 eingebaute Schuke-Orgel mit 38 Registern.

10 Letzte Station ist das barocke Rathaus auf dem Markplatz von 1750. Cafés und Restaurants rund um den Platz laden zum Verschnaufen ein.
Öffnungszeiten der Tourist-Information „Historisches Rathaus":
Mai–Sept:
Mo–Fr 9–18 Uhr; Sa/So 10–15 Uhr,
Okt–Apr Mo–Fr 9–17 Uhr

Doch nun zurück nach Joachimsthal auf den Radfernweg Berlin - Usedom. Wir verlassen die Stadt in Richtung Norden und biegen am Ortsausgang in die asphaltierte Kreisstraße in Richtung Parlow ein.

Unterwegs nach Glambeck

Im feldsteinernen Gewölbekeller des Parlower Speichers befindet sich ein Trauzimmer, im Erdgeschoss eine Ausstellung zur Dorfgeschichte samt funktionstüchtiger Schrotmühle und in der ersten Etage eine naturkundliche Ausstellung mit Informationsstelle.

Fünf Kilometer sind es bis zum **Kranichdorf Parlow**. Die Vögel haben die Wiesen um den idyllisch gelegenen Ort als Brutgebiet ausgewählt. Daher ist Parlow ein beliebter Anziehungspunkt für Naturfreunde. Von der ursprünglichen Gutsanlage ist der um 1860 erbaute Getreidespeicher noch vorhanden. Die Mitglieder des Fördervereins „Kranichdorf Parlow e.V." haben ihn saniert und als kulturelles Herzstück des Dorfes hergerichtet. Viele Parlower bieten Ferienwohnungen an. Vom Ort aus führen ausgeschilderte Wanderwege in die reizvolle Umgebung, darunter der 3,5 km lange Rundwanderweg um den Großen und den Kleinen Präßnicksee. Zur Einkehr empfiehlt sich der Gasthof „Zum Speicher".

Nun biegen wir in Richtung Osten ein. Ein Kilometer hinter Parlow weckt ein hölzerner Naturbeobachtungsturm unser Interesse. Von hier aus bietet sich ein weiter Blick über ein Feuchtgebiet, das sicher einen großen Anteil daran hat, dass sich Parlow „Kranichdorf" nennt. Nebenan erinnert ein Findling an einen gewissen Franz Neumann, weiterhin steht dort ein eisernes Grabkreuz und zum Glück auch eine Informationstafel, die Ordnung in all die Denkwürdigkeiten bringt.

Aussichtsplattform zwischen Parlow und Glambeck

Wir sind dort, wo sich bis 1860 das Dorf **Mellin** befand. In jenem Jahr beschlossen alle Dorfbewohner, sich den Auswanderern nach Amerika anzuschließen. So verfiel der Ort. Was blieb, sind Reste des Friedhofes mit jenem Grabkreuz, das jetzt an die Auslöschung eines ganzen Dorfes erinnert. Dabei hatten erst rund einhundert Jahre zuvor Siedlerfamilien aus Mecklenburg den Ort Mellin gegründet. Während andere Kolonisten von Friedrich II. mehr oder weniger ausreichend Land erhielten, um sich eine Existenz aufzubauen, blieben die Siedler in Mellin Tagelöhner ohne Aussicht auf ein besseres Los. Sie wurden in den königlichen Forsten nur als billige Arbeitskräfte gebraucht. So nahmen sie eines Tages ihr Schicksal in die eigenen Hände und verschwanden über den Atlantik. Aber nicht

nur die Menschen waren weg, sondern auch der Mellin-
see, ein früherer Flachwassersee südlich des Ortes Mellin. Er verlandete, nachdem in den 1760er Jahren Gräben
in der Schorfheide gezogen wurden, um Tümpel und
Moore zu beseitigen. So wurde nicht nur der Wald ent-
wässert, sondern auch der See. Das Wasser gelangte über
die Welse in die Oder. Heute wird versucht, den Feuchtwiesen wieder verstärkt Wasser zuzuführen, um das
Naturreservat Mellin zu erhalten.

Wo sich einst das Dorf Mellin befand.

WER WAR EIGENTLICH FRANZ NEUMANN?

Er wurde 1798 im damaligen Zaunsetzerhaus von Mellin
geboren und brachte es nach Schule in Joachimsthal und
Studium in Berlin zum hochangesehenen Professor der
Mineralogie und der Physik. Er gilt als der Begründer der
mathematischen Physik und war Mitglied fast aller europä-
ischen Akademien der Wissenschaften. Die Entspiegelung von
Brillen und die Polarisationsfilter in der Fotografie gehen auf seine
Berechnungen zurück. Er starb 1885 im Alter von 97 Jahren in Königsberg.

85

oben: Der Taubenturm in Glambeck
unten: Aktenordner im Dorfmuseum

Glambeck

Nach fünf Kilometern durch einen dichten Wald erreichen wir den Glambecker See auf der Höhe einer Badestelle. Wenige Meter weiter stehen wir mitten in Glambeck, wo die Schorfheide gleich mehrere Höhepunkte bereithält. Hier konzentriert sich alles, was den Reiz des Barnim ausmacht: pralle Natur, interessante Geschichte und ein erstklassiges kulturelles Angebot.

Nahe an Glambeck führt die Autobahn A11 vorbei. Sie bildet die Grenze zwischen Barnim und Uckermark. Glambeck selbst bezeichnet sich als das „Grüne Herz" des Biosphärenreservats Schorfheide-Chorin. Wir haben es bei der Anfahrt erlebt und können es auf der Landkarte nachvollziehen: Weit und breit erstreckt sich hier Wald. Das prominenteste Revier ist der Grumsiner Buchenwald, dessen Buchenbestand auf der Liste des UNESCOWeltnaturerbes steht. Mittelpunkt und

Wahrzeichen von Glambeck – und der gesamten Region – ist der **Taubenturm**. Er wurde um 1880 errichtet,
nachdem 1862 Friedrich Wilhelm Graf von Redern das
Gut erworben hatte. Zuvor hatte es viele Besitzer kommen und gehen sehen. Nun aber war da ein Gutsherr,
der sich sichtbar um Verschönerung bemühte. Er ließ
das Gutshaus aus dem Jahr 1793 restaurieren und das
Waldstück zwischen Gutshaus und Glambecker See in
einen Schlosspark verwandeln. Der Turm diente von
Anfang an als architektonischer Blickfang in Sichtweite
des Gutshauses.

Von außen ist unvorstellbar, dass sich im Inneren
des Taubenturms ein edel gestaltetes und informatives
Museum befindet. Es ist jenem Gutsherrn gewidmet,
der vor über 130 Jahren hier bis heute sichtbare Spuren hinterließ. Gleich nebenan öffnet ein weiteres
Museum seine Pforten. Es ist das **Dorfmuseum**. Auch
hier beeindruckt, was man aus der Geschichte des
Ortes so zusammentragen kann. Die Präsentation ist
deutlich einfacher als im Taubenhaus, sie ist aber auch
den Exponaten aus dem Dorfalltag angemessen.
Gewissermaßen Ausstellungsstücke sind auch fünf
Maulbeerbäume neben dem Holzhaus. Ein Stück weiter weist eine Informationstafel auf den Standort des

Exponat des Dorfmuseums Glambeck

WER WAR EIGENTLICH F. W. GRAF VON REDERN?

Der Spross aus einer uralten märkischen Adelsfamilie wurde
1802 in Berlin geboren und starb dort auch im Jahr 1883.
Dazwischen lag ein an Höhepunkten reiches Leben. Graf von
Redern selbst sah sich vorrangig als Komponist. Er komponierte
damals vielgespielte Märsche, Tänze, Overtüren – Genres also, die
in der damaligen Zeit eher als Unterhaltungsmusik angesehen wur-
den.   Im Alter von 28 Jahren wurde er Generalintendant der Königlichen Bühnen
in Berlin, zwölf Jahre später Generalintendant der Königlichen Hofmusik. Dieses Amt
bekleidete er bis zu seinem Tod. Er diente nacheinander drei preußischen Königen.
Außerdem war er Kammerherr der Kronprinzessin, Oberstkämmerer von König und
Kaiser Wilhelm I., Mitglied in der Herrenkurie des Brandenburgischen Landtages,
General der Kavallerie. Er war steinreich und entsprechend einflussreich im politischen und kulturellen Leben Berlins. Sein Palais am Pariser Platz in Berlin ließ er von
Karl Friedrich Schinkel umbauen (es musste später dem Hotel Adlon Platz machen),
seinen Stammsitz im uckermärkischen Görlsdorf vertraute er dem Baumeister
Eduard Knoblauch (Synagoge in der Berliner Oranienburger Straße) und dem Land-
schaftsgestalter Peter Joseph Lenné (Potsdamer Kulturlandschaft) an. Weder das Palais
in Berlin, noch die Guthäuser in Görlsdorf und Glambeck blieben erhalten.

Die Glambecker Kirche

🚲🍴 RadlerPoint Glambeck
in der „Kirchenklause"
Wolletzer Weg
16247 Glambeck
www.glambeck-
schorfheide.de

einstigen Gutshauses, des „Schlosses", hin. Hier erfahren wir, dass es nach dem Zweiten Weltkrieg noch Umsiedlern als Quartier diente, in den 1970er Jahren jedoch abgerissen wurde. In den Wäldern rund um Glambeck tobte DDR-Staatssicherheitsminister Erich Mielke seine Jagdleidenschaft aus. Zu den Sehenswürdigkeiten von Glambeck gehört auch der Eiskeller im Gutspark. Er dient Fledermäusen als Winterquartier.

Ein Stück außerhalb des Ortes (Wegweiser zeigen die Richtung) steht eine weitere Attraktion, die Glambeck weit über die Region hinaus bekannt gemacht hat. Es eine **Fachwerkkirche**, die – so klein sie auch ist – mehrere Funktionen vereint. Sie ist Gotteshaus, Konzertsaal, Ausstellungsraum und Fahrradkirche.

Das Kirchlein wurde 1708 in der Nachfolge eines im Dreißigjährigen Krieg zerstörten Vorgängerbaus errichtet. In seiner Glambecker Zeit übte hier Friedrich Wilhelm Graf von Redern das Patronat aus. Der Zahn der Zeit nagte derart an ihr, dass sie 1979 baupolizeilich gesperrt werden musste. Der Förderverein „Denkmale Glambeck e.V." rettete das Gebäude denkmalgerecht, und im Jahr 2000 konnte es Bischof Wolfgang Huber erneut weihen. Im gleichen Jahr startete die Glambe-

cker **Konzerte-Reihe** und ein paar Jahre später die Glambecker Claviermusiken. Sie ziehen Freunde der klassischen Musik aus ganz Europa an.
Diese Konzertreihen in Glambeck kennen keine Saison. Da das Kirchlein gut beheizbar ist, erklingen auch zu Weihnachten, am Neujahrstag ebenso wie im Hochsommer Werke der klassischen Musik, interpretiert von hochkarätigen Virtuosen.

Die Kirche von Glambeck kann aber auch ein Ort der Stille sein – dann nämlich, wenn Radwanderer auf dem Weg von Berlin nach Usedom (oder auf einem Stück der Strecke) hier Halt machen. Die Kirchenklause gleich neben dem Kirchlein bietet als Radler-Point Stärkung für unterwegs und hält Info-Materialien bereit. Sie ist allerdings nur an Wochenenden und zu Veranstaltungen geöffnet.

In den vergangenen Jahren ist ein Netzwerk von evangelischen und katholischen Radwegekirchen entstanden. Sie sind tagsüber von Ostern bis zum Reformationstag bzw. Allerheiligen täglich geöffnet und durch Hinweisschilder auf dem Radweg und im Schaukasten bzw. an der Kirche gekennzeichnet. Radfahrer finden im Außenbereich Tische und Bänke sowie Zugang zu Trinkwasser und Toiletten.

In der Glambecker Kirche stehen ein historischer Theodor-Steinweg-Konzertflügel aus den 1860er Jahren und ein Tafelklavier von Schiedmyer & Söhne aus dem Jahr 1882.

Von Glambeck aus nehmen wir den Weg nach Althüttendorf, am Westufer des Grimnitzsees entlang. Der führt zunächst noch ein Stück auf dem Radfernweg Berlin - Usedom bis zum Wolletzsee. Von dort geht es auf einem Feldweg nach Altkünkendorf (wir sind für ein paar Kilometer in der Uckermark) – und weiter auf einer wenig befahrenen Landstraße über Neugrimnitz nach Althüttendorf. Wir fahren durch den Grumsiner Buchenwald, einen der spektakulärsten Straßenabschnitte Brandenburgs.

Der Grumsiner Buchenwald

In der Schorfheide haben wir alle Arten von Mischwäldern erlebt. Aber jetzt sind wir in einem reinen Buchenwald, der einer der größten erhaltenen Tiefland-Buchenwälder weltweit ist. Er ist geprägt von Senken und Höhenzügen, Mooren und kleinen Seen. Es sind nicht die Baumriesen, die den Wald so einzigartig machen, sondern das Miteinander aller Altersstufen. Zarte Triebe, kräftiges Altholz und dazwischen Totholz. So etwa würde es weithin in Deutschland aussehen, hätte nicht der Mensch vor rund 1000 Jahren begonnen, die Natur in seinem Interesse auszubeuten. Es ist ein Glück für den Grumsiner Buchenwald, dass seit mindestens 100 Jahren keine künstliche Veränderung stattgefunden hat.

Ungestörtheit und Weitläufigkeit des Waldes bieten Seeadler, Kranich und Schwarzstorch eine Heimat, seltene Orchideen finden ihren sehr speziellen Standort.

Seit 1990 ist der Grumsiner Buchenwald eine Kernzone des Biosphärenreservats Schorfheide-Chorin. Im Jahr 2011 hat die UNESCO vier deutsche Buchenwälder – darunter der Grumsiner – zu Weltnatur-Erbestätten erklärt. Der Wald ist ein Totalreservat. Hier soll die Natur sich vollkommen selbst überlassen bleiben. Hier wird kein Endzustand geplant und vorangetrieben. Die geltenden Bestimmungen sind daher streng: Er darf nur auf ausgewiesenen Wegen betreten werden, ein Verlassen der Wege ist nicht gestattet.

Der Förderverein des Biosphärenreservates „Kulturlandschaft Uckermark e.V." ist Eigentümer von rund 80 Prozent der Flächen in der Kernzone und verantwortlich für das Wildtiermanagement. Auf den landwirtschaftlichen Flächen rings um das Weltnaturerbe setzt der Verein sich für eine ökologische und extensive Nutzung ein.

In **Neugrimnitz** werfen wir einen Blick auf den Fledermausturm und das Glockenspiel an der Hausfassade von „Orgelböhli".

Jeden 2. und 4. Samstag um 14 Uhr startet eine **Führung am Besucher- und Informationszentrum Geo-Park Groß-Ziethen** (s. S. 97)
Anmeldung:
Schorfheide-Info
Tel. (033361) 63380
br-joachimsthal@web.de

Jeden Sonntag um 13 Uhr startet ganzjährig am Infopunkt „Buchenwald Grumsin" an der Dorfkirche von Altkünkendorf (Uckermark) ein **Sonntagsausflug unter sachkundiger Führung in den Grumsiner Buchenwald.**
Anmeldung:
Tourismusverein Angermünde
Tel. (03331) 297660
info@angermuende-tourismus.de.

Siehe auch Wanderung auf Seite 101

MIT DEM MAMMUT AUF DU UND DU

Im Eiszeitland

NICHT VERPASSEN

1 Zugvögel auf dem Eulenturm am Grimnitzsee bei Althüttendorf zählen. - S. 95 f

2 Einmal durch den Gletschertunnel im Besucherzentrum Geopark in Groß-Ziethen gehen. - S. 97 ff

3 Blick durch das Untere Odertal bis zum Stolper Turm. - S. 106 f

4 Ein Gang durch das historische Loewinghus in Lüdersdorf. - S. 109

5 Die Besteigung des Kleinen Rummelsberges mit weitem Blick in die Eiszeitlandschaft. - S. 110

6 Ein Becher Buttermilch im Hofladen des „Ökodorfes Brodowin". - S. 113 ff

7 Leichte Klassik auf der Wiese im Innenhof des Klosters Chorin hören. - S. 116 ff

8 Mit der Solarfähre „Gertrude" über den Amtssee. - S. 122

9 Mit Freunden per Trampelbus vom Bahnhof Chorin zum Kloster. - S. 123

10 Ein Besuch der Kommandobrücke des Raddampfers „Riesa" in Oderberg. - S. 126 f

ANREISE

Mit dem Fahrrad

Tour Brandenburg zwischen Althüttendorf - Chorin - Niederfinow - Oderberg - Hohenwutzen;
Oder-Neiße-Radweg zwischen Küstrin und Schwedt/Oder;
Zisterziensertour - 66 km von und nach Chorin.

Mit der Bahn

Der Regional-Express RE 3 verkehrt stündlich vom Berliner Hauptbahnhof nach Eberswalde und weiter mit Halt in Britz und Chorin in Richtung Angermünde (54 min). Der Bus 916 fährt über Niederfinow und Liepe nach Oderberg. Der Bus 917 umkreist den Werbellinsee im 2-Stunden-Takt.

Mit dem Auto

Die Autobahn A 11 führt vom Berliner Ring (Dreieck „Barnim") quer durch das Biosphärenreservat Schorfheide-Chorin mit den Abfahrten Finowfurt, Werbellin, Chorin, Joachimsthal, Pfingstberg. Die B 158 führt von der Abfahrt Joachimsthal nach Angermünde. Die L 23 verbindet Eberswalde mit Chorin und Angermünde.

Eiszeitland scheint kein einladender Titel für eine Gegend zu sein, in die sich eine Reise lohnt. Aber was wir hier erleben, hat nun einmal viel mit jener Eiszeit zu tun, die nun seit rund 12.000 Jahren vorbei ist, deren Spuren aber noch sehr gegenwärtig sind. Man mag einwenden, dass bis hinauf nach Schweden alles Land von der Eiszeit geprägt ist – aber kaum noch einmal liegen ihre Hinterlassenschaften so eng beieinander, dass man das, was die Wissenschaftler „glaziale Serie" nennen, also Grundmoräne, Endmoräne, Sander und Urstromtal, bei einer kurzen Wanderung sehr plastisch erleben kann. Eiszeitstraße, Eiszeitpark, Eiszeit-Informationszentrum, Findlingssammlungen lassen die Zeit der Gletscher, Urstromtäler und Mammuts so lebendig werden, als wären wir dabei. Nicht einmal der berühmtberüchtigte Säbelzahntiger fehlt.

Zwar bleiben wir im Biosphärenreservat Schorfheide-Chorin, werden aber eine völlig andere Landschaft erleben. Geografen nennen sie den Choriner Endmoränenbogen. Je weiter wir in den Nordosten des Landkreises kommen, desto hügeliger wird es. Wundervolle Aussichten weit über das Land bieten sich. Unterwegs kommen wir vorbei am viertgrößten See Brandenburgs, dem Parsteiner See. Ein Stück weiter erleben wir die Polderlandschaft des Nationalparks Unteres Odertal, ein Schutzgebiet mit besonders strengen Regeln zugunsten der Natur. Wir erreichen sogar die Oder und besuchen das Ökodorf Brodowin. In Oderberg suchen wir vergebens die Oder, finden dafür aber mehrere – zumindest für Brandenburger Verhältnisse – ansehnliche Berge.

Vor allem aber freuen wir uns auf das Kloster Chorin, Wahrzeichen norddeutscher Backsteingotik. Zwischen alten Parkbäumen gelegen, erzählt es vom Leben der Zisterziensermönche, von den Anfängen des Denkmalschutzes in Deutschland und von der einzigartigen Verbindung von Natur, Architektur und Musik.

Eiszeitlandschaft am Parsteiner See

Das Vorhaben, den Barnim auf der Radtour „Barnim-Dreieck" zu umrunden, veranlasst uns, hinter Glambeck den Radfernweg Berlin - Usedom zu verlassen und in südöstliche Richtung zu fahren. Nächstes Ziel: Althüttendorf am Grimnitzsee. Am Ende des Buchenwaldes Grumsin öffnet sich die Landschaft. Felder, Wiesen und die Wasserfläche des Grimnizsees bieten dem Auge weite Sicht. Hier gelangen wir auf die „Tour Brandenburg". Wir folgen ihr von Althüttendorf bis Hohensaaten an der Oder.

DER NATIONALE GEOPARK

Althüttendorf

Am Ostufer des Grimnitzsees begrüßt uns eine Bockwindmühle von 1829. Es ist die einzige noch erhaltene Mühle dieser Art im Barnim und steht unter Denkmalschutz. Bis 1957 wurde hier Getreide verarbeitet. Sie befindet sich heute in Privatbesitz und ist nicht zugänglich.

Jederzeit geöffnet ist hingegen gleich nebenan der Naturbeobachtungspunkt, **„Eulenturm"** genannt. Er bietet einen vorzüglichen Ausblick auf das Ostufer des

Bockwindmühle am Grimnitzsee

Grimnitzsees, der vielen Arten von Wasservögeln als Rast- und Nahrungsplatz dient. Auch See- und Fischadler sind hier anzutreffen. Der Blick in westliche Richtung ist vor allem bei Sonnenuntergang beeindruckend. Ein gutes Fernglas ist wegen der großen Entfernungen am Grimnitzsee sehr von Vorteil. Zu sehen ist auch eine kleine, aber feine Ausstellung zur Historie der Fischerei am Grimnitzsee.

In Althüttendorf, ebenso wie im Nachbarort Neugrimnitz, standen im 17. Jahrhundert mehrere Glashütten. Sie produzierten Trinkgefäße, später auch Fensterglas. Die Rohstoffbasis bildeten einerseits die bis zu acht Meter mächtigen eiszeitlichen Sand- und Gesteinsschichten in den nahen Ihlowbergen und andererseits die Bäume der umliegenden Wälder. In dem Maße, wie der Wald als Energielieferant gerodet und aufgebraucht wurde, wuchsen die Flächen für Äcker und Weiden. Die Althüttendorfer Feldsteinkirche mit dem quadratischen, verbretterten Turm präsentiert sich als **Wanderkirche** und lädt Vorbeikommende zur besinnlichen Rast ein.

Die folgende Landschaft wurde auf vielerlei Weise von den Eismassen der skandinavischen Gletscher geprägt. Hügelig geht es hier zu und abwechslungsreich – mal Felder, mal Obstplantagen, mal Seen, mal Waldstücke. Unter dem Erdboden hat die Eiszeit einen Schatz hinterlassen, der heute noch gehoben wird. Es sind die in „Blockpackungen" zusammengeschobenen Massen an Steinen und Kies. Die ersten Steingruben entstanden 1853 und lieferten den Rohstoff für die Berliner Pflasterstraßen. Von Anfang an wurden die „ausgekiesten" Flächen wieder renaturiert und für die Landwirtschaft nutzbar gemacht. So hat die Stein- und Kiesgewinnung bei Althüttendorf (Foto) keine Mondlandschaft hinterlassen.

Die drei Göttinnen Urd (Vergangenheit), Verdandi (Gegenwart) und Skuld (Zukunft) stehen auf dem Dorfplatz von Althüttendorf. Die Nornen (nordische Schicksalsgöttinnen) thronen auf Findlingen aus der Region. Die Skulpturen schuf der Eberswalder Metallgestalter Eckhard Herrmann.

Groß-Ziethen

Wir besuchen das „Steinschläger- und Hugenottendorf"
Groß-Ziethen. Hier trifft das gern strapazierte Attribut
„wechselvoll" wirklich zu, wenn es um die Geschichte
geht. Denn mehrfach wurde es als Besitz zwischen welt-
licher und geistlicher Macht hin- und hergeschoben. Mal
gehörte es dem Kloster Chorin, mal dem brandenburgischen Landesherren. Groß-Ziethen war samt seiner
Bewohner etwas wert. Bis es der Dreißigjährige Krieg
fast völlig auslöschte. Erst als französische Glaubens-
flüchtlinge, elf Hugenottenfamilien, hier siedelten, kam
wieder Leben ins Dorf. Noch heute sind die Gehöfte
nach französischer und deutscher Bauart zu unterscheiden. Bis 1813 fand die Predigt in der Dorfkirche auf Französisch statt.

Am Ortsrand stand eine Dampfmühle, die
noch bis 1991 arbeitete. Vor dem Zerfall geret-
tet, hat sie heute eine neue, wichtige Aufgabe:
Sie bietet über drei Etagen Raum für das
Besucher- und Informationszentrum des
Geoparks „Eiszeitland am Oderrand".
Begrüßt werden wir von einem knur-
rigen Säbelzahntiger, dem die
Menschheit angeblich Fluchtreflexe
und andere tief verwurzelte Verhal-
tensweisen zu verdanken hat. Aber
keine Angst: Nebenan steht das
Mammut Georg, das Maskott-
chen des Geoparks, und wacht über
über unsere Unversehrtheit.
Mit Modellen, interaktiver
Technik und anschau-
lichen Erklärungen bie-
tet die Ausstellung die
Möglichkeit, in die Eis-
zeit einzutauchen.

Mammut „Georg" auf dem Freigelände des Informations-zentrums „Geopark"

3 Fragen an die Eiszeit

Wie kalt war es während der Eiszeit?

Sanfte Hügel, große und kleine Gewässer, Sand und Feldsteine – alles Hinterlassenschaften „der letzten Eiszeit". Wirklich? Nach Meinung vieler Wissenschaftler leben wir nach wie vor in einer Eiszeit. Und das, solange die Polkappen der Erde mit Eis bedeckt sind. Sei es drum! Wenn wir in unserer Region von Eiszeit sprechen, dann meinen wir jene erdgeschichtlichen Phasen, als die Gletscher von der Arktis her über Skandinavien bis in unseren Raum vorgestoßen sind. Seit fast drei Millionen Jahren wechseln sich auf der Erde im Rhythmus von 100.000 Jahren Warm- und Kaltzeiten ab. Vor gut 10.000 Jahren ging eine Kaltzeit zu Ende, während der die globale Durchschnittstemperatur nur fünf Grad Celsius unter den heutigen Werten lag. Damals war die Erde bis zu einem Drittel ihrer Oberfläche von Eis bedeckt. Heute ist es ein Zehntel. Da ungeheure Mengen Wasser in Eis gebunden waren, lag weltweit der Meeresspiegel 130 Meter unter dem heutigen Niveau.

Solange in den Kälteperioden immer neuer Schnee fiel, der sich unter Druck in Gletschereis verwandelte, schob sich das gefrorene Wasser langsam, aber mit gewaltiger Kraft südwärts. Der riesige Druck der Eismassen erzeugte einen dünnen Wasserfilm, auf dem der Gletscher regelrecht voranrutschte. Dabei wurde nicht nur Eis transportiert, sondern alles, was sich dem Gletscher in den Weg stellte: Sand, Lehm, Geröll. Dieser Vormarsch dauerte, bis eine Zone erreicht war, in der das Eis begann zu tauen. Das Schmelzwasser wurde über gewaltige Flüsse in „Urstromtälern" zum Meer geführt. So kam es zu den „Eisrandlagen".

Jene Geröllmassen, die der Gletscher auf seinem Weg von Skandinavien bis ins heutige Brandenburg vor sich herschob, blieben beim Abschmelzen als Hügel in der

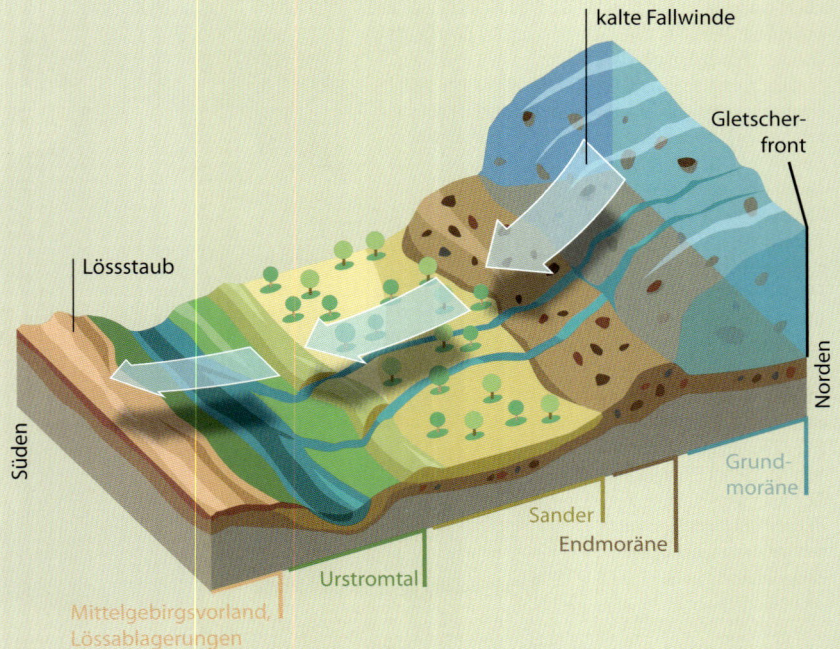

Landschaft zurück – wir nennen sie „Endmoränen". Im Laufe der Zeit traten hier die Mengen an Feldsteinen zutage, aus denen im Mittelalter Kirchen und Stadtmauern errichtet wurden. Die größeren Steine erlangten als „Findlinge" zum Teil mystische Bedeutung. Geologen können an der Zusammensetzung der Steine erkennen, aus welchem Gebiet sie entstammen. So lässt sich auch feststellen, welchen Weg der Gletscher genommen hat. Rund 300 Jahre soll die „Reise" von Mittelschweden durch das Gebiet der heutigen Ostsee ins Brandenburgische gedauert haben.

Während die Endmoränen als sanfte Hügelketten heute das Landschaftsbild im Barnim und in der Uckermark prägen, gibt es Erhebungen in den Urstomtälern, die fast nur aus feinem Sand bestehen. Diese „Sander" entstanden aus den leichteren Teilen der Geröllmassen, die das Schmelzwasser in die Täler transportierte und die sich dort ablagerten. Später, als Flora und Fauna wieder heimisch wurden, waren das die trockenen Plätze, wo sich zwar Menschen ansiedeln konnten, aber der Boden für die Landwirtschaft kaum ergiebig war. Es war die „Märkische Streusandbüchse".

Was ist eigentlich ein Geopark?

Ein Geopark ist ein klar umrissenes Gebiet, in dem Erdgeschichte sichtbar und erlebbar wird. Hier finden sich Antworten auf die Frage „Wie sind unsere Erde, unsere Kontinente, unsere Landschaften so geworden, wie sie heute sind?". So wie Naturparks geschaffen wurden, um Flora und Fauna vor dem Aussterben zu schützen, so sind Geoparks dazu da, eine sinnvolle und nachhaltige Landnutzung zu propagieren. Im Herbst 2013 gab es 100 Geoparks in 29 Ländern. In Deutschland sind 14 Nationale Geoparks ausgewiesen, zu denen unter anderem das „Vulkanland Eifel" und der Geopark Kyffhäuser gehören.

Der Geopark Eiszeitland am Oderrand wurde 2006 national anerkannt. Er erstreckt sich auf einer Fläche von 3.300 km² über Teile der Landkreise Barnim, Uckermark und Märkisch-Oderland. Nur hier sind alle Elemente der „glazialen Serie" eines Gletscherrandes (Grundmoräne, Endmoräne, Sander, Urstromtal) erhalten und sichtbar ausgeprägt. Im Geoparkgebiet befinden sich auch 786 Seen eiszeitlichen Ursprungs mit jeweils über einem Hektar. An verschiedenen Standorten ist das Mammutschild des Geoparks zu sehen, wo sich Touristen vor Ort über geologisch und anderweitig Sehenswertes informieren können.

Wohin führt die Eiszeitstraße?

Wer in der Hügellandschaft zwischen Barnim und Uckermark unterwegs ist, kommt häufig an jenen braunen Schildern vorbei, die darauf hinweisen, dass man sich auf der „Märkischen Eiszeitstraße" befindet. An markanten Orten geben Info-Tafeln in deutscher, englischer und polnischer Sprache Auskunft über den Verlauf, aber auch über Sehenswürdigkeiten.

Bei der „Märkischen Eiszeitstraße" handelt sich um eine 340 Kilometer lange Route durch den Nordosten Brandenburgs. Sie führt durch ein Gebiet, das durch die Weichsel-Eiszeit (vor 20.000 bis 12.000 Jahren) geformt und geprägt wurde. Die wellige Landschaft, die vielen Seen und Moore und der Reichtum an Natursteinen, der sich an Stadtmauern, Kirchen, anderen historischen Gebäuden und Pflasterstraßen zeigt, das alles sind Hinterlassenschaften der Eiszeit. Durch vier Großschutzgebiete führt die Route: den Nationalpark Unteres Odertal, das Biosphärenreservat Schorfheide-Chorin, den Naturpark Barnim und den Naturpark Uckermärkische Seenlandschaft. Zwölf Städte sind die Ausgangspunkte für Entdeckungstouren entlang der Eiszeitstraße.

Tor zu den Wanderrouten durch das Eiszeitland

i Besucher- und Informationszentrum Geopark Eiszeitland am Oderrand
Zur Mühle 51,
16247 Groß-Ziethen
Apr–Okt
Mi–So 10–16,
Sa/So 10–17 Uhr

Eine festgelegte Route führt durch die Ausstellung. Sie beginnt im Keller, wo ein **Gletschertunnel** nachgebaut wurde und wo Original-Geräusche von knackendem Eis die Täuschung verstärken. Dann geht es vorbei an einem beeindruckenden Mammut-Backenzahn, bevor wissenschaftliche Erklärungen zu Gesteinen und zur Landschaftsgestaltung das Lernbedürfnis befriedigen. Wer wollte nicht schon immer wissen, wie und woher die Findlinge in unsere Gegend kamen? Videos zeigen, was wir der Eiszeit zu verdanken haben, wie die große Artenvielfalt der Tier- und Pflanzenwelt, die es heute zu bewahren gilt. Ein großes Geländemodell auf der Außenfläche gibt noch einmal eine Vorstellung von dem, was sich vor „nur" 12.000 Jahren hier abgespielt hat.

Vorbei am Mammut Georg geht es anschließend auf einem **Rundgang** zu drei Erlebnisorten in der Umgebung, gewissermaßen zu Außenstellen des Groß-Ziethener Besucher- und Informationszentrum. Auf dem Weg zu den Sperlingsherbergen bietet ein Aussichtspunkt einen Einblick in den aktiven Tagebau. Angekommen in Sperlingsherberge, erwartet uns der Blick in eine Endmoräne. Imposante Geschiebe befinden sich in den Abbruchkanten. Bis vor rund 50 Jahren wurden hier Steine gewonnen. Wie die Steinschläger die großen Steine spalteten, ist auf Infotafeln in den Ihlowbergen zu erfahren. Mauer- und Pflasterbeispiele zeigen die Verarbeitung der Steine.

Wanderung zum Buchenwald Grumsin

Hinter dem vom Mammut Georg bewachten Eiszeit-Tor führen Wanderwege in Richtung Grumsiner Buchenwald.

Diese Route ist ein gut 7 km langer Rundweg, der um den Schwarzen See im Grumsiner Buchenwald herum und am Erlebnisort Sperlingsherberge mit den gut sichtbaren Blockpackungen vorbei zum Ausgangspunkt zurückführt.

Wer tiefer in den Wald hineinschauen möchte, biegt am Nordufer des Schwarzen Sees nicht ab, sondern folgt den gelben Kreisen. Man kommt über den 108 m hohen Berliner Berg und ist nach 10 km in Altkünkendorf.

Eine auf dem ersten Wegabschnitt mit einem grünen Balken markierte Route führt zum Erlebnisort Ihlowberge mit Panorama-Aussicht.

Map:

Glambeck · Glambecker Mühle · Wolletzsee

Altkünkendorf · Bildhauer · Neugotische Kirche · BUS 452 · 496

1 km

Louisenhof · Künstlerhof

Grumsiner · Grumsin · Berliner Berg 108 · UNESCO Weltnaturerbe · Blocksberg 139

Großer Grumsinsee · Forst · Buchenwald Grumsin

Krähenberg 100 · Langer Berg 124 · Brackenseeberg 112

Neugrimnitz · Schwarzer Berg 101 · 94 · 70 · Schwarzer See

Grimnitzer Glasstube · Fledermaus-turm · Orgel-Böhli

Sperlings-herberge · Fuchsberg 81 · Besucherzentrum Geopark

95 · Ihlowberge 95

hüttendorf · Erlebnisort Ihlowberge · Groß-Ziethen

BUS 920 · Steinberge 84

Ein Stadtspaziergang durch Angermünde

Viele Wegweiser an Straßen, Rad- und Wanderwegen im Nordosten des Barnim zeigen nach Angermünde. Die Uckermark-Stadt gehört zum Biosphärenreservat Schorfheide-Chorin, in ihrer Nähe befindet sich mit der Blumberger Mühle sogar das Naturparkzentrum. Die reizvolle historische Innenstadt lohnt den Ausflug. Die Besucher erwarten eine Burg, eine Stadtmauer, ein Kloster, eine Stadtkirche und ein Markt mit Rathaus. Die alten Fachwerkhäuser wurden mit traditionellen Baumaterialien und -techniken restauriert, mit kräftigen Farben gestrichen und mit Blumen geschmückt. Angermünde ist eine farbenfrohe Stadt. Viele der bis zu 300 Jahre alten Häuser wurden mit Infotafeln versehen, die ihren historischen Wert bekunden. Seit 1992 ist die Innenstadt ein Bodendenkmal.

1 Ausgangspunkt des Rundgangs ist die Ratswaage. Das kleine Fachwerkhaus beherbergt heute die Touristinformation.

2 Der Angermünder Markt bietet Platz für eine sechsteilige Brunnenanlage. Die Figuren erzählen mit Humor Geschichten aus dem Leben Angermündes. Das eigentliche Brunnenbecken ist ein alter, gestrandeter Kahn, aus dessen Löchern das Wasser fließt.

3 Das Rathaus steht frei auf dem Markt mit seinem Türmchen und dem aufsteigende Adler an der Spitze.

4 Hinter tropischen Pflanzen und gemütlichen Sitzecken verbirgt sich ein historisches Restaurant, das seinen Namen von einem Feldherren des Dreißigjährigen Krieges geliehen hat: Wallenstein, der hier auf dem Weg nach Stralsund genächtigt haben soll.

Mündesee

Mündesee-promenade

14

15

13

Fischerstr.

St. Marien-kirche

Seestr.

Prenzlauer Str.

5

Martins-kirche

6 7

Angermünde

Ring

Kirch-gasse

Hoher Steinweg

4

Rathaus am Markt

2 3

1 **TOURIST** i

Jägerstr.

Ring

Unterwall

Gartenstr.

Berliner Str.

Rosenstr.

12 11

Lösener-gasse

Franziskaner-Klosterkirche

Schwedt Oder

Schwedter Str.

Prenzlau

Karlstr.

Heilig-Geist-Kapelle

Klosterstr.

8

Kloster-platz

10

9

Oberwall

Bahnhofs-platz

Bhf Angermünde

198

Friedens-park

Str. des Friedens

Pulver-turm

Ebers-walde

158

0   300 m

5 Die St. Marienkirche mit 53 m hohem Turm und gotischem Giebel ist einer der bedeutendsten Kirchenbauten Brandenburgs. Die Bemalung der Gewölbe zeugt von der Farbigkeit des Mittelalters: Lustige Masken verströmen Heiterkeit.

6 Die 150 Jahre alte Martinskirche war das Gebetshaus der Altlutheraner, die sich der Vereinigung von lutherischer und reformierter Kirche widersetzten.

7 Nur ein paar Schritte weiter: Jägerstraße 28, das Scharfrichterhaus.

8 Nächstes Ziel ist die Franziskaner-Klosterkirche. Sie gehörte zu einem Kloster des Franziskanerordens. Diesen in ihrem Glauben rigorosen Mönchen verdankte es die Stadt, dass sie jahrhundertelang als „Ketzerangermünde" verschrien war.

9 An der Gasse Am Pulverturm steht noch ein Stück der einst 2,7 Kilometer langen Stadtmauer aus dem 13. Jahrhundert. Erhalten hat sich der Pulverturm, 21 m hoch, hinzu kommt ein Storchennest.

10 Die Heilig-Geist-Kapelle gehörte ursprünglich zu einem Hospital.

11 An der Alten Apotheke (1682) lohnt ein Blick in den für die Gegend typischen Hof.

12 Das Fachwerkhaus Rosenstraße 2 gilt als das schönste Haus der Stadt.

13 Vorbei an der Kirche St. Marien gelangt man ans ehemalige Prenzlauer Tor.

14 Außerhalb ihrer Stadtmauern besaß Angermünde direkt am Mündesee eine Burg. Nur wenig ist davon noch erhalten.

15 Wo einst Burgwälle Angreifer abwehren sollten, ist inzwischen eine Uferpromenade entstanden. Hier stehen Skulpturen aus mächtigen Findlingen.

Von Angermünde ist es nicht weit zur **Blumberger Mühle**, dem Hauptinformationszentrum des Biosphärenreservats Schorfheide-Chorin. Vorbild für das Gebäude war ein hoher Baumstumpf als Symbol für das Werden und Vergehen. Die Mühle gibt es nicht mehr, wohl aber 20 Fischteiche, in denen Mönche einst Karpfen für die fleischlose Fastenzeit züchteten. Die Fische locken seit jeher Wasservögel an. So wurden die Teiche vor 20 Jahren ein Naturschutzgebiet. Der Naturschutzbund Deutschland errichtete 1997 das Gebäude. In seinem Inneren erzählt der Baum vom Verhältnis zwischen Mensch und Natur in den vergangenen 5.000 Jahren. Rund um die Blumberger Mühle gibt es einen Kräutergarten, einen Irrgarten, die Freianlage für Sumpfschildkröten und einen Naturspielplatz zum Toben. Ein Erlebnispfad führt zu Spuren der Biber, ein schwankender Holzbohlenweg bringt Mutige über das Moor. Ein Stück weiter kann man vom Aussichtsturm Kormorane, Reiher und manchmal auch Fisch- und Seeadler an den Teichen beobachten. Im Restaurant gibt es vor allem regionale und ökologisch erzeugte Produkte.

0   1 km

Lennépark

Görlsdorf

Welseabfall

Welse

Blumberger Fischteiche

Görlsdorfer Straße

Kerkow

Gut Kerkow

Kaffee-konsum

Welse

Blumberger Mühle

Wolletz

Wolletzsee

Angermünde

**NABU-Informationszentrum
Blumberger Mühle**
Apr–Okt tägl. 9–18 Uhr
Nov–März Sa/So 10–16 Uhr
oder nach Vereinbarung
Der Eintritt ist frei. Nur für Führungen
ist ein kleiner Obolus fällig.

Das 180-Seelen-Dorf **Görlsdorf** liegt rund
vier Kilometer von der Blumberger Mühle
entfernt. Wir statten dort dem Grafen
Friedrich Wilhelm von Redern einen
Besuch ab und begegnen erneut dem
Parkkünstler Peter Joseph Lenné. Nur

durch einen dichten Wald von seinem Gut
Glambeck getrennt, besaß der komponie-
rende und politisierende Graf hier ein
weiteres Anwesen mit Park und Schloss.
Letzteres wurde 1945 zerstört, der weitläu-
fige Park aber versammelt viele Bäume,
denen man das Alter von rund 200 Jahren
durchaus ansieht. 1829 zeichnete Lenné
die Skizzen und ließ mehrjährige Bäume
pflanzen, um seinen Auftraggebern rasch
einen fertigen Park präsentieren zu können. Ein Förderverein bemüht sich derzeit, die urspünglichen Parkstrukturen
wieder für Besucher erlebbar zu machen.

Der „Welseabfall" von Görlsdorf

105

Die Hohensaaten-Friedrichsthaler Wasserstraße bei Stolzenhagen

Im Nationalpark Unteres Odertal

Stolzenhagen

Über Herzsprung, Neukünkendorf und Gellmersdorf (alles Ortsteile von Angermünde/ Uckermark) gelangen wir nach Stolzenhagen. Erster Eindruck: ein gepflegter Ort in einer hügeligen Parklandschaft. Alte Bäume, Häuser am Hang, Straßen, die sich durch das Gelände winden. Viel Ruhe. Zweiter Eindruck: eine riesige flache Polderlandschaft zwischen der Oder und der Hohensaaten-Friedrichsthaler Wasserstraße. Stolzenhagen ist beides. Es repräsentiert im Nationalpark Unteres Odertal, einem Großschutzgebiet mit den strengsten Regeln, ein kleines Stück Barnim. Jeder Eingriff in die Natur ist hier genau bedacht, denn in hundert Jahren sollen sich wieder Elche, Bären und Wölfe hier heimisch fühlen.

Mitten in Stolzenhagen führt eine Brücke über die **Hohensaaten-Friedrichsthaler Wasserstraße**. Am jenseitigen Ufer macht ein Wegweiser deutlich, wie viele Rad- und Wanderwege sich hier kreuzen. Der wichtigste von ihnen, der Oder-Neiße-Radweg, bringt immer wieder staunende Besucher in den Ort. Sie wollen wissen, was sich in dem großen Herrenhaus befindet, das einst der Mittelpunkt eines Rittergutes war. Die Antwort: Auf „**Gut Stolzenhagen**" hält der Ponderosa e.V., eine international agierende Schule für zeitgenössische Kunst, speziell Tanz, ihre Sommerkurse, Workshops und Seminare ab. Wer sich hier für ein paar Tage umsehen will, kann zwischen zahlreichen Ferienwohnungen wählen, kann aber auch mit dem Caravan kommen und findet einen Stellplatz direkt am Wasser.

Bevor wir den Ort durch den Elsengrund verlassen, werfen wir noch einen Blick auf den Fachwerkturm der Dorfkirche. Er entstand 1737 und scheint ein wenig aus dem Lot geraten zu sein. Wir kommen vorbei an einer alten Tabakscheune. Sie erinnert daran, dass in Stolzenhagen – ebenso wie im nördlicher gelegenen Vierraden – Tabak angebaut wurde. Dann folgt die „Eiszeitquelle". Seitdem die Gletscher abgeschmolzen sind, tritt hier sauberes Wasser aus dem Hang.

Was ist der Nationalpark Unteres Odertal?

Nationalparke sind – im Vergleich zum Biosphärenreservat und zum Naturpark – die am strengsten geschützten Landschaften. Hier greift der Mensch in nur geringem Maße ein. Die natürliche Dynamik im Pflanzen- und Tierreich soll in den 14 deutschen Nationalparks weitestgehend die Entwicklung bestimmen. Dafür werden die Ökosysteme auf vielfältige Weise geschützt. In der Kernzone bleibt die Natur vollständig sich selbst überlassen, ansonsten findet eine ökologisch bewusste Bewirtschaftung statt.
Im Nationalpark Unteres Odertal wird eine Landschaft geschützt, die im Wechsel der Jahreszeiten Überflutungsgebiet und blühender Trockenrasen ist. So entstand einer der artenreichsten Lebensräume in Deutschland, allein 161 Vogelarten brüten hier. Im Frühjahr und Herbst ziehen riesige Vogelschwärme durch das Tal. Hier rasten im Frühjahr und im Herbst bis zu 65.000 Wildgänse und über 10.000 Kraniche. Über 200 km meist asphaltierte Deichwege laden zum Wandern, Radfahren und Skaten ein. Der Nationalpark ist das erste grenzüberschreitende Großschutzgebiet mit Polen. Das Informationszentrum des Nationalparks befindet sich in Criewen, einem Ortsteil von Schwedt/Oder. Das Nationalparkhaus steht am Rand eines von P. J. Lenné angelegten Parks. Nationalparkhaus: Apr–Okt tägl. 9–18 Uhr, Nov–März Fr–So 10–17 Uhr. Zusätzlich ist in den Schulferien des Landes Brandenburg geöffnet.

Die Kirche von Stolzenhagen

Von Stolzenhagen aus ist in der umliegenden Hügellandschaft der Stolper Turm, genannt „Grützpott", gut zu erkennen. Er wurde vor 850 Jahren als bewohnbare Grenzbefestigung erbaut und gilt als der stärkste Turm Deutschlands.

Und dann gibt es da noch den „Steinweg" und den **Geologischen Garten Stolzenhagen**. Hier stehen in einer Reihe Findlinge, die nummeriert und stellenweise angeschliffen sind, um ihre Herkunft in Skandinavien möglichst genau zu beschreiben. Ein kleines Vorlaubenhaus steht am Eingang zu einem „Steinbruch". Hier wurde von einem kleinen Abhang Erde entfernt, um einen authentischen Blick in das Geschiebe einer Endmoräne zu ermöglichen. So sieht es aus, was unter den Gletschermassen während der Eiszeiten heranbefördert wurde.

Stolzenhagen bildet mit **Lunow**, ein paar Kilometer die Oder stromabwärts, eine Gemeinde. Auch Lunow zieht sich an den Oderhängen entlang und wird von einem Grünzug am Mühlenfließ in zwei Hälften getrennt. Der Ort ist stolz auf seine Oderfischer, die 1806/1807 preußische Truppen, die sich auf dem Rückzug vor dem napoleonischen Heer befanden, über die Oder und damit zunächst einmal in Sicherheit brachten. Auch König Friedrich Wilhelm III. soll bei seiner Flucht nach Ostpreußen durch Lunow gekommen sein.

Wir kehren nun der Oder den Rücken und radeln auf einem Verbindungsradweg zwischen dem Oder-Neiße-Radweg und der „Tour Brandenburg" in Richtung Parsteiner See.

Lüdersdorf

Wegweiser machen uns auf ein „**Vorlaubenhaus**" neugierig. Und tatsächlich: Dieses Fachwerkhaus scheint nicht
in diese Gegend zu gehören. Das Erdgeschoss ist an der
Straßenseite gegenüber den oberen Stockwerken um ein
paar Meter zurückgesetzt. Sieben Holzstützen („Ständer")
tragen die Konstruktion. Dadurch entsteht ein Durchgang
– die „Laube". Hier konnten Pferdefuhrwerke unabhängig
vom Wetter entladen werden, konnten Tische und Bänke
einer Gastwirtschaft stehen. Wie auch immer: „Dat Loewinghus" in Lüdersdorf ist eine Sehenswürdigkeit.

    Das umso mehr, als der Besitzer und Bewohner, der
Grafiker Mathias Rohde, gern Gäste empfängt und sie
durch das Innere führt. Zu sehen ist eine improvisierte
Ausstellung über die Geschichte und Verbreitung der Vor-
laubenhäuser. So erfährt der Besucher, dass derartige Kon-
struktionen entlang der Oder keine Seltenheit waren.
Lüdersdorf zum Beispiel habe vor 200 Jahren fast ausschließlich aus diesem Haustyp bestanden. Sein „Loewinghus" sei um 1816 entstanden. In den 1990er Jahren
wurde das Haus mit großem Aufwand konstruktiv gesichert und die Außenhülle komplett saniert. Wer das Haus
betritt, sieht sofort, dass im Inneren noch viel zu tun bleibt.

*Das Loewinghus und seine Mär-
chenstube*

Blick vom Kleinen Rummelsberg

Am Parsteiner See

Campingpark Parsteiner
See mit Badestelle und
Imbiss, Seestr. 1
16248 Parstein
Tel.: 0162 2431236
www.camping-parsteiner-
see.de

Nach knapp 4 km erreichen wir **Parstein**, den Ort zum
gleichnamigen See. Eine Stichstraße führt zum Badestrand in der Nachbarschaft eines Campingplatzes. Das
Befahren des Sees mit Motorantrieb ist nicht gestattet,
es gibt auch keinen Schiffsausflugsverkehr. Die reich
gegliederte Landschaft um den See durchzieht ein aus-
gedehntes und ausgeschildertes Wanderwegenetz. Am
See selbst führen jedoch aufgrund der zahlreichen
Schonzonen nur wenige Wegabschnitte entlang. Der
Parsteiner See ist eine erste Empfehlung für alle, die
Ruhe und Entspannung suchen.

Kloster Mariensee

Wir umfahren das Südufer des Parsteiner Sees. Am
Weg liegt **Pehlitzwerder**, eine Halbinsel mit uralten
Bäumen – darunter eine 550 Jahre alte Winterlinde –
und einem Campingplatz, der alle Annehmlichkeiten
bietet, aber dennoch abseits der Zivilisation scheint.
Hier finden sich die Ruinenreste des Klosters Mariensee, eines Ablegers von Kloster Lehnin, das jedoch nie
fertiggestellt wurde. Das sumpfige Gelände mag die
Zisterzienser-Mönche zum Abbruch ihrer Bauarbeiten
veranlasst haben. So entstand ihr Kloster ein paar Kilometer entfernt beim Flecken Chorin.

Ein Wegstück weiter, jenseits des Ortes Pehlitz, nehmen wir die Einladung zum Erklimmen des **Kleinen
Rummelsberges** an. Nur 81 m ist er hoch. Aber der Ausblick ist fantastisch. Hier genügen schon diese wenigen
Meter, um eine Fernsicht weit ins Barnimer Land und
in die Uckermark zu bekommen.

GARANTIERT BIO:

Die Ziegen von Brodowin

Mitten in Brodowin, in Sichtweite des Kirchturms, befindet sich der Ziegenhof Pörschke. Soweit sich die Wurzeln von Inhaber Fred Pörschke über Generationen zurückverfolgen lassen, unterhielt man hier einen landwirtschaftlichen Familienbetrieb. Die Familie Pörschke, das sind: die Eltern Fred und Anke, die vier Kinder Karsten, Ulrike, Jens und Ilka und Oma Ellen. Außerdem leben auf dem Bauernhof Weiße Deutsche Edelziegen und Toggenburger Ziegen. Sie tummeln sich auf 7 Weidefläche des insgesamt 45 Hektar großen Familienbesitzes. Auf dem „Rest" werden Roggen, Weizen, Lupine, Gerste, Hafer, Kleegras, Wiesenpflanzen angebaut, deren Ernte ausschließlich an die Tiere verfüttert wird.

Man sagt, die Ziege sei die „Kuh des kleinen Mannes"...
Das war sie zweifellos. In kleinen, ärmeren Bauernwirtschaften wurde die Kuhmilch verkauft, und selbst trank man Ziegenmilch, in Kleinstädten wurden Ziegen auf Hinterhöfen mit Kaninchen und Hühnern gehalten. Heute ist die Aufzucht von Ziegen ein landwirtschaftliches Gewerbe wie andere auch. Es hat sogar den Vorteil, dass es keiner Kontingentierung unterliegt und mit dem Bedarf wachsen kann und dass es – vorausgesetzt, man lässt sich auf die Tiere ein – richtig Spaß machen kann.

Ein Ziegenhof im Öko-Dorf Brodowin. Wie passt das zusammen?
Das passt sehr gut zusammen. Zum einen sind wir bereits seit 1990 als ökologischer Betrieb zertifiziert und wirtschaften seit 2004 als anerkannter Demeter-Betrieb. Zum anderen stellen unsere Produkte aus Ziegenmilch – unser Markenname lautet „BioZiege" – eine sehr willkommene Ergänzung der bekannten Brodowiner Öko-Produkte dar.

Wie gehen Sie mit den „dummen Ziegen" um?
Ziegen sind kapriziös, das ist wahr, aber damit sind sie doch nicht dumm. Bei Gefahr überlegen sie genau, was zu tun ist, während andere Tiere nur panisch fliehen. Und denken Sie an das Märchen von den sieben Geißlein und dem Wolf. Wer ist denn hier der Dumme? Von Anfang an wussten wir: Ziegen kennen keinen Feierabend, geschweige denn ein Wochenende oder gar Urlaub. Ziegen wollen auch am Sonntag gemolken und gefüttert werden,

andere: Ziegenmilch ist dem Nährstoffgehalt der Kuhmilch sehr ähnlich. Sie ist aber besonders bekömmlich und eine gute Alternative für Kuhmilchallergiker. Der Ziegenmilch wird auch eine positive Wirkung bei allerlei Krankheiten wie z.B. Neurodermitis und Asthma zugeschrieben.

Aber schmeckt Ziegenmilch nicht etwas streng?

Natürlich hat Ziegenmilch einen markanten Geschmack. Die wachsende Beliebtheit zeigt aber, dass der nicht als unangenehm empfunden wird – im Gegenteil, als Delikatesse. Es spricht sich eben herum, dass der einstmals strenge Geschmack von Ziegenmilch die Folge unzulänglicher Hygiene bei ihrer Gewinnung war.

Sie verarbeiten die Ziegenmilch selbst?

Wir begannen 2009 damit, die Milch unserer Ziegen selbst zu Frischkäse zu verarbeiten. Wir bieten in den Monaten März bis Oktober Ziegenfrischkäse in den Sorten Natur, Dillspitzen, französische Kräuter und Knoblauch-Paprika im gut sortierten Bio-Handel an. Unsere Käse entstehen aus guter handwerklicher Arbeit. Massenproduktion gibt es weder bei den Tieren, noch bei den Käsen.

und Lämmer kommen vorzugsweise nachts zur Welt. Dafür werden wir morgens beim Melken mit einzigartigen Sonnenaufgängen belohnt, unsere Kinder können zusehen, wie „Lumpis“, die Ziegenkinder, aufwachsen. Und zu guter Letzt haben wir ein Produkt auf unserem Brot, das wir selbst hergestellt haben und von dem wir wissen, was drin und vor allem nicht drin ist. So ist für uns jeder Tag auch ein bisschen Sonntag.

Wie muss man sich Ihren Ziegenhof vorstellen?

Bei uns leben gut 120 Ziegendamen, die sich von vier Böcken verwöhnen lassen. Von Mai bis Oktober dürfen sie den Laufstall gegen die Sommerfrische auf den nahe gelegenen Weideflächen eintauschen. Stellt sich im Februar nach fünf Monaten Tragezeit der Nachwuchs ein, bleiben die Lämmer noch bis zu acht Wochen bis zum Absetzen bei der Mutter.

Das heißt, es gibt nicht das ganz Jahr über gleichmäßig Ziegenmilch?

Das ist richtig. Als Biolandwirte beteiligen wir uns nicht an Versuchen, die Tragezeit der Tiere zu beeinflussen, um die Milchleistung zu erhöhen.

Wie verhält sich Ziegenmilch zu Kuhmilch?

Gemessen an der Milchleistung, benötigen die Ziegen weniger Nährstoffe als die Kühe. Das ist schon ein Vorteil. Der

Brodowin

Dann sind wir in Brodowin. Im Dorf der sieben Seen. Im Öko-Dorf. Rein äußerlich ein märkisches Straßen- angerdorf wie viele andere: in der Mitte eine Kirche, entworfen von Friedrich August Stüler, entlang der Straße mehrere Gehöfte mit Vorgärten, Scheunen und Ställen. Es gibt einen Dorfkrug („Schwarzer Adler"), in vielen der Häuser warten Gästewohnungen auf Besu- cher. Brodowin ist aber auch so etwas wie ein Wall- fahrtsort. Sie kommen mit dem Rad, mit dem Auto, dem Bike und sogar mit dem Bus. Denn eine Kette von Bio-Läden bietet ihren Berliner Kunden einen Sonntagsausflug nach Brodowin an. Die Fahrten sind ein Renner, denn für Gesundheitsbewusste ist Brodo- win eine bekannte Marke. Von hier lassen sie sich wöchentlich ihr Gemüse im „**Brodowiner Ökokorb**" liefern (geordert wird per Internet, rund 1500 Körbe werden allwöchentlich frei Haus geliefert), von hier kommt ihre Milch, ihr Käse und – wenn irgend mög- lich – auch ihr Fleisch. Kühe, Schweine, Ziegen, Geflügel – alles da. In der heutigen hochspezialisier- ten Landwirtschaft ist das eigentlich ein Unding. Gäbe es da nicht den kräftigen Trend hin zu Lebensmitteln, die ohne Gentechnik, Mineraldünger und chemische

Landgasthaus „Schwarzer Adler" Brodowin, Dorfstr. 80

Brodowin besitzt auch die- ses Gesicht: An die meisten Gehöfte schließen sich liebevoll gepflegte Bauerngärten an.

Was ist Demeter-Landbau?

„Demeter" ist ein Markenzeichen für Produkte, die auf biodynamische Weise erzeugt wurden, meist landwirtschaftliche. Biodynamisch – das ist wesentlich mehr als ökologische Landwirtschaft, es ist mehr, als die EU-Bio-Verordnungen vorschreiben, und kann nicht beliebig genutzt werden. „Demeter" unterliegt einer strengen Kontrolle, die von der Organisation des Agrarbetriebes bis zum fertigen Produkt reicht. Und das seit 1928. Damit ist „Demeter" zugleich Vorreiter der Bio-Bewegung und gleichzeitig bis heute der Maßstab für höchste Bio-Qualität. Wer Demeter-Bauer werden möchte, folgt dem Ideal einer verantwortungsbewussten Agrarkultur, die nur beste Lebensmittel hervorbringt und zugleich zur Pflege der Erde beiträgt, und hat sich an strenge Regeln zu halten: Landbau und Tierhaltung gehören zusammen; mindestens 50% des Tierfutters muss vom eigenen Hof kommen, umgekehrt wird Kuhmist zur Düngung genutzt. In der Demeter-Landwirtschaft wird zur Hebung der Bodenfruchtbarkeit mit biodynamischen Präparaten gearbeitet, die aus Kräutern und Mineralien hergestellt und in kleinsten Dosen in den Boden eingebracht werden. Als Saatgut sind weder Hybride noch andere genetisch veränderte Sorten zugelassen. In Brandenburg und Berlin wirtschaften rund 40 Landwirte auf biodynamischer Grundlage. Das reicht vom Samenbaubetrieb auf kleinster Fläche bis hin zum Großbetrieb mit Ackerbau, Milchvieh und Gemüsebau. Gemeinsam ist allen die biologisch-dynamische Ausrichtung, also vor allem das Bemühen um möglichst geschlossene Betriebskreisläufe. Für sie ist ein alljährliches Betriebs- und Entwicklungsgespräch obligatorisch.   www.demeter.de

Pflanzenschutzmittel produziert werden und die aus einer Tierhaltung kommen, in der nicht Masse und Profit, sondern die Achtung der Würde jeder Kreatur die Abläufe bestimmen.

Als sich 1991 die Brodowiner Landwirtschaftsgenossenschaft (LPG) Gedanken über ihre Zukunft machte, waren Menschen zur Stelle, die diesen Trend bereits ahnten. Damals wurde der Verein „Ökodorf Brodowin" gegründet, und die LPG wurde in einen Ökobetrieb umgewandelt. Und weil man nicht auf halbem Wege stehen bleiben wollte, entschloss man sich, künftig nach den Demeter-Richtlinien zu arbeiten. Boden - Pflanze - Tier - Mensch - Kosmos: Alles hängt miteinander zusammen und wird als ein dynamischer Kreislauf verstanden. Das Kalkül war einfach: Die traditionelle Landwirtschaft böte auf den 1.200 ha Bodenfläche nur höchstens drei Bauern ein Auskommen. Also Umstellung auf die arbeitsintensive Produktion hochwertiger Lebensmittel, verbunden mit einer anspruchsvollen Vermarktung. Ein Hof von über 1.200 Hektar stellte auf Demeter um – das hatte es zu diesem Zeitpunkt in ganz Europa noch nicht gegeben.

Dass das Konzept aufgegangen ist, kann jeder erleben, der den **Hofladen** von „Ökodorf Brodowin" betritt und sich fast wie in einem Öko-Warenhaus wiederfindet. Hier gibt es das Gemüse aus der eigenen Gärtnerei, die Milch und den Käse aus der Schaumolkerei gleich nebenan, frische Eier, aber auch Honig, Säfte usw. – das allermeiste vom eigenen Hof. Und wer genau wissen will, was Demeter-Landwirtschaft heißt, der schließe sich einer Hofführung an, die in der warmen Jahreszeit sonnabends stattfindet (genaue Zeiten unter www.brodowin.de).

Hofladen Brodowin
Apr–Okt   Mo–Sa 9–18 Uhr, So 10–18 Uhr
Nov–März Di–Fr 10–18 Uhr,
               Sa–Mo 10–16 Uhr

Der uralte „Amtsweg" ver-
bindet Brodowin mit Chorin
und führt durch beeindru-
ckende Buchenwälder zum
Amtssee und von dort zur
berühmten Zisterzienser-
Abtei „Kloster Chorin".

*Ruine der Choriner Wasser-
mühle*

*rechts: Der berühmte Westgie-
bel des Klosters Chorin*

DAS WUNDER VON CHORIN

Das Kloster Chorin

Kloster Chorin ist ein Wunder. Und das in vielerlei
Hinsicht. Für die Ankommenden – egal aus welcher
Richtung sie kommen – erheben sich seine Gemäuer
beinahe unerwartet aus dem umgebenden Grün. Ein
an Baumriesen reicher Park, ein Friedhof, ein Wäldchen und mittendrin die Klostergebäude. Die Reste
der Klosterkirche strecken sich mutig in die Höhe,
Gott entgegen. Die Funktionsbauten der Mönche
dagegen ducken sich am Boden. Das war das Rollen-
spiel des Mittelalters. Obwohl das Kloster nicht mehr
vollständig vorhanden ist, zeugen die schlanken Säulen und hohen Bögen noch immer von der Eleganz
und Leichtigkeit, die die norddeutsche Backsteingotik
möglich machte. Verschwenderisch mit Licht, spar-
sam mit Baumaterial. Hier waren Ende der 1200er
Jahre geniale Architekten am Werk. Welch gewaltiger
Unterschied zu den wuchtigen, dunklen romanischen
Kirchen mit ihren dicken Mauern, wie sie nur wenige
Jahre zuvor noch üblich waren.

Das Grün der Pflanzen und das Rot des Backsteins
bestimmen am Kloster Chorin die Farbmelodie. Die
bunte Kleidung der Besucher unterstreicht das nur.
Wer nach Chorin zum Kloster kommt, den zieht es in
die Natur. Selbst bei den Konzerten des Choriner

Musiksommers sind die beliebtesten Plätze draußen auf der Wiese. Obligatorisch für einen Besuch ist es auch, sich am Amtssee die Beine zu vertreten. Auf dem Klostergelände haben sich Bäume über Jahrhunderte hinweg zu stattlicher Größe entwickelt.

Vor rund zweihundert Jahren sah es so aus, als würde sich die Natur das gesamte Terrain zurückerobern. Aber dann geschah ein weiteres Wunder: Der ebenso stilsichere wie weitsichtige Architekt Karl Friedrich Schinkel erlebte 1817 das Kloster kurz vor dem drohenden endgültigen Verfall. Nach der Reformation hatten es die Mönche verlassen und es zogen Pächter ein, die weltlichen Nutzen der geistlichen Erbauung vorzogen. Ein großer Teil der Backsteingemäuer diente als Steinbruch, Schweine und Schafe liefen umher. Nichts Großes, nichts Erhabenes. Die Jahre nach den Befreiungskriegen, als sich Preußen langsam von den Kriegsfolgen erholte, riefen allerdings nach Monumenten nationaler Größe. Wie konnte man das besser symbolisieren, als durch die Rettung und Bewahrung des grandiosen gotischen Klosters von Chorin? Und noch etwas: Die Restaurierung würde alte Bautechniken und Fertigkeiten am Leben erhalten. Schinkel dachte wie Denkmalpfleger unserer Tage. Er konnte den preußischen König davon überzeugen, dass für dieses Monument von nationaler Bedeutung Geld nötig ist, um es nicht zugrunde gehen zu lassen. Als das geklärt war, erhielt Peter Joseph Lenné, der geniale Gestalter der Potsdamer Kulturlandschaft, den Auftrag, das Kloster mit einem Park zu umgeben.

Bei aller Wucht der Eindrücke: Es gibt auch unscheinbare Zeugnisse aus vergangener Zeit. Zum Beispiel die Klostermühle. Eine Mühle – in den meisten Fällen eine Wassermühle – gehörte im Mittelalter zu jedem Kloster. Meist bestimmte der Lauf des Mühlbachs sogar den Standort des Klosters. Die Mönche von Chorin hatten selbstver-

ständlich auch eine Wassermühle.
Bereits vor der Klostergründung
drehten sich am Chorin-See zwei Was-
sermühlen. Eine von beiden wurde von
den Zisterziensern ausgebaut. Sie ist
heute noch als Steinruine außerhalb der
Klostermauern erkennbar. Der Grundriss zeigt, dass es sich um eine Anlage
beachtlichen Ausmaßes gehandelt
haben muss. Heute ist sie ein beliebter
Kletterplatz für die jungen Besucher.
Urkunden berichten von neun Wasser-
mühlen und einer Windmühle im weiteren Einzugsbereich des Klosters.
Übrigens betrieben die Zisterzienser
von Chorin Fischerei und Fischzucht in
zehn Seen der Umgebung sowie in der
Oder. Für die weitgehend fleischlos
lebenden Mönche war Fisch als Nahrungsmittel unentbehrlich.

Manche Entdeckung gelingt im Kloster Chorin auch im Detail. Zum Beispiel an den Säulen der Kreuzgewölbe.
Dort lauern Fabel- und Tierfiguren, um
die Betrachter zu erschrecken. Früher
mögen sie die Mönche ständig zum got-
tesfürchtigen Leben ermahnt haben. Als
aber der Bildhauer Waldemar Grzimek
1958 den Auftrag erhielt, die Säulen des
Kreuzganges mit neuen Ornamenten
zu versehen, mag er eher an Gottesläs-
terung gedacht haben. Denn ausge-
rechnet im westlichen Kreuzgang, wo
die Figuren das Teuflische und Unreine
in besonderer Weise symbolisieren,
modellierte er einen Gnom mit dem
typischen Spitzbart des damaligen
starken Mannes der DDR, Walter
Ulbricht. Drei Monate lang blickte die
Ulbricht-Figur von der Säule herab,
dann wurde sie entdeckt und entfernt.
Heute ist sie in der Ausstellung des Klosters zu sehen.

Unmittelbar neben der Klosteranlage
schließt sich im Norden ein kleiner,
romantischer Friedhof an. Wer glaubt,
dass hier Äbte und Mönche begraben
liegen, irrt. 28 der rund 50 Gräber sind
bekannten Forstwissenschaftlern gewidmet. Das ist der Grund dafür, dass dieser Friedhof eine Wallfahrtsstätte für

*Der Figurenschmuck an den
Säulen des Klosters ist zuweilen
neueren Datums – zum Beispiel
das Bildnis von Walter Ulbricht
(zweiter von links, hier im Kreise
seiner DDR-Minister), das 1958
hier eingeschmuggelt wurde.*

Ein Kloster im zweiten Anlauf

Im Jahr 1260 machte sich ein Tross von Zisterzienser-Mönchen auf den Weg zum Parsteiner See. Mag sein, dass sie den Weg durch Berlin nahmen, aber je weiter sie in östlicher Richtung vorankamen, desto wilder wurde die Landschaft. Dunkle Wälder, immer wieder Seen, wenig besiedelt – das war also das Land, das die brandenburgischen Markgrafen zehn Jahre zuvor dem Pommernherzog Barnim I. abgeluchst hatten, die Uckermark.

Das Schicksal hatte es gewollt, dass das in Brandenburg herrschende Geschlecht der Askanier gleich zwei Oberhäupter hatte: die Brüder Johann I. und Otto III. Nach vielen Jahren der gemeinsamen Regentschaft planten sie die Teilung Brandenburgs, die zwangsläufig zwei Hausklöster mit den Grablegungen für die jeweilige Herrscherfamilie bedeutete. Es war vereinbart, dass Johann das bestehende Kloster Lehnin für sich behielt und für Otto ein neues errichtet werden sollte: das Kloster Mariensee auf einer Halbinsel am südlichen Rand des Parsteiner Sees.

Sechs Jahre nach Baubeginn starb Otto III. und wurde in dem noch nicht fertigen Kloster beigesetzt. 1273 wurde der Bau aufgegeben, denn der sumpfige Untergrund am See verhieß kein Gelingen. Acht Kilometer entfernt, am Chorinsee – heute der Amtssee – fand man geeigneteren Boden. So entstand in den folgenden sechzig Jahren eines der schönsten Bauwerke der norddeutschen Backsteingotik. Viele Elemente des Baus wurden vom Mutterkloster Lehnin übernommen. Mit dem Westgiebel wurde ein Meisterwerk geschaffen, das das Muster noch weit übertraf und für lange Zeit Maßstäbe der Baukunst setzte. Übrigens: Im Jahr 1317 endete die ottonische Linie der Askanier, und 1320 starb das Askaniergeschlecht in Brandenburg ganz aus.

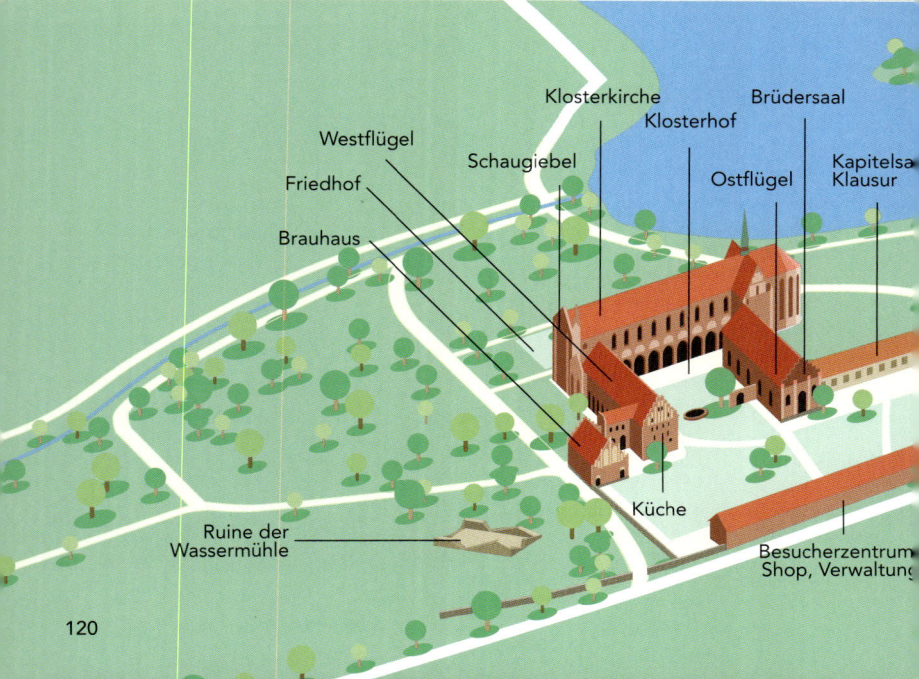

Forstleute aus aller Welt ist. Seit 1830 gehörte der Choriner Wald zur preußischen Lehroberförsterei und auch die Nachfolgeeinrichtungen haben bis heute eine herausragende Bedeutung für die Forstwissenschaft. Kein Wunder, dass rund um das Kloster viele seltene Bäume wachsen.

Was Karl Friedrich Schinkel bewahrte, lockt heute viele Besucher an. Natürlich sind die Klostergebäude die größte Sehenswürdigkeit. Selbst wer sich wiederholt hier umsieht, wird immer Neues entdecken. In den vergangenen Jahren sind in den historischen Gemäuern nach und nach neue Ausstellungsräume entstanden. Bildende Kunst und Geschichtsthemen finden hier Orte zur Präsentation. Die Sommerkonzerte sind längst Kult. Viele Besucher kommen aber auch zu den Märkten – zum Ostermarkt, zu den Kräuter- und Keramiktagen im Oktober und zum Weihnachtsmarkt am 3. Advent. Die ungebrochene Beliebtheit von Kloster Chorin – ist das ein Wunder?

Försterfriedhof neben dem Kloster Chorin

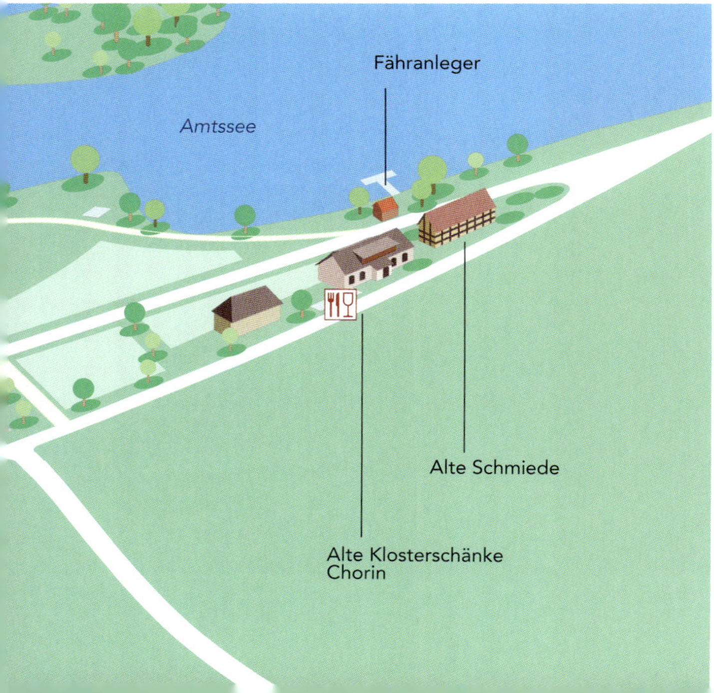

Fähranleger

Amtssee

Alte Schmiede

Alte Klosterschänke Chorin

🍴 „Immenstube" im Hotel
„Haus Chorin"
täglich geöffnet,
Mo–Do erst ab 17 Uhr

🍴 „Waldseehotel Frenz"
Neue Klosterallee 12, Chorin
täglich ab 12 Uhr

Dorfkirche von Britz

Der Amtssee

Die Beschreibung des Klosters Chorin bliebe unvollständig, würde man den Amtssee übergehen. Denn ohne ihn wäre das Kloster nicht an dieser Stelle erbaut worden. Aus ihm kam das Wasser, das die Mühlen antrieb. Zwischen diesem See und dem Parsteiner See gruben die Zisterziensermönche den 15 km langen Nettelgraben, mit dessen Hilfe sie große Flächen Land entwässerten und für die Landwirtschaft nutzbar machten.

Wer mit der Bahn nach Chorin fährt, um das Kloster zu besuchen, sollte einen Weg wählen, der am See vorbeiführt. So kann man erleben, wie sich das Kloster mehr und mehr aus dem umgebenden Grün heraushebt. Auch wer vor oder nach einem Konzert in der **„Alten Klosterschänke"** einkehrt, wird sich einen Platz mit Blick auf den See suchen. Gleich neben der Gartenterrasse der traditionsreichen Ausflugsgaststätte findet sich die Anlegestelle für eine **Fähre** zum anderen Seeufer. Das Boot heißt „Gertrude" und wird von einem Elektromotor angetrieben, der fast geräuschlos arbeitet. Der Strom für diesen Motor kommt von einer Mini-Solaranlage auf dem Boot. Vom Fähranleger sind es ein paar Schritte zum Hotel „Haus Chorin" mit Deutschlands einzigem Honig-Spezialitäten-Restaurant, der „Immenstube".

Am Amtssee

Chorin und Britz

Der Ort Chorin ist älter als das Kloster Chorin. Er war bereits in der Gründungsurkunde des Klosters Mariensee verzeichnet. Hier gab es eine Glashütte, später boten die Steinbrüche und das nahe Industrierevier entlang des Finowkanals Erwerbsmöglichkeiten. Die Dorfkirche wird gelegentlich als Spielstätte des Choriner Musiksommers genutzt. Immer wieder zeigen Wegweiser den Weg zum „historischen Bahnhof". Der **Bahnhof Chorin-Kloster** stammt zwar aus der Zeit, als die Bahnverbindung von Berlin nach Stettin gebaut wurde, ist allerdings in einem Zustand, dass man glauben könnte, er sei erst gestern eröffnet worden. Das Zeitgemäße an ihm sind seine Funktionen: Er ist eine moderne **Mobilitätszentrale** – mit Touristinformation, Shop, Wirtshaus und einem sehr gut ausgestatteten Fahrradverleih. Die Regionalzüge aus Berlin halten hier einmal pro Stunde. So ist er ein idealer Ausgangspunkt für jene, die eine Radtour ohne eigenes Rad unternehmen wollen.

Der Weg von Chorin nach Oderberg führt durch **Britz**. Hier kommen eigentlich die Eberswalder Würstchen her und können in einem Werksverkauf mitgenommen werden. Markant ist die Britzer Dorfkirche mit ihrem neobarocken Ziergiebel aus der Kaiserzeit. Um 1270 geweiht, gehört sie zu den ältesten Kirchen im Barnim.

Fahrradverleih
Chorin-Schorfheide
Bahnhofstr. 2, 16230 Chorin
www.fahrradverleih-chorin.de
Ausgeliehen werden auch Elektrofahrräder. Der Bahnhofsladen „Lindenblatt" bietet Tourenvorschläge und Proviant.

Eberswalder Fabrikverkauf
Joachimsthaler Straße 100
16230 Britz
Mo–Mi, Fr 9–17 Uhr,
Do 9–18 Uhr,
www.eberswalder.de

Die Fahrradstation am Bahnhof Chorin, Kloster

Auf dem historischen Amtsweg durch dichten Wald führt über 11 km die „Tour Brandenburg" von Chorin nach Liepe. Dabei streifen wir den Plagefenn, das erste Naturschutzgebiet Deutschlands. Es wurde im Jahr 1907 eingerichtet und besteht aus 178 ha Moor-, Wald- und Seenlandschaft. Die Kernzone ist ein Totalreservat, in dem nur die Natur das Sagen hat. Der Radfernweg führt weiter nach Niederfinow, wir schlagen von Liepe aus den direkten Weg nach Oderberg ein.

Zwischen Kanal und Oder

Liepe

Wer alt genug ist, der kennt vielleicht noch die „Lieper Pupe". Wir verraten ohne Fragespiel, was das war: ein in der Umgebung des Örtchens Liepe bekanntes Bier. Es wurde bis Anfang der 1950er Jahre hier gebraut. Das Brauereigebäude steht noch, es ist heute ein Wohnhaus. Im Mittelalter gehörte der Ort zum Kernbesitz des Klosters Chorin, hier befanden sich die Weinberge der Mönche. Die Hänge des Nordufers des Eberswalder Urstromtals reichen von Oderberg bis Liepe, das man auf der Straße nach Eberswalde auf einer kurvenreichen Strecke erreicht.

Über Liepe wurde einst das Holz der Schorfheide transportiert. Der Lieper See, heute eine Ausbuchtung des Oder-Havel-Kanals, war der Sammelpunkt für die Flöße, die vor allem über die Oder verfrachtet wurden. Die kleine Dorfkirche sieht älter aus, als sie tatsächlich ist. Nachdem der Vorgängerbau 1944 niedergebrannt war, wurde sie in den 1950er Jahren im historischen Gewand wiedererrichtet. Von Liepe aus zeugen viele Wegweiser von den zahlreichen Wanderzielen in der Umgebung.

Die Fahrt durch Liepe führt am Areal des Landhofes Liepe vorbei. Er ist zugleich deutsch-polnische Begegnungsstätte, Hotel (mit Zimmer für Rollstuhlfahrer), rustikaler Ort für Feiern, Arbeitsstätte für Menschen mit Behinderung und Restaurant. Letzteres ist freitags bis sonntags geöffnet und kocht bodenständige Küche.

In der Dorfmitte von Liepe

Oderberg

Oderberg bietet reizvolle Anblicke, wie es sich anmutig am Fluss entlangzieht. Am nördlichen Ufer schmiegen sich die Häuser an eine Hügelkette, das südliche Ufer ist so flach wie das Oderbruch, das bis hierhin reicht.

Um Missverständnissen vorzubeugen, bedarf der Ortsname einer Erklärung. Denn was da durch das Städtchen fließt, ist nicht die Oder, sondern das, was von ihr nach der großen Trockenlegung Mitte des 18. Jahrhunderts übrig geblieben ist – die **Alte Oder**. Die heutige Strom fließt fünf Kilometer entfernt im Osten. Oderberg teilt damit das Schicksal von Bad Freienwalde, Wriezen und anderen Orten, die seit 250 Jahren keine echten Oderanrainer mehr sind. Dennoch ist die Alte Oder zwischen Hohensaaten und dem Schiffshebewerk Niederfinow Teil des Oder-Havel-Kanals. Alle Schiffe, die sich mit dem Riesenfahrstuhl auf die Barnimer Platte hinaufhieven lassen, kommen durch Oderberg. Auch Flusskreuzfahrten machen hier gelegentlich Station.

Der zweite Namensbestandteil „Berg" mag nur für jene plausibel sein, für die 120 Meter über NN tatsächlich Bergqualität hat. Um das zu klären, beziehen wir die Erhebungen um Oderberg in unsere Erkundungstour mit ein.

Oderberg gehört zum Amt Britz-Chorin-Oderberg, dessen Verwaltung sich in Britz befindet.
www.britz-chorin-oderberg.de

Der markanteste Punkt von Oderberg ist die Brücke über die Alte Oder. Hier zeigt sich die 2200-Einwohner-Stadt von ihrer schönsten Seite. Im Vordergrund nach Osten hin stehen die „Riesa", ein Elbraddampfer von 1897, und andere Exponate des **Binnenschifffahrtsmuseums**, dessen Gebäude am Südufer die Besucher anzieht. Das Museum besteht aus einer großen Freilichtausstellung und den sich über drei Etagen erstreckenden Museumsräume. Den Besuch des Museums können Freunde historischer Gemäuer mit dem Besuch einer mittelalterlichen Festung ergänzen.

Binnenschifffahrtsmuseum: Apr–Okt tägl 10–17 Uhr, Nov–März tägl 10–15 Uhr Das Museum ist für Gäste mit Lernschwierigkeiten sowie für Sehbehinderte und Blinde eingerichtet. www.bs-museum-oderberg.de

Exponat des Binnenschifffahrtsmuseums

Ein Weg am Wasser entlang führt zum Oderberger Sportplatz und weiter zum „**Bärenkasten**". Die Festung wurde Mitte des 14. Jahrhunderts erbaut und stand ursprünglich auf einer Insel inmitten der Oder. Ihre Mauern waren acht Meter hoch und vier Meter dick, sie war mit Kanonen ausgerüstet und beherbergte eine Besatzung von einhundert Mann. Auch Bären sollen dort gehaust haben. Daher der für eine Festung etwas bizarre Name. Während des Dreißigjährigen Krieges hielt die Festung mehreren Angriffen der Schweden stand. Fast völlig zerstört wurde allerdings die ungeschützte Stadt Oderberg. Als Preußen 1720 Stettin erwarb, verlor Oderberg seine strategische Bedeutung, und die Festung verfiel. Auf dem Gelände einer Kleingartensiedlung befinden sich die noch immer eindrucksvollen Reste.

Das **Zentrum** von Oderberg besteht aus einigen Straßen an den Hängen des Albrechtsberges. Hier befinden sich der Marktplatz, das ehemalige Rathaus und die 1855 geweihte Nikolaikirche. Ihr schlanker, spitzer achteckiger Turm mit der Darstellung eines Bootes als Wetterfahne bestimmt die Silhouette von Oderberg. Der preußische Hofarchitekt Friedrich August Stüler war an den Entwurfsarbeiten beteiligt. In der **Nikolaikirche** finden Gottesdienst, aber auch Konzerte und Ausstellungen statt. Sie kann im Sommer an Wochenenden besichtigt werden. Unterhalb der Kirche befindet sich ein Anziehungspunkt für Genießer: die durch ihre Eiskreationen weit über Oderberg hinaus bekannte Kieslingers Kaffeestube.

Wir machen uns nun auf den Weg zu den Höhen von Oderberg. Als erstes klettern wir die von der Berliner

Straße abgehende Winzergasse die vielen Stufen hinauf auf den **Albrechtsberg**. Der Straßenname ist ein Hinweis dafür, dass hier bis zum Kältewinter 1740 Wein angebaut wurde. Auf dem Albrechtsberg standen bis 1349 nacheinander drei Burganlagen – eine slawische und zwei deutsche. Die Höhe von 45 Metern reicht aus für einen weiten Blick über die Dächer Oderbergs zur Alten Oder.

Weiter geht es zur höchsten Erhebung der Gegend:

Oderberg in Richtung Oder: im Vordergrund der Museumsdampfer „Riesa"

DAS BINNENSCHIFFFAHRTSMUSEUM

Der Hinweise darauf, dass Oderberg 1871 11 Sägewerke und 15 Schiffswerften besaß, macht verständlich, dass hier der richtige Ort für ein Schifffahrtsmuseum ist. Wie vielerorts begann alles mit einer Heimatstube zur Ortsgeschichte. Das war 1954, als in den hiesigen Kiesgruben Funde aus der Bronze- und Eisenzeit zutage traten. Aber bald ging es immer mehr um die Binnenschifffahrt im gesamten Oderraum. Zu sehen sind alte Fischerboote und Fangutensilien, Exponate zum Wasserstraßenbau, die Werkzeuge des früheren Bootsbaus und immer wieder Schiffsmodelle. Besonderer Stolz des Museums ist der von der Weißen Flotte Dresden erworbene historische Schaufelraddampfer, die „Riesa". Sein Vorderdeck dient auch häufig als Freilichtbühne, unter Deck gibt es Kabarett und Lesungen.

Den Schlüssel zur Feldsteinkirche Neuendorf gibt es im Gasthof „Zum Großen Stein".

dem **Pimpinellenberg**. Seinen Namen hat er von einer hier vorkommenden Heilpflanze. Die Pimpinelle diente einst als Heil-, Würz- und auch Zierpflanze. In Oderberg wurde sie – wie es heißt – erfolgreich gegen die Pest eingesetzt. Rund um den Berg führt ein Naturlehrpfad. Besondere Baumarten sind gekennzeichnet, Bildtafeln erläutern das Leben im Wald, Steine wurden zu einem kleinen Eiszeitpark zusammengetragen, vor allem aber ist es die formenreiche Landschaft, die immer neue Eindrücke beschert. Auf dem Gipfel des Pimpinellenbergs, auf 119 Metern angekommen, genießen wir den Ausblick über den Oderberger See hinweg ins Oderbruch. Dieser See war vor rund 120 Jahren einer der größten Holzumschlagplätze Deutschlands. Bis 1945 krönte den Pimpinellenberg ein hölzerner Aussichtsturm. Der Rückweg führt vorbei am Naturfreundehaus „Eisguste".

Auf dem Weg zur Oder

Von Oderberg aus führt ein Radweg am südlichen Ufer der Alten Oder entlang über 9 km nach **Hohensaaten**. Ein kleiner Umweg zwischen Oderberg und Hohensaaten führt durch **Neuendorf**. Dort steht eine imposante Feldsteinkirche, eine der ältesten der Region. Hinter den ein Meter dicken Mauern steht ein wertvoller zweietagiger Holzalter aus der Zeit um 1615.

In Hohensaaten treffen sich Alte Oder (sie wird zur Oder-Havel-Wasserstraße), die Hohensaatener-Friedrichsthaler Wasserstraße und der Hauptstrom der Oder in seinem heutigen Verlauf. Da alle diese Wasserläufe ein unterschiedliches Niveau aufweisen, gibt es in Hohensaaten zwei Schleusen. Das zur Anlage gehörende Wehr spielte eine wichtige Rolle bei der Trockenlegung des Oderbruchs.

Eine der beiden Schleusen von Hohensaaten

Ein Stadtspaziergang durch Oderberg

Oderberg präsentiert sich als eine Stadt am Fluss, auch wenn das Gewässer hier die zum Oder-Havel-Kanal erweiterte Alte Oder ist, die einst von West nach Ost durch Oderberg floss.

1 Ausgangspunkt für jede Erkundung von Oderberg ist die Brücke über die Alte Oder. Hier zeigt sich die Hügellandschaft rund um Oderberg auf besonders reizvolle Weise.

2 Unterhalb der Brücke ankert der historische Elbraddampfer „Riesa", das Prunkstück des Binnenschifffahrtsmuseums von Oderberg. Nur eine Straße trennt das Freigelände des Museums vom Gebäude mit den maritimen Erinnerungsstücken.

3 Neben dem Oderberger Sportplatz befinden sich die Ruinen einer mittelalterlichen Burg – dem „Bärenkasten".

4 Markantestes Bauwerke der Oderberger Skyline ist die Nikolaikirche, zu deren Grundsteinlegung 1853 Preußenkönig Friedrich Wildhelm IV. persönlich anreiste. Geweiht wurde sie 1855.

5 Eine Erhebung rechts vom Ortszentrum – an einer Antennenanlage gut zu erkennen – ist der Geistberg. Von hier bietet sich ein eindrucksvoller Überblick über Oderberg.

6 Eine Treppe neben der Nikolaikirche führt auf den Albrechtsberg, eine weitere Aussicht über der Stadt. Von hier aus führt ein Wanderweg zum Pimpinellenberg.

129

Vom Transportweg zum Freizeitvergnügen
Der Finowkanal

Nicht verpassen:

1 Schiffshebewerk Niederfinow - S. 134 f

2 Kunst von Paul Wunderlich im Paul-Wunderlich-Haus. - S. 140, 142

3 Einen Spritzkuchen im Café „Gustav" am Markt genießen. - S. 146 f

4 Der Blick vom Turm der Eberswalder Maria-Magdalenen-Kirche. - S. 140, 145 f

5 Zu Fuß auf den Wasserturm in der Messingwerksiedlung. - S. 144 f, S. 155 f

6 Im Tretboot durch die Betriebsarchen im Familiengarten. - S. 148 f

7 Mit Damwild innerhalb eines Gatters im Eberswalder Zoo. - S. 150 f

8 Der Besuch des Flößerfestes in Finowfurt. - S. 158 + Titelbild

9 Mit einem geliehenen Kanu bei Ruhlsdorf über den Finowkanal. - S 162 f

10 Ein Besuch auf dem Hof der kleinsten Tiere in Zerpenschleuse. - S. 164

Es sind nicht immer die ganz großen Flüsse, die ein Zeitalter prägten. Ruhr, Wupper und Finow sind – verglichen mit Rhein und Oder – kleine Zuflüsse, aber sie nahmen Teil an der industriellen Revolution des 19. Jahrhunderts. Die Finow wäre mit ihren 40 Kilometern Länge kaum der Rede wert, wenn sie nicht vor über 400 Jahren an ihrem Unterlauf kanalisiert und zum Finowkanal ausgebaut worden wäre. Die ersten Kanalisierungsarbeiten begannen 1605. Fünfzehn Jahre später waren die Stromgebiete von Havel und Oder miteinander verbunden. Man konnte auf dem Wasserweg von Stettin nach Berlin reisen. Der Finowkanal ist somit die älteste künstliche Wasserstraße in Deutschland. Seit 2007 steht er als technisches Denkmal unter Schutz.

Entscheidend für das Gelingen einer Wasserverbindung zwischen der Oder und der Elbe war die Überwindung der Wasserscheide zwischen Ostsee und Nordsee, die sich quer durch den Naturpark Barnim zieht. So markiert ein „Wasserscheidenstein" in Wandlitz die Grenze, von der aus die Gewässer entweder in Richtung Havel und Elbe in die Nordsee oder in Richtung Oder in die Ostsee führen.

Kanäle waren vor der Erfindung der Eisenbahn (vom Auto ganz zu schweigen) die Hauptverkehrsadern. Rohstoffe, Baumaterialien und natürlich auch Menschen gelangten auf ihnen kostengünstig, sicher und schnell an entfernte Ziele. Die Kähne befuhren den alten Finowkanal nicht mit eigener Kraft, sondern wurden von Land aus gezogen, meist von Pferden. Man nannte das treideln. Und der Weg, auf dem die Zugpferde liefen, war der Treidelweg. Dieser erste Finowkanal erlangte jedoch kaum wirtschaftliche Bedeutung, weil seine Fertigstellung bereits in die Zeit des Dreißigjährigen Krieges fiel. Während viele Orte in Brandenburg bis auf die Grundmauern zerstört wurden, verfiel auch der Kanal. Er geriet sogar fast in Vergessenheit.

Es war die Weitsicht von Preußenkönig Friedrich II., die dem Kanal zum Neubeginn verhalf. Er sorgte für die Wiederbelebung der Wasserstraße 1746 und zugleich für Industrieansiedlungen an ihren Ufern. Die

Schleuse
Liebenwalde

Oder-Havel-Kanal

Grafenbrücker
Schleuse

Ruhlsdorfer
Schleuse

Leesenbrücker
Schleuse

HAVEL

ANFAHRT

Mit dem Fahrrad

Entlang des Finowkanals der Oder-Havel-Radweg; Zufahrt von Osten auf dem Oder-Neiße-Radweg, von Westen auf dem Radfernweg Berlin-Kopenhagen und mittendrin auf dem Radfernweg Berlin-Usedom.

Mit Bahn & Bus

Der Regional-Express RE 3 verkehrt stündlich vom Berliner Hauptbahnhof nach Eberswalde. Mit den Buslinien 910 (mo-fr. im 30-min-Takt) und 917 (in der Saison sa., so. und feiertags im 2-h-Takt) sind die Attraktionen des Finowtals im Abschnitt Eberswalde – Finowfurt erreichbar. Im Stadtgebiet Eberwalde verkehren zusätzlich noch die Stadtlinien 861 und 862 – als Besonderheit elektrisch als Oberleitungsbus.

Die Regionalbahn RB 27 („Heidekrautbahn") fährt alle 2 Stunden von Berlin-Karow (erreichbar mit der S 2 alle 20 min) nach Wandlitz, Wandlitzsee und Klosterfelde, alle 2 Stunden weiter nach Ruhlsdorf-Zerpenschleuse, direkt am Finowkanal gelegen (Fahrzeit ab Bhf. Friedrichstraße insgesamt 1:02 h).

Mit dem Auto

Autobahn A 11: Abfahrt Finowfurt, weiter auf B 167 parallel zum Finowkanal: in Richtung Osten nach Eberswalde und weiter bis an die Oder; in Richtung Westen durch Marienwerder und Zerpenschleuse nach Liebenwalde.

Mit dem Boot

Für Wasserwanderer ist der Finowkanal ein idealer Weg in die schönsten Gegenden des Barnim. Von Westen her erfolgt die Einfahrt durch die Havelgewässer nördlich von Oranienburg in Lieben-

...alde, von Osten her über die Oder an der ...hleuse Hohensaaten. Hier die wich-
...gsten Rastplätze und Ziele beim Land-
...ng:

...arina Liebenwalde km 0,00
...istorische Innenstadt, Ziegeleipark
...ildenberg

...hleuse Ruhlsdorf, km 59,23;
...hleuse Lesenbrück, km 61,11
...hloss und Wildpark Groß Schönebeck,
...horfheide, Wandlitz mit BARNIM
...ANORAMA

...ootsanleger Marienwerder, km 62,00;
...hleuse Grafenbrück, km 63,3;
...arina „Eisvogel", km 65,3
...erbellinsee, Schorfheide

...asserwanderplatz Finowfurt, km 67,3;
...hleuse Schöpfurth, km 67,5
...ftfahrtmuseum Finowfurt

Messingwerkhafen, km 70,3;
Schleuse Heegermühle, km 71,0
Messingwerksiedlung, Wasserturm

Schleuse Drahthammer, km 73,9;
Anlegestelle Drahthammer km 74,0
Familiengarten Eberswalde (Eingang
Café Liebermann)

Schleuse Kupferhammer, km 75,9;
Anlegestelle Finowkanalpark, km 77,3
Zoo Eberswalde, Forstbotanischer Garten

Wasserwanderrastpl. Eberswalde, km 77,8;
Stadtschleuse Eberswalde, km 77,9
Innenstadt von Eberswalde

Schleuse und Bootsanlegestelle Ragöse,
km 81,0 bzw. 81,1 km

Schleuse Stecher, km 84,39;
Schleuse Liepe, km 88,9
Schiffshebewerk Niederfinow

metallverarbeitende Industrie blühte hier auf. Zur Überwindung der fast 40 m Höhenunterschied besaß der Kanal zwölf Schleusen. Um sie optimal zu nutzen, wurde für den Kahnbau das „Finowmaß" entwickelt. Mitte des 19. Jahrhunderts fuhren jährlich 14.000 Kähne und 53.000 Flöße durch den Kanal. Nicht selten bildeten sich tagelange Staus, obwohl die Schleusen sogar nachts in Betrieb waren. So wurde es erforderlich, jeweils eine zweite Schleusenkammer einzubauen.

Bis zur nächsten Zäsur sollte es nur wenige Jahrzehnte dauern: 1914 ging der neue Oder-Havel-Kanal in Betrieb. Viel breiter und mit weniger Schleusen (1934 löste das Schiffshebewerk Niederfinow die Schleusentreppe völlig ab), entsprach dieser Wasserweg der Entwicklung im Schiffbau. Der alte Finowkanal verlor erneut seine Bedeutung, 1972 endete dort der kommerzielle Schiffsverkehr. Der Kanal ist zwar ein technisches Denkmal, aber eins, dessen Aussehen von der Natur geprägt wird. Gut für Kanuten, die den Finowkanal eine Zeit lang für sich allein hatten.

Um die Jahrtausendwende begann das dritte Leben des Finowkanals. Seine Ufer waren inzwischen ein idyllischer Grünzug geworden, in dem Weißstorch, Graureiher, Bläß- und Teichhuhn, aber auch Biber und Fischotter siedeln. Daher lag es nahe, ihn als Lebensader bei der touristischen Erschließung der Region zu nutzen. Er sollte für größere Boote wieder befahrbar und auch für Besucher ohne Wasserfahrzeug attraktiv werden. Dafür war einiges zu tun: Der Treidelweg wurde etappenweise zum Rad- und Wanderweg hergerichtet, die historischen Schleusen – meist im alten Gewand – auf den neuesten technischen Stand gebracht, in zwei Fällen mussten sogar Hubbrücken eingebaut werden, um auch größeren Booten die Durchfahrt zu ermöglichen.

NIEDERFINOW

Das Finowmaß – 40,20 m Länge, 4,60 m Breite und 1,40 m Tiefgang – wurde zum Standardmaß in der deutschen Binnenschifffahrt. Zwei Schiffe dieses Maßes passten genau nebeneinander in eine Schleusenkammer.

Der gut ausgebaute ehemalige Treidelweg des Finowkanals ist heute das Kernstück des 62 Kilometer langen Oder-Havel-Radweges zwischen Hohensaaten und Liebenwalde.

Hubbrücke über den Finowkanal in Niederfinow

Das Auf und Ab im Schiffsverkehr

Weder die Kirche Niederfinow aus dem Jahr 1732, noch die romantische Klappbrücke über den Finowkanal können dem zwei Kilometer entfernten Schiffshebewerk in Sachen Bekanntheit und touristische Anziehungskraft standhalten. 150.000 Besucher zieht es jährlich an. Der Schiffsfahrstuhl spielt, wenn es um gleichermaßen große wie filigrane Stahlkonstruktionen, Ästhetik der Technik und Ingenieurskunst geht, mit dem Eiffelturm und der Maia-Pia-Brücke in Porto in einer Liga. Die Bundesingenieurkammer verlieh ihm 2007 als erstem Bauwerk die Auszeichnung „Historisches Wahrzeichen der Ingenieurbaukunst in Deutschland".

Der 60 Meter hohe Bau, dessen Gründungspfeiler 20 m in die Tiefe reichen, ist im flachen Land des Oderbruchs eine weithin sichtbare Landmarke. Umgekehrt bietet sich von seiner oberen **Plattform** eine phantastische Aussicht über die Hügel des Oberbarnim und die Felder des Oderbruchs. Unmittelbar in der Nachbarschaft des 1934 eröffneten Schiffshebewerkes entsteht ein gigantischer Nachfolgebau für noch größere Schiffe. Bis zu dessen Fertigstellung – voraussichtlich 2016 – ist noch das alte gemeint, wenn vom Schiffshebewerk die Rede ist. Der Neubau entsteht fast an gleicher Stelle, wo bis 1934 eine vierstufige Schleusentreppe ihren Dienst versah.

Die Straße von Oderberg nach Eberswalde führt direkt unter dem Bauwerk hindurch. Vom Bürgersteig der Straße aus hat man einen exzellenten Blick auf die gewaltige Stahlkonstruktion, die Stahlseile, die Gegengewichte und den riesigen Trog. 5 Minuten dauert es, bis er die Schiffe 36 m noch oben oder unten befördert

hat. Lediglich vier Elektromotoren mit jeweils 55 kW liefern die erforderliche Kraft. In den 50 Jahren von 1957 bis 2007 erlebte das Schiffshebewerk nur 25 Ausfalltage wegen technischer Störungen.

Neben dem Stahlriesen hat sich ein **Besucherzentrum** etabliert, das den Interessierten mithilfe von Videowänden, Modellen und Beschreibungen sowohl das alte, wie auch das neue Schiffshebewerk demonstriert. Hier gibt es die Eintrittskarten für die Besichtigung des Schiffshebewerkes. Auf einem Serpentinenweg (auch für Rollstuhlfahrer mit Unterstützung geeignet) gelangt man zur Trogbrücke, die das Hebewerk mit dem Kanal verbindet, und zum „Oberhaupt" des Hebewerkes. Das ist der Punkt, von dem sich der atemberaubende Blick hinunter zur Oder-Havel-Wasserstraße und hinüber in die Landschaft am Oderrand bietet. Ferngläser helfen, Objekte in der Ferne zu identifizieren. Wieder in der Tiefe angekommen, warten mehrere Imbissbuden auf hungrige Gäste.

In unmittelbarer Nachbarschaft zum legendären Schiffshebewerk entsteht zurzeit ein neues. Diesmal keine Metallkonstruktion, sondern ein Bau aus Stahl und Beton. Beim „Schiffshebewerk Niederfinow Nord" ist die Hubhöhe die gleiche wie beim Vorgängerbau,

Aussichtsplattform Schiffshebewerk mit Blick nach Osten

135

SCHIFFSHEBEWERK
NIEDERFINOW

Bauzeit: 1927 - 1934
60 Meter hoch,
94 Meter lang
27 Meter breit

Benötigt wurden:
72.000 Kubikmeter Beton
14.000 Tonnen Stahl,
davon
5 Millionen Nieten

Die Trogkammersohle
besteht aus einer 4 Meter
starken Betonplatte.
Der Trog wiegt 4.290 Tonnen
(mit Wasser).

Die Fahrt erfolgt über
einen Hub von 36 Metern
mit einer Geschwindigkeit von
12 Zentimeter pro Sekunde.

Der obere Anschluss an
den Oder-Havel-Kanal wird
durch eine Kanalbrücke
von 145,96 Meter Länge
hergestellt.

*Ausflugsschiff auf dem Weg
nach oben*

aber der Trog fasst viel größere Schiffe. Hier sollen ab 2016 zweilagige Containerschiffe und ungetrennte Schubverbände Platz finden. 115 m ist der künftige Trog lang (der bisherige 82 m) und 11,45 m breit (bisher 9,50 m). Die Last, die das neue Schiffshebewerk befördern wird, verdoppelt sich gegenüber dem alten. Aber: An der Arbeitsweise und dem Sicherheitskonzept ändert sich im Prinzip nichts. Da gibt es nichts zu verbessern. Nur die Steuerungstechnik – die ist natürlich im Computerzeitalter eine andere. Auch auf dem neuen Schiffshebewerk wird es eine Aussichtsplattform geben. Und: Das alte technische Denkmal bleibt erhalten. Während die Oder-Havel-Wasserstraße für die Zunkunft fit gemacht wird, wächst auch der Binnenhafen Eberswalde.

Auf einen Blick: das alte und das künftige Schiffshebewerk von Niederfinow; Foto von 2014

🍽 „Zum Barnimer Holzmich'l"
Am Schiffshebewerk
Niederfinow
Saison: täglich ab 9 Uhr
Nebensaison: tägl. ab 10 Uhr

Die Havel-Oder-Wasserstrasse (HOW)

Die HOW beginnt an der Spreemündung unterhalb der Schleuse Spandau und verläuft über die Havel bis zur Einmündung der Alten Oranienburger Havel bei Hohen Neuendorf (19 km) und anschließend über die Oranienburger Havel südlich Oranienburgs (6 km). Von hier folgt sie dem Oder-Havel-Kanal bis zum Schiffshebewerk Niederfinow (54 km), dann den Oderberger Gewässern (14 km) mit einer Querverbindung zur Oder bei Hohensaaten und ab Westschleuse Hohensaaten der Hohensaaten-Friedrichsthaler Wasserstraße (42 km) mit einer Querverbindung zur Oder bei Schwedt und dem unteren Teil der Westoder (14 km) bis zur deutsch-polnischen Grenze bei Mescherin mit einer Gesamtlänge von 149 km. (nach: wikipedia)

EBERSWALDE

Wir sind in der Hauptstadt des Landkreises Barnim angekommen. Eine Eiche, darunter zwei Eber, so sieht das Wappen von Eberswalde aus. Und dennoch: 500 Jahre lang, zwischen 1375 und 1876, hieß der Ort Neustadt, allenfalls Neustadt-Eberswalde. 1970 wurde noch einmal der Name geändert: Aus Eberswalde wurde durch Zusammenschluss Eberswalde-Finow. Doch 1993 kehrte der Name „Eberswalde" zurück.

Auch wer noch nie in Eberswalde war, kennt sicher die „Eberswalder Würstchen" aus der größten Fleisch- und Wurstfabrik Brandenburgs. Die ist im nahegelegenen Britz zuhause, wo sich auch eine Werksverkaufsstelle befindet (siehe S. 123).

Eberswalde muss man nehmen wie es ist: eine weit in die Länge gezogene Stadt mit mehreren Zentren von sehr verschiedener Prägung – mal Ackerbürgerstadt, mal frühe Industrieansiedlungen, mal Großindustrie mit der dazugehörigen Satellitenstadt. Namen wie Kupferhammer, Eisenspalterei und Messingwerk bezeichnen hier Stadtteile.

Früher schlängelte sich Eberswalde mit seinen Fabriken entlang des Finowkanals. Geblieben sind davon Wohnsiedlungen, viele technische Denkmäler, aber auch Industriebrachen. Nur ein paar Schritte vom Marktplatz entfernt erinnert eine historische Schleusenanlage daran. Vor wenigen Jahren wurde sie wieder instandgesetzt. Das Schleusenwärterhaus und die Schleusentore stammen aus dem 19. Jahrhundert.

ℹ Tourist-Information
im Museum Eberswalde
in der Adler-Apotheke
Steinstr. 3, 16225 Eberswalde
Di–Fr 10–13 und 14–17 Uhr
Sa 10–13, So 13–17 Uhr
www.tourismus-
eberswalde.de

Die Adler-Apotheke, Sitz des Museums Eberswalde

Marktplatz mit Maria-Magdalenen-Kirche und Paul-Wunderlich-Haus

Heute führt die Bundesstraße B 167 parallel zum
Finowkanal fast zehn Kilometer durch das Stadtgebiet.
Für den Zusammenhalt der Ortsteile sorgen auch zwei
O-Bus-Linien. Sie verbinden den Bahnhof mit dem
Zentrum rund um den Marktplatz. Der ist von Gebäu-
den aus unterschiedlichen Epochen umrahmt. Die
Gegenwartsarchitektur ist durch das Paul-Wunderlich-
Haus vertreten, das Akzente für das moderne Ebers-
walde setzt. Auf dem Platz präsentieren an jedem
Samstagvormittag um halb 11 Uhr Musiker, Schau-
spieler, Akrobaten und andere unter dem Motto
„Guten-Morgen-Eberswalde" ihre Kunst.

Eberswalde ist eine grüne Stadt. Der Wald ist nahe,
und die Stadt besitzt reizvolle Parks, die in der letzten
Zeit buchstäblich Zuwachs bekommen haben. Wieder
ist es der Finowkanal, dessen Ufer in den vergangenen
Jahren in ein grünes Band verwandelt wurden.

Man legt in Eberswalde sehr großen Wert darauf,
das Leben künftiger Generationen in heutige Pläne
einzubeziehen. Daher
spielt der Begriff „Nach-
haltigkeit" hier eine
besondere Rolle.

🍴 „Matisse im Quartier Nr. 7"
Steinstraße, Eberswalde
täglich ab 11.30 Uhr
Mo–Fr 14–17 Uhr geschlossen

Der Löwen-Brunnen am Markt,
oben: „Die Ruferin" am Markt

1 Die historische Adler-Apotheke ist das älteste Haus der Stadt und beherbergt heute das Museum Eberswalde und die Tourist-Information. Mehrere Vorgängerbauten wurden durch Brände zerstört. Das äußere Erscheinungsbild entspricht dem von ca. 1850.

2 Die Dauerausstellung des Museums Eberswalde präsentiert Stadt- und Regionalgeschichte sowie eine Sammlung historischer Apothekerwerkzeuge und die Kopie des Eberswalder Goldschatzes.

3 Im Altstadt-Carreé stehen restaurierte Fachwerkbauten, die einen Eindruck von der einstigen Ackerbürgerstadt bieten.

4 Ein modernes Gebäudeensemble, das Paul-Wunderlich-Haus, zieht uns in seinen begrünten Innenhof, der von einer Doppelskulptur dominiert wird. Das bronzene Kunstwerk heißt „Tanzende Frau II und Sitzender Mann II" und stammt von Paul Wunderlich.

5 Wir sehen uns auf dem Markt um: Gegenüber stehen nebeneinander das Alte Rathaus, das 1775 als Wohnhaus erbaut wurde, und das Neue Rathaus aus dem Jahr 1905 im Stil der Neorenaissance. Ein Stück weiter die Löwen-Apotheke, eins der ältesten Häuser der Stadt, und gegenüber am Rand des Marktes der Löwen-Brunnen.

6 Am südlichen Ende des Marktes erfreut eine Häuserzeile in einem fröhlichen Architekturmix das Auge: Fachwerk, Rokoko-Stuck, Gründerzeit-Pomp.

7 Auf einer Anhöhe steht die Maria-Magdalenen-Kirche. Ein paar Stufen führen nach oben. Die Kirche aus dem 13. Jahrhundert ist Backsteingotik vom Feinsten. Im Inneren zeigt sich gerade in den schmalen, hohen Fenster des Chorraums ihre imposante, zugleich aber helle und einladende Architektur. Zu den Schätzen gehören der Hochaltar von 1606 und die barocke Orgel von 1783. An den Portalen beeindrucken die kunstvollen Terrakottareliefs aus dem 13. Jahrhundert.
geöffnet Di bis Sa 10 - 16, So 14 - 16 Uhr

8 Gegenüber der Kirche steht das 1722 aus Fachwerk erbaute Pfarrhaus. Philipp Gerlach, der Erbauer der Potsdamer Garnisonkirche, lieferte die Pläne.

9 Wenn man der Kirch- bis zur Schweizer Straße folgt und bis zur Nagelstraße weitergeht, kommt man zu Resten der mittelalterlichen Stadtmauer.

10 Der Park am Weidendamm ist ein zum Park gestalteter Grünzug entlang der Schwärze, die hier stellenweise das Gefälle eines Bergbaches entwickelt. Ein kleines Café am Bach lädt ein zur Rast.

11 Der Weg führt vorbei an der Alten Forstakademie, die heute zum Stadtcampus (es gibt noch einen Waldcampus) der Eberswalder Hochschule für Nachhaltige Entwicklung gehört.

12 An der Friedrich-Ebert-Straße steht seit 1998 die Hochschulbibliothek – ein Riesenquader, dem man erst bei Beleuchtung der Räume ansieht, dass er Fenster hat. Am Tag nimmt man nur die Fotomotive wahr, die das gesamte Haus bedecken. In einer Art Siebdruckverfahren entstand dauerhafter Fotobeton, der aus dem

Kasten eine Sehenswürdigkeit macht. Im Inneren sind u.a. die Bestände aus der Zeit der Forstakademie gelagert, aber auch neue Medien sind vorhanden. Die Bibliothek ist für alle geöffnet.

13 Die Goethestraße führt zur Friedensbrücke über den Finowkanal.

14 Auf dem ehemaligen Treidelweg geht´s zur Eberswalder Stadtschleuse. Sie ist die älteste Schleusenanlage am Finowkanal und ein Technisches Denkmal. Nach Grundinstandsetzung wurde sie 2001 für kleinere Schiffe und Boote wieder freigegeben. Die ursprünglichen Schleusentore aus Stahl bzw. Holz wurden dabei überarbeitet und wieder eingebaut. Trotz ihres historischen Aussehens entspricht die Schleusenanlage den heutigen Sicherheitsstandards. Eine Informationstafel gibt Auskunft über alle Schleusen des Finowkanals.

15 Über eine Fußgängerbrücke geht es in die Innenstadt.

16 Die letzten Meter zum Markt führen vorbei an der Rathauspassage, Eberswaldes innerstädtisches Einkaufszentrum.

4 x EBERSWALDER NACHHALTIGKEIT

1 Das Paul-Wunderlich-Haus

Die Bundeskanzlerin war am 1. Juli 2007 persönlich angereist, um das Landratsamt Barnim am Eberswalder Marktplatz einzuweihen. Das hat im neu errichteten Paul-Wunderlich-Haus sein Domizil, samt Plenarsaal und Büroräumen für 500 Beschäftigte. Dazu kommen das Café „Gustav" und einige Geschäfte. Dieses Haus verbraucht gegenüber herkömmlichen Verwaltungsbauten nur ein Drittel der Energie zum Heizen und Kühlen und gibt keine Schadstoffe an die Atmosphäre ab. Das alles dank Nutzung der Erdwärme als Energiequelle, der Wärmerückgewinnung und eines ausgetüftelten Lüftungskonzeptes, das je nach Wetterlage reagiert. Es gilt als Deutschlands modernstes Verwaltungszentrum und besitzt das Deutsche Gütesiegel für nachhaltiges Bauen. Benannt ist es nach dem Maler und Bildhauer Paul Wunderlich, der 1927 in Eberswalde geboren wurde. Er verließ die Stadt nach dem Krieg und verbrachte sein Leben vor allem in Hamburg und Südfrankreich. Wunderlich zeichnete, malte, schuf Skulpturen und suchte seine Sujets vor allem in der Erotik. Zu frühem Ruhm verhalf ihm die Hamburger Staatsanwaltschaft, als sie Lithografien beschlagnahmte. Seit einer ersten Ausstellung 1997 zog es Wunderlich immer wieder in seine Heimatstadt zurück, 2008 wurde er deren Ehrenbürger. Als er 2010 starb, zählte er längst zu den stilbildenden Künstlern der Moderne. Im Paul-Wunderlich-Haus kann jeder (kostenlos) in seine Kunst eintauchen.

2 Die Hochschule

Dem Wald darf man nicht mehr Holz entnehmen als nachwächst. Zu dieser Erkenntnis kamen unsere Vorfahren erst, als der Naturreichtum der Wälder durch Rodung beängstigend geschrumpft war. Sollte es den Wäldern rund um Eberswalde nicht ebenso ergehen, war eine nachhaltige Bewirtschaftung gefragt, die Rücksicht auf nachfolgende Generationen nimmt. Anfang des 19. Jahrhunderts fanden sich Förster, die sich um eine wissenschaftliche Grundlage ihrer Arbeit bemühten. Bereits kurz nach Gründung der Berliner Universität bildeten sie die „Preußische Forstakademie". Die fühlte sich am besten dort aufgehoben, wo es viel Wald gibt: in Eberswalde. 1830 wurden hier die Höhere Forstlehranstalt gegründet und ein Forstlehrgarten angelegt. Im Laufe der Zeit entwickelte sich daraus eine forstliche Versuchsstation – heute der Forstbotanische

Garten. Dort werden z.B. fremde Gehölze auf ihre hiesige nutzbringende Anpflanzung getestet. 1921 wurde aus der Forstakademie eine eigenständige Forstliche Hochschule mit eigener Versuchsanstalt. 1963 endete zunächst die Lehrtätigkeit. Als Institut für Forstwissenschaften der DDR-Akademie der Wissenschaften blieb die Forschung auf forstwirtschaftlichem Gebiet auch weiterhin in Eberswalde konzentriert. Allerdings kamen Bereiche wie Ökologie, Hydrologie und Flurgestaltung hinzu. 1992 wurde die Forstlehranstalt als Fachhochschule erneut gegründet, die sich vor allem Fragen des Umwelt- und Naturschutzes widmet. Seit 2010 nennt sie sich „Hochschule für nachhaltige Entwicklung Eberswalde (FH)". An ihr lernen zur Zeit ca. 2000 Studierende, unterrichtet von über 50 Professoren. Ihnen stehen ein Stadtcampus mit dem markanten Bibliotheksgebäude (Foto) und ein Waldcampus zur Verfügung. Mit ihrem konsequent „grünen" Lehrprofil ist sie einzigartig in Deutschland.

3 Der Bus ohne Abgase

Kaum ein Autohersteller, bei dem nicht über das künftige Elektroauto nachgedacht wird. Dabei hat es im vorigen Jahrhundert schon einmal sehr viele Autos mit Elektroantrieb auf deutschen Straßen gegeben. Dazu gehörten auch die O-Busse, in Eberswalde „Strippenexpress" genannt. Sie fahren auf zwei Linien, die zusammen 37,2 Kilometer lang sind. O-Busse sind leiser und schneller als ihre dieselgetriebenen Brüder, fahren völlig abgasfrei und bieten durch mehr Laufruhe einen höheren Komfort. Ihr Elektroantrieb nutzt heimische Braunkohle und immer mehr regionale erneuerbare Energien.

4 WALD-SOLAR-HEIM

An der Straße in Richtung Spechthausen steht das WALD-SOLAR-HEIM, ein internationales Umweltbildungszentrum für Schüler. Hinter der Fassade aus Holz und Glas wird praxisnah Wissen über die ökologischen Zusammenhänge des Lebens vermittelt. Zugleich ist das Haus selbst ein Beispiel modernster Energiegewinnung. Es wurde vom BundesForum Kinder- und Jugendreisen mit 4 Sternen bedacht. Und gleich daneben steht das „Kiefernzapfenhaus", ein deutsch-polnisches Gemeinschaftsprojekt. Das Haus erzeugt dank modernster Technologien in der Jahresbilanz so viel Energie, wie es selbst verbraucht. In der interaktiven Ausstellung „Sonnenzeit" werden Möglichkeiten der Energienutzung in der Zukunft vorgeführt.

1

Den Höhenpass gibt es in jeder der beteiligten Einrichtungen.

Der Eberswalder Höhenpass

Nachdem wir uns im historischen Stadtkern von Eberswalde umgesehen haben, besuchen wir anschließend einige Sehenswürdigkeiten, die sich im Finowtal aneinanderreihen.

Um die wahren Eberswalder Höhepunkte zu erleben, statten wir uns mit dem Eberswalder Höhenpass aus und nehmen eine Herausforderung an, die der Beinmuskulatur guttut, fantastische Ausblicke verspricht und mit netten Gewinnen lockt. Für den Höhenpass hat Eberswalde zwar keine Berge zu bieten, wohl aber Bauwerke der verschiedensten Art.

1. **Der Wasserturm von Finow** ist fast 48 m hoch und überrascht mit seiner architektonischen Leichtigkeit. Auf einer Grundfläche von nur 11 x 11 Metern stehen vier schlanke Pfeiler und tragen einen hinter Mauerwerk verborgenen Wasserbehälter. Nach oben führen 262 Stufen, die die Kandidaten für den Höhenpass tatsächlich erklimmen müssen. Es gibt aber auch einen Lift, der den Turm auch für Rollstuhlfahrer öffnet.

Bevor die Besucher die Aussicht im Freien genießen, sind sie eingeladen, sich im ehemaligen Wasserbehälter die Dauerausstellung zum Messingwerk anzusehen. Auf einer Höhe von 44 Metern bietet eine Aussichtsplattform einen weiten Blick über das Finowtal. Der Blick reicht von den Kupferhäusern am Fuß des Turms bis weit in die Wälder der Schorfheide. Seit 2012 ist der Turm Schauplatz eines sportlichen Treppenlaufs.

1

2

2. Der **Tigerturm** im Eberswalder Zoo ist der kürzeste der Eberswalder Spitzen. Er misst 15 m und ist damit die höchste der Aussichtsplattformen im Zoo. Sie sind eine Spezialität dieses Tierparks, um den Besuchern einen möglichst direkten Kontakt zu den Bewohnern der Gehege zu bieten. Von ihm aus geht der Blick in die Tundra-Landschaft mit den sibirischen Tigern.

3. Der **Eberkran** steht am Rand des Familiengartens und ist das Wahrzeichen der Eberswalder Industriegeschichte. 162 Stufen führen auf eine Aussichtsplattform in 27,5 m Höhe. Die Mutigen, die sich auf die luftige Metallkonstruktion trauen, belohnt der Kran mit einem Panoramablick über das Finowtal. Insgesamt erreicht der Kran eine Höhe von 54 m.

4. Der **Turm der Maria-Magdalenen-Kirche** im Stadtzentrum bietet aus 28 m einen weiten Blick über Eberswalde. Während die Kirche im 14. Jahrhundert entstand, ist die Turmspitze viel jünger. Sie wurde bei einer baulichen Erneuerung um 1876 nach Entwürfen des königlich-preußischen Architekten Friedrich August Stüler aufgesetzt. Die Stadt vermerkt stolz, dass es sich dabei um eine der höchsten gemauerten Kirchturmspitzen Deutschlands handelt.

Wer drei der vier Stempel auf dem Pass gesammelt hat, kann an einer Verlosung am Ende des Jahres teilnehmen. Bei den teilnehmenden Gastronomen in der Innenstadt bekommt man zudem einen Rabatt von 10 % auf Speisen und Getränke.

Nicht Bestandteil des Höhenpasses, aber von beachtlicher Höhe: die 83-Meter-Riesenrutsche im Freizeitbad „baff"
Mo–Fr 7–22, Sa 8–22 Uhr, So und feiertags 10–18 Uhr
Heegemühler Str. 69a
www.baff-bad.de

„Kaffeehaus Gustav"
Am Markt 2d, Eberswalde
täglich ab 7 Uhr

3

4

WER HAT IHN ERFUNDEN?

Spritzkuchen am Originalschauplatz

Das Paul-Wunderlich-Haus beherbergt auch ein Café. Hinter einer Glasfront direkt am Eberswalder Markt verwöhnt das „Gustav" seine Gäste. Im Sommer sitzt man am Rand des Marktplatzes. Dass es an Wochentagen bereits um 7 Uhr öffnet, ist ein Indiz dafür, dass es nicht nur für die Freunde von Kaffee und Torten mit Sahne da ist, sondern auch für Frühstücksgäste vor der ersten Schicht. Hier gibt es nebeneinander deftig belegte Brötchen und sündhafte Kreationen aus der Konditorei. Hier ist ein Bäcker am Werk, der nach traditionellen Herstellungsverfahren produziert. Weder künstliche Konservierungs- und Farbstoffe, noch industrielle Vormischungen oder tiefgekühlte Fertigprodukte kommen zum Einsatz. „Gut Ding will Weile haben" trifft hier beim Kneten, bei der Reifung des Teiges und beim Ausbacken zu. Was aus der Backstube im acht Kilometer entfernten Britz kommt, kann sich sehen lassen, es schmeckt, duftet und ist auch noch ein Ohrenschmaus, wenn es frisch knackt.

Herr Wiese, Sie heißen Björn, Ihre Frau Birte. Warum heißt Ihr Kaffeehaus am Eberswalder Markt „Gustav"?
Wir haben es nach dem Konditormeister und Pfefferküchler Gustav Zietemann benannt, der am 1. April 1832 fast an gleicher Stelle seine Konditorei eröffnete.

Warum so weit zurück in die Vergangenheit?
Weil jener Gustav etwas erfunden hat, das so zu Eberswalde gehört wie die Kräne, die Würstchen und der Finowkanal: die Spritzkuchen.

Was ist das Besondere an dem Eberswalder Spritzkuchen?
Im frühen 19. Jahrhundert, als Gustav Louis Zietemann ihn das erste Mal gebacken hat, war das Hightech, was er da ausgetüftelt hat.
Er hat sicher unzählige Versuche unternommen, bis er einen kleinen Kuchen hatte, der Volumen besitzt und trotzdem leicht ist, der in größeren Mengen hergestellt werden kann. Es waren die Anfänge der Konditorei und Kaffeehauskultur. Der Spritzkuchen war etwas Besonderes, was sich sicher auch nicht jeder leisten konnte. Wir sind sehr stolz darauf, diese Tradition wiederbelebt zu haben mit allem, was dazugehört.

Und ein Vermarktungsgenie war er ja wohl auch.

Richtig. Kaum fuhr die Eisenbahn durch Eberswalde, das war seit 1842, lieferte er seine Spritzkuchen zum Bahnhofswirt. Dessen Spritzkuchenburschen verkauften seine Erfindung durch die Coupéfenster. Der Ruf „Eeeeberswalder Spriiiitzkuuuuuchen" war bald weithin bekannt. So waren seine Spritzkuchen bald in Berlin und Stettin buchstäblich in aller Munde. Übrigens: Im Bahnhof Eberswalde steht seit 2007 wieder ein Spritzkuchenbursche. Er besteht aus Bronze und wurde vom Eberswalder Bildhauer Eckhard Hermann geschaffen.

Und im Kaffeehaus „Gustav" kann man den original Spritzkuchen probieren?

Selbstverständlich, denn wir sehen uns in der Tradition von Gustav Zietemann. Und dazu gehört, dass wir unsere Gäste auch mit anderen Kreationen überraschen.

Und das wäre?

Der „Eberswalder Baumstamm". Wir haben ihn in einem Tortenverzeichnis Zietemanns gefunden und ihn sozusagen neu erdacht. Wir meinen, er ist das neue Süßholz der Stadt, die so viel mit Bäumen und Wald zu tun hat. Es ist ein leichtes, von Hand gerolltes Bisquit, das mit drei verschiedenen Füllungen angeboten wird.

Sind noch weitere Überraschungen aus dem Vermächtnis von Gustav Zietemann zu erwarten?

Auf jeden Fall wollen wir, dass der Name Zietemann in Eberswalde nicht in Vergessenheit gerät. Deshalb haben wir auch Kontakt zu Nachfahren des Konditors aufgenommen. Zur Eröffnung unseres Kaffeehauses im Jahr 2009 hatten wir eine Ur-Ur-Enkelin zu Besuch. Ihr Vater war der letzte Inhaber bis 1945. Seitdem pflegen wir mit der Familie einen sehr herzlichen Kontakt. Mal sehen, was sich noch so alles ergibt...

Der Familiengarten

Vom Markt aus zehn Minuten mit dem O-Bus 861 bis zur Haltestelle „Eisenspalterei", und wir stehen am Eingang zum Familiengarten. Es müssen visionäre Köpfe gewesen sein, die aus wahrlich unattraktivem Industriegelände im Jahr 2002 für die 2. brandenburgische Landesgartenschau (LAGA) einen Garten entstehen ließen, der nach über zehn Jahren nichts von seinem Reiz eingebüßt hat. Dabei spielt die Lage direkt am Finowkanal eine entscheidende Rolle, denn als der Park angelegt wurde, begann auch für den historischen Kanal ein neues Zeitalter – das der intensiven Nutzung durch Wasserwanderer und Freizeitkapitäne.

Weithin sichtbares Wahrzeichen des Familienparks ist der 54 Meter hohe Kran vom Typ „Eber" aus dem Jahr 1954. Er leistete jahrzehntelang Schwerstarbeit bei der Montage der in aller Welt bekannten Eberswalder Kräne. Wer sich die knapp 30 Meter bis zur Aussichtsplattform hinauftraut, wird mit einem weiten Blick über das Finowtal belohnt. Wie schon während der LAGA 2002 ist die abenteuerliche Fahrt mit dem Tretboot durch die Unterwelt des früheren Walzwerkes ein Erlebnis, wie es nur hier, in den geheimnisvollen Resten einer vergangenen Technik-Epoche, möglich ist.

Anfahrt mit beiden O-Bus-Linien 861 und 862 ab Bhf. Eberswalde. Mit dem Auto auf der B167 bis zu ausgeschilderten Parkplätzen. Geöffnet Apr–Okt 10–18 Uhr

i Im Eingangsbereich des Familiengartens befindet sich eine Tourist-Information, die ganzjährig Di und Mi 10–16 Uhr geöffnet ist.

Der Familiengarten verspricht Erlebnis und Unterhaltung für die ganze Familie, und er hält das Versprechen. Im Gegensatz zu den großen Erlebnisparks warten hier keine Achterbahnen und Karussells, sondern fantasievolle Ideen zum Selbstspielen. Hier gibt es eine Abenteuerstadt, in der das Patagonische Donnerdorn, der Schwäbische Schneck oder die gefährliche Boa Conflictor leben. Gleich um die Ecke steht der Feenwald mit Zauberberg, irgendwo geht es zum Märchenhaus und zur Hexenküche. In eine ausgediente Kranbahn wurden zwei Riesenrutschen eingebaut. Aber auch für Erwachsene lohnt sich der Aufstieg zur acht Meter hohen Plattform, denn von hier bietet sich ein beeindruckender Überblick über die noch immer gut gepflegten gärtnerischen Anlagen.

„Wilder Eber"
Heegemühler Str. 16
Eberswalde
täglich ab 11 Uhr

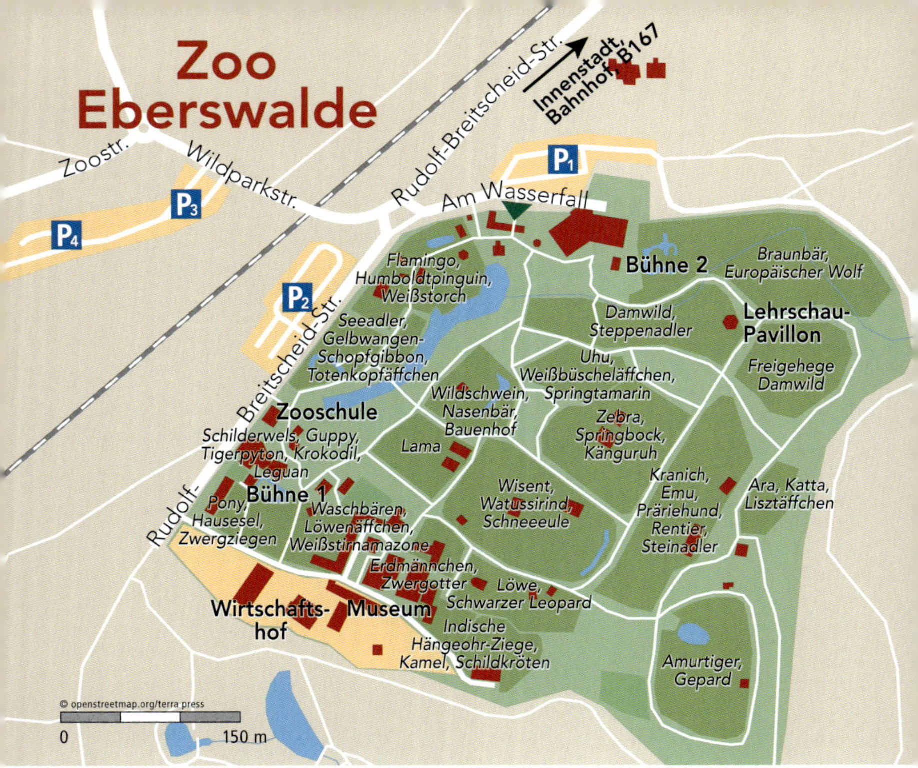

Zoo
Eberswalde

Zoostr. Wildparkstr.

Rudolf-Breitscheid-Str.

Innenstadt, Bahnhof B167

Am Wasserfall

P1
P3
P4
P2

Flamingo, Humboldtpinguin, Weißstorch

Seeadler, Gelbwangen-Schopfgibbon, Totenkopfäffchen

Zooschule

Schilderwels, Guppy, Tigerpython, Krokodil, Leguan

Bühne 1

Pony, Hausesel, Zwergziegen

Waschbären, Löwenäffchen, Weißstirnamazone

Lama

Wildschwein, Nasenbär, Bauenhof

Erdmännchen, Zwergotter

Wirtschafts-hof   **Museum**

Indische Hängeohr-Ziege, Kamel, Schildkröten

Bühne 2

Damwild, Steppenadler

Uhu, Weißbüscheläffchen, Springtamarin

Zebra, Springbock, Känguruh

Wisent, Watussirind, Schneeeule

Löwe, Schwarzer Leopard

Kranich, Emu, Präriehund, Rentier, Steinadler

Braunbär, Europäischer Wolf

Lehrschau-Pavillon

Freigehege Damwild

Ara, Katta, Lisztäffchen

Amurtiger, Gepard

© openstreetmap.org/terra press

0   150 m

Ein Zoo zum Mitmachen

Am südlichen Stadtrand, in der Nachbarschaft zum Forst-botanischen Garten, ist der Zoologische Garten ein Besu-chermagnet für alle Altersgruppen. Die Besucher kom-men von weit her, sogar aus dem an Tiergehegen nicht armen Berlin. Nur so ist zu erklären, dass statistisch gese-hen jeder Eberswalder den Zoo achtmal pro Jahr besucht.

Dieser Zoo ist anders. Schon beim Betreten, wenn zwar noch kein Tier zu sehen ist, aber ihre Rufe zu hören sind, spürt man das Abenteuer. Aber was macht seine Andersartigkeit aus? Täler und Höhen, die zum Land-schaftsschutzgebiet Nonnenfließ/Schwärzetal gehören? Dichter Mischwald zwischen den Gehegen? Die Mischung von einheimischen und exotischen Tieren? Mag alles sein – aber das wirklich Einzigartige ist, dass hier die Besucher im Mittelpunkt stehen. Sie wandeln nicht andächtig von Gehege zu Gehege, sondern sie werden auf Entdeckungs-reise geschickt – und das möglichst ohne störende Barrie-ren . Das Damwildgehege ist begehbar, wer mag, kann sich auf der Australienwiese zu den Kängurus gesellen, und niemand mag sich wundern, wenn Affen frei in den Bäumen klettern. Durch einen teilweise verglasten Tunnel gelangen die Besucher mitten in die Löwenanlage und kommen so ganz nahe an die Raubkatzen heran.

Die kältegewohnten sibirischen Tiger leben im Eberswalder Zoo in einer Tundra-Landschaft, wie sie am Ende der Eiszeit typisch auch im Barnim war. Und die Besucher können von einer erhöhten Plattform in diese Landschaft heruntersehen. Gemeinsam teilen sich Braunbären und Wölfe ein Gehege. Das ist gewöhnungsbedürftig für die Menschen, nicht aber für die wilden Tiere. Insgesamt 1.500 Tiere findet man im Eberswalder Zoo auf 15 Hektar. Pinguine und Wildschweine, Geparde und Krokodile, Flamingos und Kormorane. Tiere von allen Kontinenten.

Für Kinder ist der Zoo ein Paradies. Fünf Abenteuerspielplätze gibt es und jede Menge Lehrpfade und Informationsspiele. Wer angesichts der zahlreichen Informationstafeln über Klima-, Natur- und Artenschutz oder über das Leben in verschiedenen Biotopen den Zoo nicht schlauer verlässt, als er ihn betreten hat, ist selber schuld. Mit Recht kann der Zoo stolz darauf sein, dass er vom „stern" bei einem deutschlandweiten Ranking in der Kategorie „kleiner Zoo" den 1. Platz belegte.

Der Tigerturm im Eberswalder Zoo ist einer der vier Türme, die zum Eberswalder Höhenpass führen. Unmittelbar hinter dem Zoo verläuft die Märkische Eiszeitstraße. Der Zoo ist weitgehend behindertengerecht.

Der Zoo Eberswalde ist ganzjährig, auch an Feiertagen, täglich von 9 Uhr bis zum Einbruch der Dunkelheit geöffnet.

www.zoo.eberswalde.de

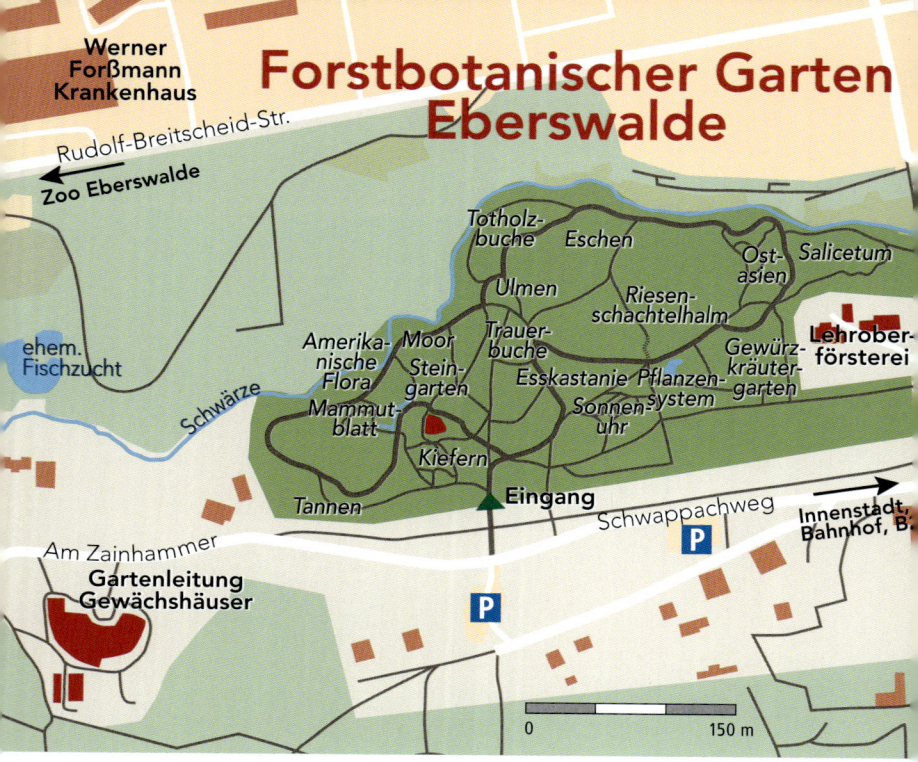

Forstbotanischer Garten Eberswalde

Werner Forßmann Krankenhaus

Rudolf-Breitscheid-Str.

← Zoo Eberswalde

ehem. Fischzucht

Schwärze

Totholz-buche
Eschen
Ulmen
Ost-asien
Salicetum
Riesen-schachtelhalm
Amerika-nische Flora
Moor
Trauer-buche
Gewürz-kräuter-garten
Lehrober-försterei
Stein-garten
Esskastanie
Pflanzen-system
Mammut-blatt
Sonnen-uhr
Kiefern
Tannen
Eingang
Schwappachweg
Innenstadt, Bahnhof, B. →

Am Zainhammer
Gartenleitung Gewächshäuser

P
P

0   150 m

Der Forstbotanische Garten ist geöffnet täglich von 9 Uhr bis Dämmerung
www.hnne.de/fbg

Das Waldlabor: Der Forstbotanische Garten

Die Studenten der Forstwirtschaft an der Hochschule für Nachhaltige Entwicklung Eberswalde sind für einen solchen Unterrichtsraum zu beneiden. Der Forstbotanische Garten an der Straße von Eberswalde nach Spechthausen ist ein Riesenlabor, in dem einheimische und fremdländische Gehölze auf eine forstliche Nutzung untersucht werden. Die von der Eiszeit geformte Landschaft am Nordrand des Barnim-Plateaus bietet für eine lebende Sammlung dieser Art eine abwechslungsreiche Landschaftsstruktur mit unterschiedlichen Bodenarten. Humusreiche und trockene Böden liegen hier nahe beieinander. So lassen sich Pflanzengesellschaften verschiedener Weltzonen zusammenstellen. Es gibt zum Beispiel das Afrikanum, das Ostasienquartier und – in einer künstlichen Felsenlandschaft – das Alpinum. Besonderes Augenmerk gilt den vom Aussterben bedrohten Pflanzen.

Was den Forschern wissenschaftliche Einblicke bietet, ist für die Besucher, die hier jederzeit willkommen sind und keinen Eintritt bezahlen, einfach eine Augenweide. An der Artenvielfalt der Gehölze mit ihren scheinbar unendlich vielen Grüntönen kann man sich hier sattsehen. Während der benachbarte Zoo vielstimmig erklingt, herrscht hier erholsame Ruhe. Ein Kräutergarten am Rand der Anlage spricht Auge und Nase gleichermaßen an. Zwei gekennzeichnete Spazierwege führen verschlungen durch den Garten und bieten so immer neue Naturbilder. Kleine Schilder an den meisten Gewächsen geben Auskunft über Bezeichnung und Herkunft. Der Forstbotanische Garten entstand 1830 mit der Königlichen Preußischen Höheren Forstlehranstalt. Er gilt als der älteste seiner Art in Deutschland. Im Laufe der Jahre wechselte er mehrfach sein Gesicht. In den vergangenen Jahren wurde bei Neupflanzungen sein Charakter als Erholungspark gestärkt.

Die Märchenvilla

Südlich der Eberswalder Innenstadt steht inmitten eines kunstvollen Parks ein schlossartiges Gebäude, die „Märchenvilla". Der Sohn eines Berliner Wollfabrikanten ließ sie 1834 errichten. Die Villa fungierte als Kunstgalerie, später als Hotel sowie Kurhaus, und sie wurde von der Stadt Eberswalde u.a. als Standesamt genutzt. Seit 2002 wurde die Villa saniert und ist heute mit ihrem repräsentativen Festsaal wieder ein Dreh- und Angelpunkt im kulturellen Leben Eberswaldes. Und wiederum beherbergt sie das Standesamt.

Allein zwischen 1743 und
1755 wanderten 120 Sche-
ren- und Messerschmiede,
Schlosser und Feilenhauer
aus Thüringen und dem
Rheinland mit ihren Fami-
lien in das Gebiet um das
heutige Eberswalde ein.

Im Alten Hüttenamt wohnte
in seiner Kindheit Felix
Rosenblüth (*1887–†1978),
der erste Justizminister Isra-
els.

Das Alte Hüttenamt

Die Messingwerksiedlung

Um das Jahr 1700, als sich der brandenburgische Kurfürst darauf vorbereitete, sich die Preußenkrone aufzu-
setzen, nahm im damaligen Heegermühle, dem heutigen Eberswalder Ortsteil Finow, das erste Messingwerk
Brandenburgs seinen Betrieb auf. Mit dem Werk entstand eine Siedlung mit Fachwerkbauten für die Arbeiter.
Die noch vorhandenen gelten als die ältesten erhaltenen
Arbeiterwohnhäuser im Land Brandenburg.

Das Werk selbst stand zunächst unter keinem günstigen Stern: Mehrmals wechselte es den Pächter, zeitweise stand es unter Verwaltung des Königlichen Bergwerk-
und Hüttenamtes. Erst als Gustav Hirsch 1863 das Werk
für 100.000 Thaler übernahm und es seine Nachfahren
erfolgreich weiterführten, begann die große Zeit für das
Werk. Aus den USA wurden neue Technologien übernommen, es entstanden neue Produktionsstätten, die
Messingwerksiedlung wurde ausgebaut, Eisenbahnan-
schlüsse wurden gelegt und – während des Ersten Weltkrieges – ein werkseigener Wasserturm hochgezogen.

Der Weg zur Messingwerksiedlung führt über den
Finowkanal, an dem hier ein kleiner Hafen angelegt
wurde. Den Hafenausgang markiert die „Teufelsbrücke", deren Metallkonstruktion keiner Belastung mehr
standhalten würde. Ursprünglich spannten sich die
kühnen Träger in Berlin über die Spree. Dort, wo heute
die Weidendammer Brücke steht. 1913 wurden sie hier-

her versetzt. Weiter führt der Weg am Rand der Messingwerksiedlung vorbei. Hinter einer Durchfahrt werden Fachwerkhäuser sichtbar, die bereits 1729 als Arbeiterwohnhäuser errichtet wurden. Ihnen schließt sich die Werkhaussiedlung an, an deren Ende das Alte Hüttenamt und die Villa Hirsch stehen. Anfangs der 1930er Jahre experimentierten Hirschs Kupfer- und Messingwerke mit Fertighäusern, deren Außenhaut aus Kupferplatten besteht. Die acht Musterhäuser gehören zum denkmalgeschützten Ensemble der Messingwerksiedlung und sind bewohnt.

Der **Wasserturm** der Messingwerksiedlung ist das weithin sichtbare Wahrzeichen der Anlage. Er beeindruckt bereits von Weitem durch seine mutige Konstruktion. Entworfen wurde er von dem Berliner Architekten Paul Mebes (1872 - 1938), der sich vor allem durch Siedlungsbauten einen Namen machte. Die architekturgeschichtliche Bedeutung des Turms liegt in seinem frühen Backsteinexpressionismus, der in den 1920er Jahren Bauwerke wie das Chilehaus in Hamburg hervorbrachte. Auf einer Grundfläche von nur 11 mal 11 Metern stehen vier schlanke Pfeiler, die einen hinter Mauern verborgenen Wasserbehälter von 200 m³ Fassungsvermögen tragen. In dem

Die „Teufelsbrücke" im Messingwerkhafen

Literaturtipp:
J. Kessler, L. Dämming
„Jüdisches im Grünen"
Ausflugsziele im Berliner Umland
Verlag Hentrich & Hentrich

Kupferhaus und Wasserturm in der Messingwerksiedlung

Erinnerungsstele dort, wo der Eberswalder Goldschatz gefunden wurde.

Behälter befindet sich heute eine sehenswerte Ausstellung zum Messingwerk. 262 Stufen führen in die Höhe (siehe Eberswalder Höhenpass S. 144/145). 2012 wurde diese Herausforderung beim 1. Treppenlauf zum ersten Mal sportlich angegangen. Auf der Krone des Wasserbehälters befindet sich in 44 m Höhe eine Aussichtsplattform, die den Blick in alle Himmelsrichtungen freigibt.

Die Geschichte des Messingwerkes wäre unvollständig, würde man nicht über das Schicksal der Familie Hirsch berichten. Der Firmenpatron seit 1863, Gustav Hirsch, war ein gläubiger Jude. Im Messingwerk scharte er zahlreiche Glaubensbrüder um sich und richtete eine kleine Synagoge ein. Nach dessen Tod übernahm Aaron Hirsch das Unternehmen und führte es durch die schwierigen Zeiten des Ersten Weltkrieges. Auch er war in der orthodoxen jüdischen Gemeinde Addass Jisroel aktiv. In den 1920er Jahren war das Messingwerk das leistungsfähigste seiner Art in ganz Europa. Dennoch geriet es in die Turbulenzen der Weltwirtschaftskrise von 1929. Hirsch verlor das Unternehmen, das in die AEG eingegliedert wurde. Nachdem 1938 durch die Nazis alle jüdischen Konten gesperrt waren, verarmte Aaron Hirsch. Er starb 1942, seine Frau beging vor der Deportation Selbstmord. 1945 wurden die Anlagen demontiert und als Reparationsleistungen in die Sowjetunion gebracht. Auf dem Gelände entstand Anfang der 1950er Jahre der VEB Walzwerk Finow.

3 Fragen an Eberswalder Edelmetalle

Woher kam das Eisenerz?

In den Hüttenwerken entlang des Finowkanals wurde viel Eisenerz verarbeitet. Eisenerzgruben hat es in Brandenburg jedoch nie gegeben. Wohl aber viele feuchte Wiesen und Sümpfe, wo man mit Hacke und Spaten ausreichend Raseneisenstein finden konnte. Es handelt sich dabei um Eisen, das in oxidierter Form in Wasser gelöst war und sich im Boden absetzte. Auch hierbei haben die schmelzenden Gletscher der Eiszeiten ihren Beitrag geleistet. So verwundert es nicht, dass sich zum Beispiel im Biesenthaler Becken abbauwürdige Vorkommen des Raseneisensteins sammelten. Die Eisenkonzentration belief sich auf 20 bis 40 Prozent. In Schachtöfen aus Lehm und Steinen, die vor allem mit Holzkohle beheizt wurden, entstand aus Eisenerz das begehrte Eisen.

Was hat es mit den Eberswalder Kupferhäusern auf sich?

Anfang des 20. Jahrhunderts wurde in vielen Architekturbüros mit Verfahren des industriellen Bauens experimentiert. Die Herausforderung bestand darin, Häuser mit vorgefertigten Bauteilen schnell und effizient aufzurichten. Ein solches weithin berühmtes Exemplar ist das Einsteinhaus in Caputh, das aus Holz-Fertigteilen besteht. In Eberswalde experimentierte man bei den Hirsch-Kupfer- und Messingwerken mit rasch zu montierenden Kupferplatten. Die Häuser sollten innerhalb von 24 Stunden aufzustellen sein. Die sanitären Anlagen, die Heizung und die Küche wurden eingebaut mitgeliefert. Mehr als 50 dieser Häuser sollen vorgefertigt worden sein. Die meisten gelangten zu jüdischen Siedlern in Palästina. Die noch im Umkreis von Berlin vorhandenen stehen unter Denkmalschutz. Mit dem Machtantritt der Nazis wurde der Rohstoff Kupfer anderweitig verplant.

Wie wertvoll ist der Eberswalder Goldschatz?

Zu den attraktivsten Ausstellungsexponaten des Stadtmuseums zählt der Eberswalder Goldschatz. Bei Ausschachtungsarbeiten auf dem Gelände der Messingwerksiedlung wurde im Mai 1913 ein Tongefäß mit 81 goldenen Gegenständen mit einem Gesamtgewicht von rund 2,6 Kilogramm entdeckt. Darunter mehrere Schalen, Spiralringe, Barren, ein Halsring. Ihr Alter wird auf rund 3000 Jahre geschätzt, das war die späte Bronzezeit. Es ist der bedeutendste Goldfund in Deutschland aus vorgeschichtlicher Zeit. In Eberswalde blieb er jedoch nicht lange. Er wurde eine der Attraktionen der Königlichen Museen Berlin. Bei Kriegsende 1945 verschwand er in Richtung Moskau, wo er heute noch als Beutekunst zurückgehalten wird. Das Museum Eberswalde zeigt eine Nachbildung.

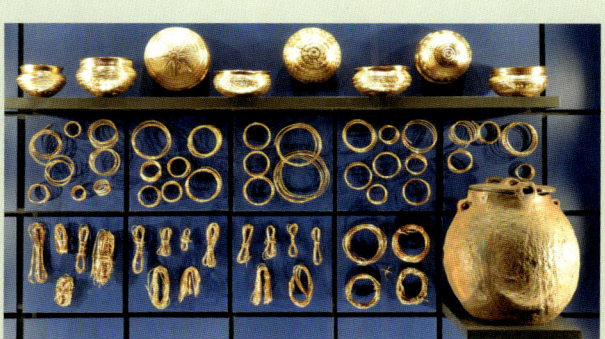

Nachbildung des Eberswalder Goldschatzes

FINOWKANAL WESTWÄRTS

Finowfurt

Finowfurt ist nur zwei Kilometer von der Stadtgrenze zu Eberswalde entfernt, trägt die Finow im Namen und ist dennoch Amtssitz der Gemeinde Schorfheide, deren Grenzen bis an den Werbellinsee reichen. Der Finowkanal führt mitten durch den Ort hindurch, sogar eine Schleuse gibt es hier. Finowfurt hält für Wasserwanderer einen Rastplatz bereit, gleich neben der historischen Mühle, deren Inneres für die Amtsverwaltung hergerichtet wurde.

Am ersten Juliwochenende strömen Besucher alljährlich zum **Flößerfest** nach Finowfurt. Drei Tage lang herrscht hier Volksfeststimmung auf der Gute-Laune-Meile durch den Ort. Händler, Gaukler, Musikanten und Feuerwerker, sie alle tun ihr Bestes, um für Stimmung zu sorgen. Zum Flößerfest gehört natürlich eine Floßfahrt. Sie führt zwischen Schleuse und dem Blockhaus der Flößervereinigung durch ein besonders idyllische Stück des Finowkanals. Da wird nicht nur gestakt, sondern auch über das Leben der Flößer auf dem Kanal berichtet. Auch am Tag des offenen Denkmals im September demonstrieren die Mitglieder des Finowfurter Flößervereins e.V. die Arbeitsabläufe beim Floßbau und erläutern die verwendeten Werkzeuge.

Flößer im Einsatz

Ein Flugplatz erzählt Geschichte

Südlich von Eberswalde und Finowfurt erstreckt sich über zwei Kilometer das Gelände eines Flugplatzes. Er wurde 1941 fertig und diente von Anfang an militärischen Zwecken. Hier waren Kampfbomber und Nachtjäger stationiert. In Finowfurt wurden die von der Wehrmacht erbeuteten amerikanischen Bomber vom Typ B-17 stationiert und starteten zu Spezialeinsätzen. Es wird vermutet, dass jene deutschen Bomber, die in der Nacht vom 25. auf den 26. April 1945 die Innenstadt von Eberswalde in Schutt und Asche legten, von diesem Flugplatz aus gestartet waren. Fast 500 Häuser wurden in dieser Nacht völlig oder schwer zerstört, obwohl Eberswalde von der Sowjetarmee schon fast kampflos eingenommen war.

Eine Woche später starteten und landeten auf dem Flugplatz Finowfurt sowjetische Militärflugzeuge. Er blieb fast 50 Jahre lang in sowjetischer Hand. In den folgenden Jahren wurde eine zusätzliche Landebahn gebaut, später wurden beide verlängert. Transport-, Schlacht- und Jagdfliegereinheiten wurden hier stationiert. Der Flugplatz erlebte von der MiG-15 bis zur MiG-29 fast alle Generationen sowjetischer Jagdflugzeuge.

1993 endete die militärische Zeit des Flugplatzes Eberswalde. Seit 1995 starten kleinere Flugzeuge vom „Verkehrslandeplatz Finow". Die technische Ausrüstung erlaubt sogar einen Nachtflugbetrieb. Ein Teil des Flug-

Das Luftfahrtmuseum Finowfurt ist Apr - Okt tägl. 10 - 17 Uhr geöffnet. Nov - März ist Winterpause. www.luftfahrtmuseum-finowfurt.de

Eine sowjetische TU 134 für Filmaufnahmen in den Farben der Fluggesellschaften Polens (vorn) und der DDR (hinten)

Im Cockpit der TU 134

platzgeländes dient der Erzeugung von Solarenergie. Die Anlage war 2012 Europas größtes Photovoltaik-Kraftwerk. Es kann bis zu 23.500 Haushalte mit Strom versorgen.

Am westlichen Ende des Flugplatzes, bereits in der Nähe von Finowfurt, lädt das **Luftfahrtmuseum** zu „Geschichte erleben – Technik zum Anfassen" ein. Von den zahlreichen luftfahrthistorischen Sammlungen in Deutschland ist sie die umfangreichste. Erinnert wird nicht allein an die Zeit, als die sowjetischen Luftstreitkräfte das Terrain beherrschten, sondern auch an die Geschichte der DDR-Luftfahrt, an die zivile Fluggesellschaft „Interflug", an die Agrarfliegerei und die NVA-Flugstreitkräfte.

Auf dem Freigelände und in acht Shelters stehen 25 Flugzeuge sowie 2 Wracks aus der Zeit vor 1945, dazu Motoren, Turbinen und anderes Gerät. Ferner Hubschrauber, Raketenträger und so manches kuriose Automobil, das hier für einen Filmauftritt zusammengeschraubt wurde. Viele der ausgestellten Flugzeuge sind mit einer abenteuerlichen Geschichte verbunden. Im Museum werden diese Geschichten erzählt. Zum Beispiel über das Wrack einer abgestürzten deutschen Focke Wulf 190 aus den letzten Tagen des 2. Weltkrieges oder über die 1966 in Westberlin

Opfer des Kalten Krieges

Auf dem Gelände des Museums steht ein Gedenkstein, der an die sowjetischen Piloten Hauptmann Boris Wladimirowitsch Kapustin und Oberleutnant Juri Nikolajewitsch Janowdie erinnert. Sie waren am 6. April 1966 mit einer Jak-28 von Finowfurt aus zu einem Übungsflug gestartet. Ein Triebwerkschaden führte über Berlin-Spandau zum Absturz. Um eine Katastrophe in bewohntem Gebiet zu verhindern, steuerten die Piloten das Kampfflugzeug in den Stößensee und verloren dabei ihr Leben. Bergung, Untersuchung und schließlich Rückführung der Maschine waren eine besonders brisante Episode im Kalten Krieg.

Kein Rennen ohne Startergirls

abgestürzte Jak-28 oder die IL-14P, die frühere Regierungsmaschine Walter Ulbrichts. Viel Interesse und auch Zeit sollte man für das eigentliche Museum mitbringen. Es bietet eine Fülle an Informationen über den Standort und über viele Aspekte der Luftfahrt.

Und wer wissen will, wie sich die Piloten einst gefühlt haben mögen, der klettere ins Cockpit einer MiG-21 oder eines Hubschraubers Mi-8. Kinder-Quads bieten kleinen Abenteurern eine Möglichkeit, Spaß und Geschwindigkeit zu vereinen.

Das Außengelände des Flugplatzes ist alljährlich Schauplatz verschiedener **Events**. Auf einer Ostfahrzeug-Parade lassen sich Trabants und Wartburgs erleben. Wer ein fehlendes Ersatzteil sucht, wird dort mit Sicherheit fündig. „The race is still going on" heißt es auf dem Rock- und Rennspektakel Ende Juni. Mit quietschenden Reifen, frisierten Wagen und erstklassigen Rock'n Roll-Liveacts zieht das „Roadrunner's Race 61" schon seit Jahren das Rockabilly-Publikum an.

Und nicht weniger Speed gibt's auf dem Museumsfest kurz vor Saisonende für große und kleine Technikfans und Hobbyhistoriker.

Schnelle Jets, schnelle Bikes

www.inselleuchten.de

Das Motorradmuseum
Marienwerder zeigt 50
Oldtimer aus den Jahren
1927 bis 1970.
Mo–So 11–17 Uhr

Marienwerder

Hinter Finowfurt unterquert der Finowkanal die Autobahn A11 und taucht in die Wälder der Schorfheide
ein. Hier vergisst man gern, dass dies ein künstlicher
Wasserweg ist. Seerosen säumen das üppig bewach-
sene Ufer, die vielen Windungen des Kanals lassen
eher einen natürlichen Flussverlauf vermuten.

Der nächste größere Ort ist Marienwerder mit der
Grafenbrücker Schleuse und der Leesenbrücker
Schleuse. Der zweite Ausbau des Finowkanals veran-
lasste den Preußenkönig Friedrich II., hier ein Spin-
nerdorf zu gründen. Das Ortswappen zeigt folgerich-
tig einen Kahn und eine Garnspindel. Marienwerder
erstreckt sich zwischen Finowkanal und Oder-Havel-
Kanal, auch der **Werbellinkanal** kommt hier vorbei.
Daher sehen sich die Einwohner von Marienwerder
als Inselbewohner. Seit zehn Jahren findet hier jeweils
am ersten Juli-Wochenende das „**Inselleuchten Festival**" statt. Gastgeber ist traditionell der singende
Schauspieler Axel Prahl, der Künstler verschiedener
Genres zu einem ungewöhnlichen Cross-over zusam-
menführt.

Ruhlsdorf

Die Ruhlsdorfer Schleuse weist auf einen Ort hin, der
zwar nicht direkt am Finowkanal liegt, aber trotzdem
viel mit Wasser zu tun hat. Hierhin zieht es all jene
Wassersportler, denen es nicht so sehr aufs Wasser-
wandern ankommt. Da südlich von Ruhlsdorf seit
Jahrzehnten Kies abgebaut wird, entstand ein Bagger-
see nach dem anderen. Und weil das Ausbaggern weitergeht, nennt man die Gegend „**Land der wachsenden**

Wasser". Der Kiessee bietet einen großen Sandstrand und eine Wasserskianlage. Hier befinden sich ein Zeltplatz und das **Feriendorf „Dorado"** mit 250 Betten. Gleich daneben lädt der Bernsteinsee zum Baden ein. Die Wasserskianlage umspannt mit ihrer 920 m langen Seilbahn eine ganze Seehälfte.

In der Nähe von Ruhlsdorf mündet die erst vor wenigen Jahren gebaute Verlängerung des Werbellinkanals über den Oder-Havel-Kanal hinaus in den Finowkanal. Dadurch können Wasserwanderer vom Werbellinsee aus in den Finowkanal gelangen, ohne sich mit den großen Binnenfrachtern eine Wasserstraße teilen zu müssen. Nur zwei Kilometer weiter gibt es eine weitere Wasserkreuzung. Kurz vor Zerpenschleuse tauschen Finowkanal und Oder-Havel-Kanal die Position.

Zerpenschleuse

Von nun an verläuft der Finowkanal nördlich des Nachfolgekanals. Hier wechselt der Finowkanal auch seinen Namen: Er heißt jetzt „Langer Trödel" und führt fast schnurgerade nach Liebenwalde. Die beiden Schleusen in Zerpenschleuse wurden bereits 50 Jahre vor dem Ende des kommerziellen Transportes außer Betrieb gesetzt und zugeschüttet. Niemand konnte damals ahnen, dass der Wassertourismus den Finowkanal neu entdecken wird. Der Wasserweg zwischen Zerpenschleuse und Liebenwalde ist nur für Kanus geeignet. Dreimal muss auf dieser Strecke das Boot umgetragen werden.

In Zerpenschleuse treffen der Naturpark Barnim und das Biosphärenreservat Schorfheide-Chorin aufei-

Der Finowkanal und die Fachwerkkirche in Zerpenschleuse

nander. Die Gründung dieses Ortes geht sogar auf den ersten Ausbau des Finowkanals zurück, auf das Jahr 1605. So richtig voran ging es allerdings erst während der Zeit Friedrichs II., als Kolonisten am Kanal angesiedelt wurden. Die Schiffer von Zerpenschleuse besorgten großenteils den Verkehr auf dem Kanal. So reihten sich die Schifferhäuser wie in einem Straßendorf aneinander – die Straße war allerdings der Kanal. Noch heute entsteht der Eindruck, man bewege sich entlang einer holländischen Gracht.

Die in Ziegelfachwerkbau errichtete **Kirche von Zerpenschleuse** ist eine gelungene Kombination zweier für die Mark Brandenburg typischer Bauweisen: dem Fachwerk und dem Ziegelbau. Sie wurde 1849 eingeweiht. Das Altarbild ist die Kopie eines Gemäldes aus der Malschule von Peter Paul Rubens: „Die Anbetung der drei Heiligen Könige". Das Original hing jahrelang in der Kirche, ohne dass seine Bedeutung erkannt worden war.

Unweit der Kirche befindet sich der **„Hof der kleinen Tiere"**. Hier werden vor allem kleinwüchsige oder vom Aussterben bedrohte Tiere gehalten: die ebenso kleinen wie robusten Dexter-Rinder, Ouessantenschafe, die kleinste Schafrasse der Welt, Thüringer Waldziegen sowie Zwergenten und -hühner. Der Hof ist ein zertifizierter Öko-Betrieb. Seine Produkte kann man im angeschlossenen Hofladen kaufen.

Liebenwalde

Der Finowkanal endet in Liebenwalde. Dieser Ort gehört nach der heutigen Aufteilung der Landkreise zwar nicht mehr zum Barnim, ist ihm aber durch den Finowkanal aufs Engste verbunden. Über den Vosskanal ist Liebenwalde außerdem mit der Havel verknüpft und somit auch mit den Berliner Gewässern. Liebenwalde hat dem interessierten Besucher einiges zu bieten: eine **Kirche**, die nach Plänen von Karl Friedrich Schinkel errichtet wurde, ein Rathaus, das von einer selbstbewussten Bürgerschaft kündet, und ein Heimatmuseum, das im früheren Stadtgefängnis untergebracht ist.

Hier in Liebenwalde trifft der Oder-Havel-Radweg auf den Radfernweg Berlin - Kopenhagen. Auf der Strecke zwischen Liebenwalde und Mildenberg verläuft er parallel zur Deutschen Tonstraße. Das ist eine 215 Kilometer lange Rundtour durch das an den Barnim grenzende Ruppiner Seenland, die allerdings durchgehend auf Landstraßen verläuft und sich daher vor allem an Autofahrer wendet.

Auf dem „Hof der kleinen Tiere"

Petra Hamanns Hofladen
Fr 15–18, Sa 9–17 Uhr.
www.hof-der-kleinen-tiere.de

Heimatmuseum Liebenwalde:
Mai (ab Museumsfest) –Sept
täglich 10–16 Uhr
Okt–Mai (bis Museumsfest)
Mo und Sa geschlossen

Die Schinkelkirche Liebenwalde

ZEHDENICK

Die Dammhastbrücke in Zehdenick

Seit 2013 trägt Zehdenick offiziell den Namenszusatz „Havelstadt". Die Havel zeigt sich auf vielerlei Weise. Es gibt es eine Schleuse, eine Marina und romantische Wege am Wasser entlang. Die Havel ist allerdings in Zehdenick noch ein beschauliches Flüsschen. Hier genügt eine einfache kleine Zugbrücke, um die Havel zu überqueren. Die **Dammhastbrücke** passt sich aber so pittoresk ins Stadtbild ein, dass sie zu einem markanten Wahrzeichen wurde. Von der Brücke aus führt die Berliner Straße zum Rathaus. Dort befindet sich die Tourist-Information. Neben der restaurierten historischen Elisabeth-Mühle in Zehdenick liegt das **Motorschiff „Carola"**, erbaut 1916 und zu einem Schiffermuseum umgebaut.

Die Stadt hat viel den Ordensschwestern der Zisterzienserinnen zu verdanken, die 1250 hier ein **Kloster** gründeten, nachdem Zehdenick durch ein „Hostienwunder" zum Wallfahrtsort geworden war. Die Klosteranlage wurde 1801 von einem Stadtbrand betroffen und weitgehend zerstört. Die noch vorhandenen Gebäude bieten noch einiges: Im Kreuzgang gibt es die Dauerausstellung „Die Zisterzienser". Die einstige Klosterscheune ist heute eine Stätte der Kultur. Hier finden Veranstaltungen, Ausstellungen, Lesungen, Kino und Konzerte statt.

Zehdenick besaß auch ein Eisenhüttenwerk, als das noch etwas Besonderes war. Nachdem hier größere Mengen Raseneisenstein gefunden wurden, ließ der Große Kurfürst 1666 einen Hochofen errichten, in dem das Eisen für brandenburgische Kanonenkugeln geschmolzen wurde.

Durch die Region führen die 215 Kilometer lange Tonstraße, der Radfernweg Berlin-Kopenhagen, der Havelradweg und der Wanderweg E 10. Speziell für die Wassersportfreunde bieten einige Vermieter „Bett & Kanu" an. In der Saison werden Schiffsfahrten auf der Havel mit der „Zehdenixe" zum Ziegeleipark Mildenberg, Burgwall und Tagesfahrten angeboten. Buchung über die Tourist-Info.

www.klosterscheune-zehdenick.de

Ziegeleipark Mildenberg

Den größten Schatz von Zehdenick fanden durch Zufall Bauarbeiter, die für die Bahnstrecke Löwenberg - Templin in der Erde buddelten. Das war 1887, und gefunden wurde erstklassiger Ton, ideal zum Brennen von Ziegelsteinen. In den „Gründerjahren" war der Bedarf an Baumaterial in Berlin geradezu explodiert. Die Ziegeleien am Unterlauf der Havel, bei Glindow und Rathenow zum Beispiel, hatten längst ihre Kapazitätsgrenze erreicht. Und nun Zehdenick: Um 1900 arbeiteten hier über 30 Ziegeleibetriebe, es dampfte aus über 60 Ringöfen. Bis zu 6.000 Arbeiter („Ziegler"), viele von ihnen schlecht bezahlte Wanderarbeiter, knechteten hier. Jemand hat errechnet, dass im Jahr 1910 625 Millionen Ziegel hergestellt wurden. Nirgendwo in Europa gab es noch einmal ein derartiges Revier. Der Abbau des Tons verwandelte die Niederungen nördlich von Zehdenick in eine Mondlandschaft: ein „Krater" am anderen. Und mitten hindurch die Havel, auf der die fertigen Steine abtransportiert wurden. Bis 1991 lief die Ziegeleiproduktion, allerdings stark reduziert, zumal der Ziegelstein auf DDR-Baustellen weitgehend von Betonplatten abgelöst wurde.

Schnell füllten sich die ausgeleerten Tongruben mit Wasser, und die Natur holte sich ihr Terrain zurück. Das Gebiet hieß jetzt Tonstichlandschaft und wurde zum Naturschutzgebiet erklärt. Zwei benachbarte Ziegeleien wurden unter Denkmalschutz gestellt und auf deren weitläufigem Gelände der Ziegeleipark Mildenberg eingerichtet.

So, wie ein richtiger Park aus Baumgruppen, Grünflächen und verschlungenen Wegen besteht, so setzt sich der Ziegeleipark Mildenberg aus mehreren musealen Einrichtungen in ehemaligen Produktionsstätten, einem riesigen Freigelände mit Abenteuerspielwiese und Picknickwiese und vielen Kilometern Lorenbahn mit unterschiedlichen Spurweiten zusammen. Hier kann sich jeder mal als Ziegler versuchen und selbst Tonziegel herstellen.

Ein Höhepunkt des Besuches im Ziegeleipark ist die Fahrt mit der Ziegeleibahn. Angeboten werden eine 45-Minuten-Tour über das Parkgelände (4 mal täglich), eine 90-Minuten-Fahrt durch die Tonstichlandschaft (1 mal täglich) sowie Dampflok-Fahrten zu besonderen Anlässen. Das sind die Handwerkertage jeweils am 1. Wochenende im Monat, das Märkische Dampfspektakel Anfang Mai, die „Faszination Technik" Mitte August sowie der Tag der Deutschen Einheit.

Feldbahnschau

Ziegelei Stackebrandt/ Dampfmaschine

Kugelmü

Maschinenziegelei („Werktätige im VEB")

Ringofen II („Werktätige im VEB")

BUS

Shuttle-Bus 854 ▸ Gransee, Bahnhof
Ruf-Bus 838 ▸ Zehdenick, Bahnho

Die musealen Ausstellungen:

· „Bausteine für Berlin", eine Zeitreise in die Zehdenicker Ziegelindustrie
· „Werktätige im VEB"
  die Arbeitswelt der DDR, präsentiert im Brennkanal eines Ringofens
· „Auf Ziegelei", Lebens- und Arbeitsbedingungen vor rund 100 Jahren
· „Friedrich-Hoffmann-Ausstellung", über den Erfinder des Ringofens.

Das Museumsschiff „Carola" ist von Mitte April bis Oktober geöffnet, Anmeldung unter: 03307-2877. In Aktion ist es auf Präsentationsfahrten zum Ziegeleipark, zum Dampfspektakel und zum Zehdenicker Hafenfest zu erleben.

Der Ziegeleipark Mildenberg ist vom 1. April bis zum 2. November täglich 10 - 18 Uhr geöffnet.

Rutschturm

Kleintierzoo

Herzbergstich mit Badestrand, Picknickwiese, Grillplatz und Seilfähre

Aussichtsturm/
Tonhalde

Naturpark-Tour

Ziegeleibahnrundfahrt

Trockenschuppen/
Go-Kart-Station

Ringofen IV

Müritz

Havel

Alter Hafen mit Marina,
Gasthaus & Pension und
Zeltplatz

Ringofen III
(„Bausteine für Berlin",
„Friedrich Hoffmann")

Besucherzentrum

Yachthafen Mildenberg

WIE IM GEBIRGE
Der Oberbarnim

NICHT VERPASSEN

1 Ein Besuch bei den Straußen von Hohenfinow. - S. 174 f

2 Eine Herbstwanderung durch den Cöthener Park. - S. 176

3 Ein Blick von der Terrasse der Carls-burg ins Oderbruch. - S. 177

4 Der Erwerb des Bad Freienwalder Turmdiploms. - S. 178 f

5 Ein Besuch des Altstadtfestes in Bad Freienwalde. - S. 183 f

6 Ein Orgelkonzert in der Konzerthalle Bad Freienwalde, ehemals Kirche St. Georg. - S. 186 f

7 Ein Besuch bei den früheren Schloss-herren von Schloss Bad Freienwalde. - S. 188 ff

8 Beim Sommerspringen von den Ski-sprung-Schanzen am Papengrund zuse-hen. - S. 199

9 Eine Zeitreise ins Freilichtmuseum Altranft an einem der Aktionstage. - S. 202 f

10 Eine heiße Suppe in der Waldschän-ke nach einer Winterwanderung zum Baasee. - S. 204 f

ANFAHRT

Mit dem Fahrrad
Die Tour Brandenburg führt auf dem Weg von Hohenwutzen nach Wriezen durch Bad Freienwalde und Altranft; die Umgebung von Bad Freienwalde wird vom regionalen Theodor-Fontane-Rad-weg erschlossen.

Mit Bahn & Bus
Der Regional-Express RE 3 verkehrt stündlich vom Berliner Hauptbahnhof nach Eberswalde. Von dort aus geht es mit der Regionalbahn RB 60 stündlich (an Wochenenden alle 2 Stunden) nach Falkenberg, Bad Freienwalde (Fahrzeit ca. 30 min; Fahrzeit ab Berlin Hbf. ins-gesamt 1.19 h) und Altranft.
Von Frankfurt (Oder) aus fährt die RB 60 alle zwei Stunden in Richtung Eberswal-de (Fahrzeit nach Bad Freienwalde ca. 75 min).

Mit dem Auto
Die B 158 verbindet den Berliner Ring (Abfahrt Blumberg) mit Bad Freienwal-de. An Bad Freienwalde führt ferner die B 167 aus Eberswalde durch das Oder-bruch in Richtung Frankfurt (Oder) mit Anschluss zur Autobahn A 12.

Ein Buch über den Barnim wäre unvollständig, würde man den Oberbarnim nicht erwähnen. Auch wenn er nicht zum Landkreis Barnim gehört, sondern zu Märkisch-Oderland. Der Oberbarnim ist jene Landschaft am nordöstlichen Ende der Barnimer Platte, die noch einmal kräftig ansteigt, um dann steil zum Oderbruch hin abzufallen. Dabei ergeben sich Berge und Täler, die einem Mittelgebirge ähneln. Mit 158 Metern ist der Semmelberg die höchste Erhebung des Oberbarnim. Wanderwege, Aussichtspunkte, Waldgaststätten, Naturdenkmäler – all das gehört dazu.

Hauptort des Oberbarnim ist Bad Freienwalde, die älteste Kurstadt der Mark Brandenburg. Von ihr wird dieses Kapitel hauptsächlich handeln. Seit 1925 ziert Freienwalde seinen Namen mit dem Zusatz „Bad". Da war es bereits seit 240 Jahren eine Kurstadt. Es war der Große Kurfürst Friedrich Wilhelm, der am Ende seines bewegten Lebens im Freienwalder Quellwasser Linderung vor allem für ein Leiden suchte: die Gicht, eine Erbkrankheit der Hohenzollern.

In Bad Freienwalde ist von der Oder weit und breit nichts zu sehen. Dennoch sieht sich die Stadt als Oderanrainer, nicht zu Unrecht. Es war Preußenkönig Friedrich II., „der Große", der zwischen 1747 und 1762 den Oderverlauf begradigen und um rund 25 km verkürzen ließ. Dafür musste ein über 18 km langer Kanal gezogen und mit Deichen befestigt werden. Zwischen dem ursprünglichen und dem neuen Verlauf entstand eine fruchtbare Ebene, das Oderbruch. Hier wurden Kolonisten aus allen Enden Europas angesiedelt. Bis 1747 verlief die Oder direkt vor Freienwalde. Danach war sie rund 9 km entfernt.

Den Oberbarnim werden wir hauptsächlich zu Fuß erkunden, denn viele der Wege hier sind nur für trainierte Radfahrer geeignet, es sei denn, man radelt an der Alten Oder entlang im flachen Gelände des Oderbruchs mit Blick auf die „Bergwelt" des Oberbarnim. Wir nähern uns Bad Freienwalde auf einer Berg-und-Tal-Tour, die ungeübten Wanderern einen kräftigen Muskelkater bescheren kann. Erst geht es steil bergan von Niederfinow nach Hohenfinow und von dort durch die Senke des Cöthener Parks wieder hinauf auf die Carlsburg. Hier haben wir beides gleichzeitig im Blick: die bewaldeten Berge des Oberbarnim und die flache Weite des Oderbruchs. Wahrlich ein Naturschauspiel. Unterwegs haben wir die Landkreisgrenze zwischen Barnim und Märkisch-Oderland überschritten.

Am Kurpark von Bad Freienwalde

AM RAND DES BARNIM

Als Einstieg in den Oberbarnim nutzen wir den Bahnhof Niederfinow, direkt am Finowkanal. Diesmal folgen wir allerdings nicht den Ausschilderungen zum Schiffshebewerk, sondern biegen in den Mühlenweg ein, der zur Alten Wassermühle **Hohenfinow** führt. Hier wurde bis Mitte der 1950er Jahre Getreide verarbeitet und gelagert. Heute ist es ein Gästehaus mit 14 Betten. Viele kommen, um die Sehenswürdigkeiten der Umgebung zu erleben, andere, um an Handwerkskursen, Workshops und Mühlenerkundungen teilzunehmen. Reste der ursprünglichen Mühlentechnik, darunter die Francisturbine, sind noch vorhanden.

Hinter der Mühle geht es steil bergauf. Der Weg führt an der „Kaisereiche" vorbei. Hier soll der spätere Kaiser Wilhelm II. im Alter von 18 Jahren seinen ersten Rehbock erlegt haben.

Der „rauschende Bach" fließt hier nicht mehr, aber oben angekommen, sieht man die Mühlteiche, die einst für die Wasserregulierung der Mühle sorgten.

Das Schiffshebewerk Niederfinow von den Höhen des Barnim bei Hohenfinow aus gesehen

Die Alte Wassermühle von Hohenfinow

Eine Besichtigung der Kirche ist nach Absprache mit dem Gemeindekirchenrat unter Tel. 033458 296 möglich.

Das „Schäferhaus" kann nach Absprache mit dem Bürgermeister unter Tel. 033458 409 besichtigt werden.

Hohenfinow

Nach einem kräftigen Anstieg sind wir oben auf der Barnimer Platte angekommen. Wir befinden uns in Hohenfinow. Um Geschichte kommen wir hier nicht herum, zumal der Ort der Arbeitsgemeinschaft „Historische Dorfkerne im Land Brandenburg" angehört. Zunächst eine Enttäuschung: Das hiesige Gutshaus des früheren Rittergutes – auch hier „Schloss" genannt – steht nicht mehr. In den Nachkriegsjahren beherbergte es trotz Beschädigungen durch die Kämpfe an der Oder noch Flüchtlingsfamilien aus Pommern, dann wurde es nicht mehr gebraucht, verfiel und wurde Anfang der 1960er Jahre abgerissen.

Was aber blieb, ist die Allee prächtiger, zum Teil 250 Jahre alter Linden, die direkt auf die Kirche zuführt. Sie ist der Kern des **Dorfangers**, der sich weit ausladend zwischen dem „Schloss" und der Kirche hinzieht. Man braucht nur wenig Fantasie, um sich vorzustellen, wie der Gutsherr und seine Familie in offener Kutsche am Sonntagvormittag durch diese Allee zum Gottesdienst fuhren. Eine Rampe erlaubte die Anfahrt zu einer Seitentür, von wo aus es direkt in die Patronatsloge ging. Ein Zusammentreffen mit dem Dorfvolk konnte so vermieden werden.

Die **Kirche** von Hohenfinow stammt aus der Zeit um 1250. Damals baute man im romanischen Stil aus Feldstein. Nach umfangreicher Restaurierung zeigt sie sich auch im Inneren in bester Verfassung: farbenfrohe Decken- und Wandmalereien, kunstvolle Fenster und prachtvolle Emporen. In diese Kirche kommt man nicht allein zum Gottesdienst, sondern auch zu Konzerten. Jährlich wird um die Kirche herum das Lindenblütenfest veranstaltet.

Unmittelbar neben der Kirche steht das historische „Schäferhaus", ein originalgetreu rekonstruiertes Doppelstubenhaus mit einer schwarzen Küche, auch als „Querhaus" bekannt. Es wird derzeit als Gemeindezentrum genutzt.

Am südlichen Ortsausgang von Hohenfinow befindet sich der im Jahr 1866 angelegte Friedhof mit der denkmalgeschützten **Grabanlage** der Familie von Bethmann Hollweg.

Wir verlassen Hohenfinow in Richtung **Liebenstein**. Das ist ein erhöhter Punkt, von dem aus sich ein wunderbares Panorama hinüber zum Oberbarnim, ins Oderbruch und in das Eberswalder Urstromtal bietet. In der Ferne sind Bad Freienwalde und das Schiffshebewerk von Niederfinow zu sehen. Hinter den bewaldeten Hügeln verstecken sich Cöthen mit seinem Park und Falkenberg mit der Carlsburg.

Hier, wo im 17. und 18. Jahrhundert Wein angebaut wurde, erstreckt sich jetzt eine Apfelplantage. An den Hängen grasen Pferde, Rinder und – man traut seinen Augen kaum – Strauße.

Das Familiengrab der Bethmann Hollwegs in Hohenfinow

WER WAREN EIGENTLICH DIE BETHMANN HOLLWEGS?

Von 1855 bis zum Ende des Ersten Weltkriegs hieß die Familie, der das Rittergut Hohenfinow gehörte, von Bethmann Hollweg. Sie entwickelte daraus einen landwirtschaftlichen Großbetrieb, der die landwirtschaftliche Produktion durch eine Brennerei, eine Dampfschneidemühle und eine Ziegelei ergänzte.

Während des Kaiserreiches verkörperten die Familienoberhäupter eine Politikerdynastie. Felix von Bethmann Hollweg (1824 - 1900) war Mitglied des Reichstages und des Preußischen Herrenhauses, außerdem erfolgreicher Landrat des Kreises Oberbarnim. Sein Sohn, Theobald von Bethmann Hollweg (1856 - 1921) brachte es sogar zum Reichskanzler. Es heißt, er habe häufig seine Regierungsgeschäfte von Hohenfinow aus geführt. Die Regierungszeit von Bethmann Hollwegs zwischen 1909 und 1917 war geprägt von Bemühungen, einen politischen Ausgleich zwischen Konservativen und Sozialdemokraten zu erreichen. Ein Konflikt mit den Generälen Hindenburg und Ludendorff während des Ersten Weltkrieges führte zu seiner Entlassung. Er lebte bis zu seinem Tod in Hohenfinow. Als 1919 die Privilegien des Adels abgeschafft wurden, endete auch in Hohenfinow die Adelsherrschaft.

DIE STRAUSSENFARM AUF DEM BERG

Nicht den Kopf in den Sand stecken

Außerhalb von Südafrika und Namibia ist Deutschland das Land, in dem die meisten Strauße leben. Und Brandenburg gehört zu den Bundesländern mit einer besonderen Dichte an Straußenfarmen. Die „Straußenfarm am Liebenstein" in Hohenfinow ist dabei vielleicht die landschaftlich schönste. Der Liebenstein ist eine Anhöhe am Rand der Barnim-Platte, ein paar hundert Meter von der Ortsmitte entfernt. Hier, auf der Höhe des Liebensteins, hat Steffen Krampnitz im Jahr 2003 seine Straußenfarm gegründet.

Warum Strauße?

Wir Deutschen werden, was unsere Nahrungsmittel betrifft, immer wählerischer. Wenn es um Fleisch geht, soll es kräftig schmecken und trotzdem wenig Fett enthalten, es soll proteinreich und cholesterinarm sein. Da bietet sich Straußenfleisch wunderbar an. Es ist das Richtige für gesundheitsbewusste Genießer.

Wie vertragen diese exotischen Tiere unser Klima?

Zunächst: So exotisch wie man allgemein denkt, ist der Strauß nicht. Er stammt aus den Steppen Asiens und hat noch vor einhundert Jahren im östlichen Mittelmeerraum gelebt. Erst die Menschen haben ihn hier praktisch ausgerottet. Das Gefieder des Straußes erlaubt ihm, starke Temperaturschwankungen auszuhalten. Unsere Strauße leben weitgehend im freien Gehege. Wir haben einen Offenstall, den sie nach Belieben aufsuchen können.

Und wie ist der Arbeitsaufwand bei diesen lebhaften Tieren?

Ja, die Strauße haben einen ausgeprägten Bewegungsdrang. Genau daraus erwächst ja die Qualität des Fleisches. Wir behalten die Tiere stets gut im Auge, aber der Arbeitsaufwand ist erträglich. Sie bekommen ausschließlich natürliches Futter. Wachstumsfördernde Zusätze sind bei uns tabu.

Sind auf Ihrer Farm Strauße verschiedener Rassen versammelt?

Nein, wir züchten hier die verbreitete und bei Züchtern beliebte Rasse „Blauhals". Als wir 2003 unseren Betrieb als erste Straußenfarm im Landkreis Barnim gründeten, haben wir bei erfahrenen Straußenfarmen die Zuchttiere zusammengesucht. Nun können wir sagen, dass unsere Tiere die besten Merkmale dieser Rasse in sich vereinen: Sie sind groß und geben gutes Fleisch.

Verstehe ich Sie richtig, dass Sie die nicht nur halten, um sie eines Tages zu schlachten?
Genau, wir verkaufen Küken, Jungtiere und Zuchttiere an andere Straußenfarmen.

In welchem Rhythmus wird geschlachtet?
Wir schlachten ein Tier pro Woche und verarbeiten das Fleisch unmittelbar. Dienstags wird geschlachtet und mittwochs gibt es in unserem Hofladen das gesamte Sortiment: Filet, Gulasch, Steak, Innereien. Rezepte liefern wir auf Wunsch dazu.

Und wie sieht es mit Wurst aus?
Die „Liebensteiner Straußensalami" ist unsere Spezialität. Es gibt aber auch Grillwürste, Leber- und Blutwurst, Sülze und so weiter.

Kann man auch Straußeneier kaufen?
Selbstverständlich. Aber Sie sollten sich dafür etwas Besonderes ausdenken, denn so ein Ei bringt eineinhalb bis zwei Kilogramm auf die Waage und kann vier bis sechs Personen satt machen. Wie wäre es mit einer Straußenei-Party?

Bieten Sie Straußenfedern an?
Und ob, es scheint, sie kommen immer mehr in Mode. Es soll außerdem kein besseres Mittel gegen Staub geben.

175

Cöthen

Nicht einmal 2 km sind es von Hohenfinow nach Cöthen.
Hier war es die Familie von Jena, die den Ort prägte. Ein
romantischer Anblick tut sich auf: Dunkle, schwere Feld-
steinhäuser entlang der Dorfstraße und am Ende, auf einer
kleinen Anhöhe, die weiße Kirche – sie scheint zu schwe-
ben. Sie ist ein architektonisches Kleinod, gestiftet 1830
von Carl Friedrich von Jena (1770 - 1839). Damals war in
Berlin Karl Friedrich Schinkel Leiter der preußischen
Oberbaudeputation, die alle öffentlichen Bauvorhaben in
ökonomischer und ästhetischer Hinsicht überprüfte. So
auch diese Kirche. Es heißt, der Meister habe auch selbst
gestalterisch eingegriffen. Wie auch immer – die klassizistische Saalkirche entspricht genau der schinkelschen Bau-
weise und wird daher „**Schinkelkirche**" genannt.

Auch in Cöthen ist das Gutshaus nicht mehr vorhanden, wohl aber der Park, den Carl Friedrich von Jena
zwischen Cöthen und Falkenberg anlegen ließ. Ausge-
rechnet eine Schlucht suchte er sich als Parkgelände
aus, denn hier konnte er spielerisch mit der Natur
umgehen. Ein Bach wurde angelegt, der ein Wasserrad
treibt und romantische Brücken erfordert, und die
inzwischen zu Riesen herangewachsenen Laubbäume
ergeben gerade im Herbst ein rasantes Farbspiel. Auf
halbem Weg nach Falkenberg steht die Waldgaststätte
„**Mon Coix**" neben einem wahrlich großen Ginkgo-
Baum, der als Naturdenkmal gekennzeichnet ist.

Die Schinkelkirche von Cöthen
unten: Im Cöthener Land-
schaftspark

Die Carlsburg

Ein reizvoller Wanderweg führt durch den Park hinüber zur Carlsburg. Theodor Fontane hat sie besucht und im Band „Das Oderland" seiner „Wanderungen durch die Mark Brandenburg" darüber geschrieben, heute ist sie ein beliebtes Ausflugsziel für Wanderer, Autofahrer (obwohl sich am Fuße der Carlsburg ein stattlicher Parkplatz befindet, versuchen doch manche auf dem schmalen Grat des „Berges" bis vor die Tür zu fahren) und Biker. Letztere kommen gern scharenweise.

Die Carlsburg ist eine bekannte und beliebte Ausflugsgaststätten mit guter regionaler Küche und freundlicher Bedienung. Einen absoluten Spitzenplatz belegt sie mit ihrer unübertrefflichen Aussicht auf die „Bergwelt" des Oberbarnim und das Flachland des Oderbruchs. Im Sommer genießt man sie auf der Terrasse, im Winter hinter Glas in der Veranda. Manchem fällt es schwer, die Carlsburg wieder zu verlassen, ohne eins der vielen kunstgewerblichen Stücke aus aller Welt zu erwerben, die dort angeboten werden. Irgendwo findet sich in der Wohnung immer noch ein freier Platz für dekorativen Schmuck – oder man verschenkt ihn (Foto).

Eine Spezialität des Hauses sind die „Krimi-Dinner" und andere Kulturabende. Auch so kann Erlebnisgastronomie aussehen.

Die Carlsburg ist täglich ab 11.30 Uhr geöffnet. www.carlsburg.de

unten: Blick von der Carlsburg ins Oderbruch

Am Fuß des Bismarckturms

GESICHTER VON
BAD FREIENWALDE

Für die Bahnreisenden, die aus Richtung Eberswalde kommen, präsentiert sich die Stadt vor den grünen Höhenzügen wie ein riesiges Amphitheater. Wer in die Hänge des Oberbarnim hineinblickt, kann schnell vergessen, dass er in der Mark Brandenburg ist. Und wer von den Höhen hinabschaut auf die flachen Wiesen und Felder des Oderbruchs, mag sich wie ein Vogel fühlen, der über das weite Land schwebt.

Bad Freienwalde: die Ackerbürgerstadt, das Kurbad, die Bergstadt, das Tor zum Oderbruch. Einerseits die geschäftige und andererseits die naturnahe, erholsame Stadt. All das ist Bad Freienwalde. Und jedes Gesicht hat seinen eigenen Reiz. Eine wundervolle Laune der Natur. Theodor Fontane brachte es auf den Punkt: „Freienwalde – hübsches Wort für hübschen Ort." Dabei ist Bad Freienwalde nicht einmal sonderlich groß. Gut 12.000 Einwohner leben hier, 95 teilen sich einen Quadratkilometer (in Berlin sind es 3.785).

Der Turmwanderweg in Bad Freienwalde

Der schönste Weg nach Bad Freienwalde ist aber auch der mühevollste: der Turmwanderweg. Er führt über 12 km von Falkenberg über mehrere Erhebungen und vier Aussichtstürme bis in die Innenstadt. 490 Höhenmeter werden dabei überwunden und 425 Turmstufen erklommen. Die Stationen unterwegs heißen „Watzmann", „Teufelssee", „Thüringer Blick" und „Kurfürstenquelle".

Die Türme sind
· der **Bismarckturm** auf dem Schlossberg
28 m hoch, 112 Stufen

· der **Eulenturm** im Garten des Hauses der Naturpflege
13 m hoch, 54 Stufen

· der **Schanzenturm** am Papengrund
38 m hoch, 161 Stufen

· der **Aussichtsturm** auf dem Galgenberg
26 m hoch, 98 Stufen.

Wer die 12 km geschafft hat, wird nicht bestreiten, dass Bad Freienwalde eine Bergstadt ist. Die Blicke hinüber zur Oder und über die Dächer der Altstadt machen allerdings auch neugierig auf die anderen Gesichter Bad Freienwaldes. Wer in der Zeit von März bis Ende Oktober alle vier Türme besteigt, sich dies auf der Stempelkarte bestätigen lässt und es in der Tourist-Information abgibt, erhält das Turm-Diplom.

Bad Freienwalde (Oder)
Turmwanderweg

s. Stadtplan

Falkenberg (Park)

Alte Oder

Freienwalder Landgraben

Eberswalder Str.

Bismarckturm
Schlossberg

167

Teufelssee

Kanalstr.
Thüringer Blick
Königstr.
Zentrum

Schiffmühler Str.

Wriezener Str.

Eulenturm
Haus der Naturpflege

Aussichtsturm
Galgenberg

Schanzenturm
Papengrund

Kurfürstenquelle
Kapelle

Berliner Str.

158

Köhlerei

0   600 m

179

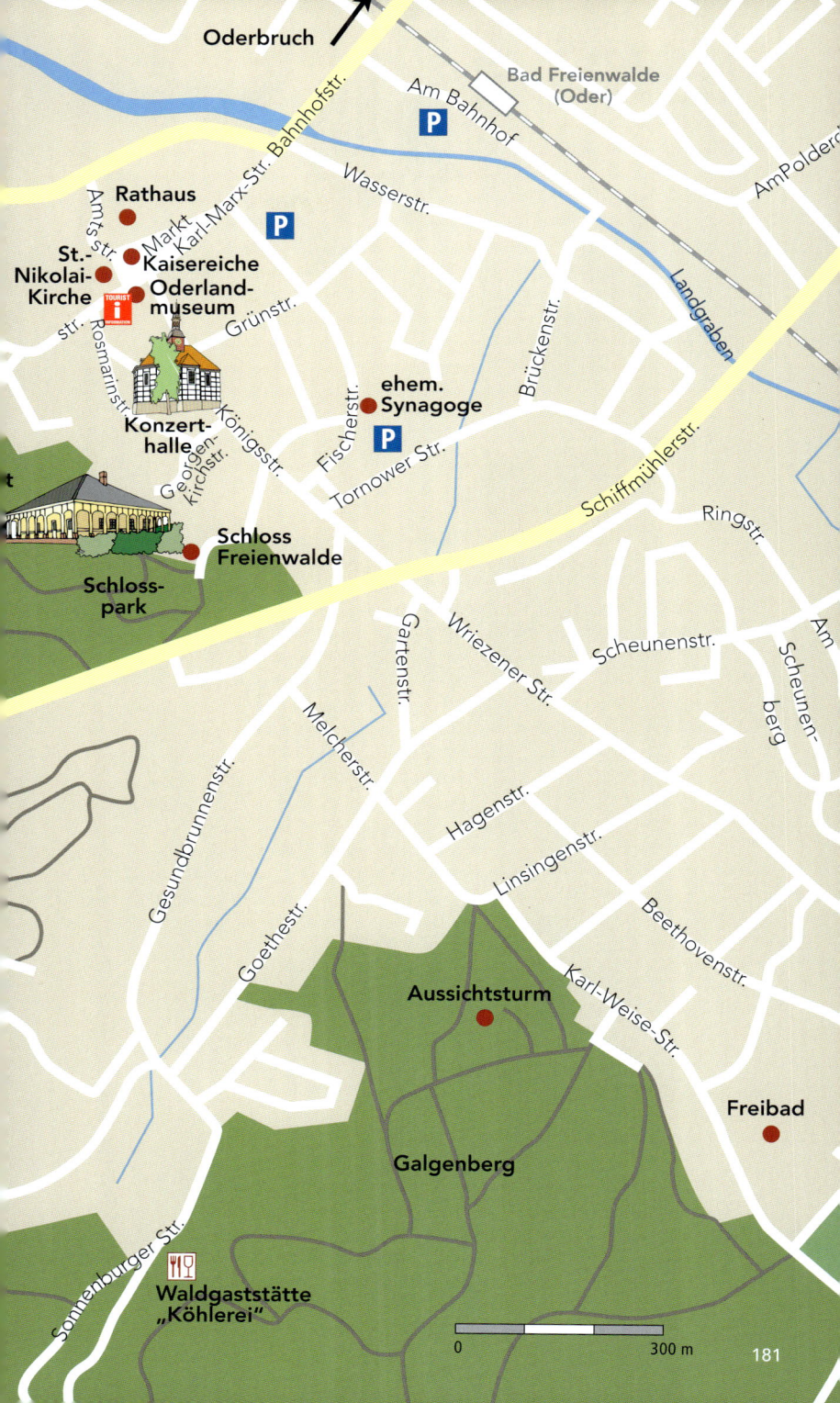

Oderbruch

Bad Freienwalde
(Oder)

Am Bahnhof

Am Polderd...

Am Poldero...

Wasserstr.

Rathaus

Markt

Karl-Marx-Str. Bahnhofstr.

St.-
Nikolai-
Kirche

Kaisereiche

Oderland-
museum

Grünstr.

Amts str.

Rosmarinstr.

...str.

TOURIST
i
INFORMATION

Konzert-
halle

Königsstr.

Georgen-
kirchstr.

Schloss
Freienwalde

Schloss-
park

ehem.
Synagoge

Fischerstr.

Tornower Str.

Brückenstr.

Landgraben

Schiffmühlerstr.

Ringstr.

Gartenstr.

Wriezener Str.

Scheunenstr.

Am
Scheunen-
berg

Melcherstr.

Gesundbrunnenstr.

Hagenstr.

Linsingenstr.

Beethovenstr.

Goethestr.

Aussichtsturm

Karl-Weise-Str.

Freibad

Galgenberg

Sonnenburger Str.

Waldgaststätte
„Köhlerei"

0   300 m

Die historische Altstadt

Beginnen wir unseren Rundgang auf dem dreieckigen Marktplatz von Bad Freienwalde. Nicht weit entfernt von einer Furt über die Oder entstand hier vor über 800 Jahren eine Kaufmannssiedlung. Auf ihrem höchsten Punkt entstand damals die **Stadtkirche St. Nikolai**. Sie wurde mehrfach – meist nach Stadtbränden – umgebaut. Es ist aber noch erkennbar: Der rote Backstein – er stammte aus einer Freienwalder Ziegelei – wurde auf frühere Feldsteinfundamente gesetzt. Nach einem Turmbrand im Jahr 1867 bekam die Kirche ihre heutige neugotische Gestalt. Der schlanke Turm ist eine Landmarke, die von vielen Aussichtspunkten aus Orientierung bietet. Ihr Ziergiebel ist zum Berg hin ausgerichtet.

Im Inneren überrascht die Kirche mit einer unregelmäßigen und wenig eleganten Gewölbedecke. Der Taufstein ist der älteste Gegenstand der Kirche und gilt als der älteste im Land Brandenburg. Seit dem 13. Jahrhundert erhielten hier die Freienwalder die Taufe. Auf zwei Gemälde sei hier hingewiesen. Zum einen das Altarbild „Heiliges Abendmahl", das Jesus mit einem Kind im Arm darstellt. Zum anderen das Bild des kleinen Caspar von Uchtenhagen. Theodor Fontane erzählt in seinen „Wanderungen" die Geschichte dieses unglücklichen Kindes sehr ausführlich. Einer Legende nach aß er einen vergifteten Apfel und ist Jahre später daran gestorben. Mit seinem Vater, der ihn überlebte, starb die Adelsfamilie der Uchtenhagens aus, die Freienwalde und Umgebung zwischen

Die Stadtkirche St. Nikolai

 Tourist-Information
Uchtenhagenstr. 3
16259 Bad Freienwalde
Mo–Fr 9–18 Uhr
Sa/So/feiertags 10–15 Uhr

Vor dem Bad Freienwalder Rathaus der „Tröpfelbrunnen" mit der „Badenden" von Horst Engelhardt

Oderlandmuseum
Mi–Sa und feiertags
11–17 Uhr
www.oderlandmuseum.de

🍴 „Stadtmitte"
Königstr. 23a
Bad Freienwalde
täglich ab 11.30 Uhr
14.30–17.30 Uhr geschl.

🍴 Ristorante „La Fontana"
Weinbergstr. 19
Bad Freienwalde
täglich ab 11.30 Uhr

1367 und 1618 beherrschte. In der Kirche befindet sich heute noch die Gruft der von Uchtenhagens. Das rote Rad aus dem Uchtenhagenschen Familienwappen findet sich heute im Bad Freienwalder Stadtwappen wieder.

Unterhalb der Kirche steht das Bad Freienwalder **Rathaus**. Es stammt aus dem Jahr 1855 und zeigt sich im klassizistischen Stil. Die klaren Formen bringen in den Sommermonaten den üppigen Blumenschmuck des Hauses richtig zur Geltung. Im Giebeldreieck ist das Stadtwappen angebracht. Rund 100 m vom Rathaus entfernt, die Karl-Marx-Straße abwärts in Richtung Bahnhof, steht vor dem Haus Nr. 18 ein kleiner Findling. Er zeigt an, bis wohin 1947 das Oderhochwasser gekommen ist – wohlgemerkt: aus 9 km Entfernung.

Flankiert von zwei Baumriesen – kaisertreu gepflanzt: die **„Kaisereiche"** 1887 zum 90. Geburtstag Kaiser Wilhelms I. und die „Jubiläumslinde" zum 25. Thronjubiläum Kaiser Wilhelm II. – steht der Tröpfelbrunnen. Er entstand 1988 und zeigt sinnenfreudige Szenen aus dem Freienwalder Badeleben. Er trägt die Inschrift „Die Seele erfrischen, das Herz erlaben, im Bade kannst du beides haben". Hier wird der Betrachter auf die verschiedenen Formen der Badekur aufmerksam gemacht. Passend zum zentralen Marktplatz auch der Wegweiser mit den Ausflugszielen in allen Himmelsrichtungen.

Gegenüber dem Rathaus steht das spätbarocke Freihaus des Herren Loeben auf Garzau (sein Besitzer

war von Steuern und Abgaben befreit) aus dem Jahr 1774. Heute befindet sich hier das **Oderlandmuseum**. In der unteren Etage wird die Geschichte des Oderbruchs erzählt. Es treten auf: slawische Fischer, denen die Oder trotz oder wegen ihrer wiederkehrenden Überschwemmungen ein Auskommen bot, Friedrich der Große, der die Oder begradigen ließ, Kolonisten aus Süddeutschland, Österreich, der Schweiz und fernen preußischen Gebieten, die das Oderbruch besiedelten. Im oberen Stockwerk geht es um die Entwicklung Freienwaldes zur Kur- und Badestadt. In dem Haus kann immer nur ein kleinerer Teil der umfangreichen stadthistorischen Sammlung gezeigt werden.

Eine Tür weiter in der Uchtenhagenstraße geht es zur **Tourist-Information** von Bad Freienwalde. Auf den ersten Blick eine Informationszentrale wie viele andere: Flyer und Broschüren zum Mitnehmen, hinter dem Tresen freundliche Kompetenz. Ein paar Schritte weiter erweist sie sich als besonders gastliche Stätte: Hier steht ein Wickeltisch, man kommt kostenlos ins Internet und eine kleine Galerie mit wechselnden Ausstellungen ist sie außerdem. Im Obergeschoss des denkmalgeschützten Hauses findet der müde Wanderer sogar zwei Ferienwohnungen.

Unseren Stadtrundgang setzen wir in der Königstraße fort. Gleich am Eckhaus zeigt eine Gedenktafel an: Hier lebte von 1848 bis 1867 der Volksdichter Karl Weise. Seinen Lebensunterhalt verdiente er allerdings als Drechslermeister. Theodor Fontane schildert eine Begegnung mit Weise in seinen „Wanderungen.." in

Oderlandmuseum und Tourist-Information in der Uchtenhagenstraße

Die Freienwalder kannten nicht nur glückliche Zeiten. 6-mal wütete zwischen 1502 und 1631 die Pest, 4-mal wurde die Stadt im Dreißigjährigen Krieg von den Kaiserlichen verwüstet, 1675 wüteten die Schweden, 3-mal vernichtete eine Feuersbrunst fast die gesamte Stadt und 6-mal überflutete zwischen 1515 und 1771 die Oder die Stadt.

Konzerthalle St. Georg und futuristische Brunnenskulptur in der Königstraße

In seinen „Wanderungen durch die Mark Brandenburg widmet Theodor Fontane im Band „Oderland" Bad Freienwalde zwei Kapitel. Er beginnt so: „Freienwalde – hübsches Wort für hübschen Ort… Viele Wege führen hin; dies hat es mit berühmteren Plätzen gemein… Wie oft bin ich dieses Wegs gekommen. Um Pfingsten, wenn die Bäume weiß waren von Blüten, und um Weihnachten, wenn sie weiß waren von Schnee…"

einem Kapitel, das er „Hans Sachs in Freienwalde" titelte. Über Weises Lyrik urteilt er: „Alles, was uns ein Menschenherz lieb und wert machen kann, das klingt hier zusammen: Genügsamkeit, kindlich-einfacher Sinn, Liebe, Pietät und Gottvertrauen." Die **Königstraße** ist die Hauptgeschäftsstraße von Bad Freienwalde. Größere Einkaufstempel sollte man hier jedoch nicht erwarten. Beruhigend für den kleinen Hunger ist die auffallende Dichte an Bäckergeschäften. Elf Häuser entlang der Straße stehen auf der Liste der Bad Freienwalder Baudenkmale. Einige wurden im späten 18. Jahrhundert erbaut, als die Königin-Witwe nebenan im Schloss wohnte. Alljährlich Anfang September steigt hier das **Altstadtfest**.

Die Straße führt geradewegs auf die **Konzerthalle St. Georg** zu, einem der Wahrzeichen von Bad Freienwalde. Der Fachwerkbau stammt aus dem Jahr 1698. Da war Freienwalde bereits königlich anerkannter Kurort. Wie viele protestantische Kirchen in Preußen wurde auch sie während der napoleonischen Besatzung als Scheune genutzt. Trotz zahlreicher Reparaturen verfiel sie immer mehr. In den 1930er Jahren sollte sie wegen Baufälligkeit abgerissen werden, 1955 war sie wieder so weit instand gesetzt, dass sie als Gotteshaus wieder geweiht wurde. Aber schon 20 Jahre später sollte sie einem Parkplatz weichen. Wieder engagierten sich Freienwalder Bürger und schufen in Feierabend-Arbeit ein Konzertgebäude, das sich sehen und hören lassen kann. Seit 1985 besitzt Bad Freienwalde diese attrak-

In der Rosmarienstraße

tive Konzerthalle, an deren einstige Bestimmung im Inneren eine – allerdings moderne – Sauer-Orgel erinnert.

Wir folgen der Georgenkirchstraße bergaufwärts und wenden uns dort nach rechts in die Rosmarienstraße. Hier erleben wir das bergige, verwinkelte, traditionelle Bad Freienwalde. Es bieten sich Einblicke in die Höfe der historischen Bauten. Wir gelangen in die **Weinbergstraße** und folgen ihr wiederum bergauf. Sofort wird klar, dass wir nicht mehr in der Altstadt sind. Hier reihen sich Gründerzeitvillen in üppigen Gärten am Hang entlang. Einige gehörten wohlhabenden Berlinern, die hier die Sommerfrische verlebten. Der Straßenname zeigt an, dass sich die Freienwalder im Weinanbau versuchten. Ein extrem strenger Winter im Jahr 1740 verbannte diesen Anbau auf lange Zeit aus Brandenburg.

Rechts geht von der Weinbergstraße ein kaum erkennbarer Pfad ab, der zwischen Zäunen steil nach oben auf den **Ruinenberg** führt. Diese Anhöhe vervollständigt unsere Sammlung von Bad Freienwalder Aussichtspunkten. Das Ziel dieser Kletterpartie ist die künstliche Ruine, die 1821 vom romantisch gesinnten Oberbarnimer Landrat von Reichenbach auf dem Terrain einer mittelalterlichen Wehranlage errichtet wurde. Auch wenn dieses Bauwerk deutlich hinter den Freienwalder Türmen zurückbleibt, ist der Ausblick von hier nicht minder spektakulär. Er reicht bei klarer Sicht vom Schiffshebewerk Niederfinow bis zu den Höhenzügen auf der polnischen Seite der Oder.

Fontane empfiehlt, den Ruinenberg zu besteigen. „Bequeme Terrassen bilden den Weg, sa dass man die Höhe plaudernd erreicht…" Von oben biete sich ein Blick „zunächst auf die malerische in der Tiefe gelegene Stadt, dann über die Türme und Dächer hinweg in die duftige Frische der Bruchlandschaft".

Schloss Freienwalde
Apr–Okt
Mi–So, feiertags 11–17 Uhr
Nov–März
Mi–So, feiertags 11–16 Uhr
www.schloss-freienwalde.de

Zu einer Tradition entwickelt sich die Bad Freienwalder Schlosspark-Nacht, die jährlich Mitte August stattfindet. Das festlich illuminierte Schloss, Musik und Kleinkunst auf mehreren Bühnen ziehen viele Besucher an.

Das Freienwalder Schloss

Wir bleiben auf der Höhe und umwandern den Ruinenberg. Es ist erstaunlich, wie tief hier das Tal in den Berg schneidet und einen Talkessel bildet. Mit der August-Bebel-Straße erreichen wir wieder menschliche Ansiedlungen, und über die Straße am Schlosspark gelangen wir zum nächsten Ziel: dem Freienwalder Schloss und dem weitläufigen Park. Den geschwungenen, bergauf und bergab führenden Wegen kann man sich getrost anvertrauen: Sie führen irgendwann zum Schloss. Zwei Aussichtspunkte sind ausgeschildert. Den Vergleich zu den bisherigen Rundblicken halten sie allerdings nicht stand, komplettieren aber die Aussichten auf Bad Freienwalde. Der Hügel, auf dem sich der Schlosspark erstreckt, hieß ursprünglich Apotheker- und Weinberg. Peter Joseph Lenné gab um 1822 eine Gestaltung für den Park vor, die allerdings kaum noch erkennbar ist.

Auf dem Weg zum Schloss kommen wir zunächst am **Teehäuschen** vorbei. Dass es noch steht, ist ein kleines Wunder. Es wurde als hölzerner Pavillon 1790 für die Königin Friederike Luise errichtet, Gemahlin von Friedrich Wilhelm II. Der Pavillon enthielt zunächst einen Speisesaal und vier Kabinette. Später wurde ein Saal angebaut, in dem Theatervorführungen und Konzerte stattfanden, wo Feste gefeiert wurden. In den 1950er Jahren wurde das Haus instandgesetzt, um als Veranstaltungsort zu dienen. Nach erneuter, fast drei Jahre dauernder denkmalgerechter Restaurierung wurde das „Teehäuschen" 2010 noch einmal als Ort für verschiedenste feierliche Anlässe eröffnet.

Die Geschichte von Freienwalde als **königliche Residenz** begann mit dem 16. November 1797, als Preußenkönig Friedrich Wilhelm II. nach nur zehnjähriger Regierungszeit im Alter von 53 Jahren starb. Seine Witwe Friederike Luise war zu diesem Zeitpunkt 46 Jahre alt. In einem Alter also, in dem ein Witwensitz nicht gleichbedeutend einer Seniorenresidenz war.

David Gilly sollte ihr ein kleines, aber feines Refugium bauen, das weit genug vom Berliner Hof und seinen Intrigen entfernt war. Gilly hatte mit den Schlossanlagen von Steinhöfel und Paretz (für Sohn Friedrich Wilhelm III. und Königin Luise) bewiesen, dass er ländlichen Stil mit höfischem Anspruch verbinden konnte. Man nannte das später „preußische Landbaukunst". Neben dem Schloss entstand ein Wirtschaftsgebäude, in dem auch die Küche untergebracht war. Es wurde als ein kleines Schmuckstück des Parks restauriert und beherbergt heute die Büros der Schlossverwaltung.

Von außen war das Freienwalder Schloss spätklassizistisch schlicht, die Inneneinrichtung hingegen war der französischen Mode unter König Louis XVI. folgend prachtvoller.

Alles, was den heutigen Besuchern als „typisch Schloss" erscheint, stammt aus späteren Zeiten: die Pilaster, die das Haus vertikal gliedern, der von dorischen Säulen getragene Balkon, das mit Skulpturen geschmückte Parterre, sogar die Freitreppe vom Schloss

Das restaurierte Teehaus im Schlosspark

hinab in den Park – alles das hat es unter der Bauherrin noch nicht gegeben.

Mit der Königin-Witwe lebte hier ein kleiner Hofstaat, der den Freienwalder Lieferanten und Handwerkern eine kurze, aber wohltuende Konjunktur bescherte. Besonders in den Sommermonaten kam Leben in das Schloss, wenn der älteste Sohn mit Familie (dazu gehörten die Königin Luise, der spätere König Friedrich Wilhelm IV., der spätere Kaiser Wilhelm I. und die spätere Zarin Charlotte) zu Besuch kam. Als die Königin 1805 starb, standen Preußen unruhige Zeiten bevor. Die französische Besatzung, die Bemühungen um den Erhalt des Staates, die Reformen, der Tod der Ehefrau, der Sieg über Napoleon und die Neuaufteilung Europas – wer sollte sich für das Schlösschen in Freienwalde interessieren? Es diente gelegentlich als Gästehaus.

Noch einmal sollte das Freienwalder Schloss vom Hauch der Geschichte gestreift werden. 1834 starb hier die 31-jährige Elisa Radziwill, als sie eine Tuberkulose-Erkrankung auskurieren wollte. Der spätere deutsche Kaiser Wilhelm I. hatte sich 1815 als 18-Jähriger in die 12-Jährige verliebt. Zehn Jahre später wollten beide heiraten. Der Hohenzollern-Familie war sie jedoch nicht ebenbürtig, gehorsam verzichtete er auf die Vermählung.

Das Schloss Freienwalde verfiel im Laufe des 19. Jahrhunderts zusehends. 1909 stand es zum Verkauf. Der neue Besitzer war **Walther Rathenau**, Sohn des Gründers der AEG („Deutsche Edison-Gesellschaft"), neben Siemens größter deutscher Elektro-Konzern. Schon in jungen Jahren hatte er es auch selbst zum Großindustriellen gebracht.

Erstmals kaufte ein Bürgerlicher ein Residenz-Schloss der Hohenzollern. Er rettete den Bau vor dem Verfall ließ ihn mit modernen Annehmlichkeiten ausstatten und so herrichten, dass er noch royaler erschien, als zur Zeit der Königin. Walther Rathenau war nicht nur Unternehmenslenker, sondern auch ein an Literatur und Malerei interessierter Mensch. Er umgab sich mit einem

In seinen „Wanderungen…" fragt sich Fontane, womit sich die Königin-Witwe wohl beschäftigt haben mag und gibt die Antwort: „Die königliche Frau, ausharrend in ihrer Liebe für die Stadt,… fuhr mit regem Eifer fort, sich die Verschönerung Freienwaldes angelegen sein zu lassen und besonders die Landschaft durch Zugänglichmachung der schönsten Punkte zu erschließen."

prominenten Künstler-Freundeskreis und dichtete oder malte gelegentlich selbst. In Freienwalde arbeitete Rathenau an wirtschaftspolitischen und philosophischen Schriften. Er empfing Gäste wie Gerhart Hauptmann, Stefan Zweig, Carl Sternheim.

Rathenau gründete eine Stiftung, die auch nach seinem Tode das Schloss Freienwalde für die Nachwelt erhalten sollte. Wenige Jahre nach seiner Ermordung im Jahr 1922 überließ die Familie das Schloss dem Landkreis Oberbarnim. Der unterhielt hier ein kleines Museum zum Andenken an die Hohenzollern in Freienwalde. Die Nazis tilgten jedes Andenken an Walther Rathenau. In den Kriegswirren wurden wertvolle Ausstattungsgegenstände, darunter die bemalten Tapeten, geplündert. In den folgenden Jahrzehnten war das Schloss als „Puschkinhaus" eine Begegnungsstätte der „Deutsch-Sowjetischen Freundschaft". In den vergangenen Jahren wurde das Haus denkmalgerecht entsprechend dem Zustand der Rathenau-Zeit saniert.

Beide Etagen des Schlosses dienen heute **musealen Zwecken**. Im Erdgeschoss stehen die Bau- und die Nutzungsgeschichte im Vordergrund. Mit Hilfe der verbliebenen Einrichtungsgegenstände wird versucht, den Zustand von vor über 200 Jahren wieder sichtbar zu machen. Im Obergeschoss wird die Dauerausstellung „Walther Rathenau und Schloss Freienwalde" gezeigt. Sie erzählt vom Leben eines Industriellen mit schöngeistigen und politischen Ambitionen. Ausführlich werden Hintergründe von Rathenaus Ermordung dargestellt.

Das **Gartenstück** unterhalb des Schlosses – fachmännisch „Parterre" genannt – ist erst 1870 angelegt worden, und die Sandstein-Skulpturen wurden erst in der Zeit aufgestellt, als Walther Rathenau hier wohnte. Es sind Kopien barocker Originale. Beherrscht wird das Parterre von eindrucksvollen Bäumen: zwei riesigen Blutbuchen und einigen Pyramideneichen. Durch das Portal verlassen wir das Schlossareal in Richtung Innenstadt.

Im Erdgeschoss des Schlosses werden auch wechselnde Sonderausstellungen gezeigt.

 Noch einmal Theodor Fontane: „Schloß Freienwalde ist unbewohnt jetzt. Von Zeit zu Zeit hat es freilich noch seine Gäste, aber Laune und Zufall gefallen sich darin, die sommerliche Villa vor allem zu einem winterlichen Jagdschloß zu machen. Im Dezember, bei grauem Himmel, wenn Weg und Steg unter fußhohem Schnee liegen, dann wird es lebendig hier. Aber nur für Stunden."

Die Figuren stellen die römischen Göttinnen Diana (Jagd), Pomona (Baumfrucht) und Venus (Liebe) sowie eine Allegorie auf den Kontinent Amerika dar.

WER WAR EIGENTLICH KÖNIGIN FRIEDERIKE LUISE?

Um ein Missverständnis gar nicht erst aufkommen zu lassen: Sie war nicht jene legendäre, bis heute hochverehrte Königin Luise, wohl aber deren Schwiegermutter. Doch zurück zu Friederike Luise. Sie wurde 1751 als eine Prinzessin aus dem Hause Hessen-Darmstadt in Prenzlau geboren, als ihr Vater in der dortigen Garnison Dienst tat. Mit 17 Jahren wurde sie auf Geheiß Friedrichs II. mit dem preußischen Kronprinzen Friedrich Wilhelm II. vermählt. Von Anfang an stand die Ehe unter einem schlechten Stern. Da war erstens die Tatsache, dass ihr Gemahl schon einmal verheiratet war. Diese Ehe wurde kurzerhand geschieden, als ruchbar wurde, dass die Ehefrau das Gleiche tat wie ihr Mann: Sie ging fremd. Um zu vermeiden, dass ein „Bastard" auf den preußischen Thron gelangte, wurde das Verhältnis aufgelöst und die junge Frau ins Exil geschickt. Das zweite Problem war, dass der Kronprinz bereits seit Jahren mit einer gewissen Wilhelmine Encke in einer engen Beziehung lebte, die bis zum Tod des Königs andauerte und aus der fünf Kinder hervorgingen. Selbst Friedrich II., der kein Pardon kannte, wenn es um die Moral im Familienkreis ging, erkannte sie offiziell als Mätresse an und genehmigte ihr eine stattliche Apanage. Aus Wilhelmine Encke wurde die Gräfin Lichtenau mit einem stattlichen Palais in Sichtweite der königlichen Wohnung. Von weiteren zahlreichen Liebschaften des „Dicken Luderjans" (so die respektlosen Berliner) – vornehmlich unter Schauspielerinnen des Berliner Theaters – sei hier ganz abgesehen.

Mit diesen verworrenen Verhältnissen musste sich die Königin arrangieren. Und sie tat es: Sie wahrte bei großen Empfängen den Schein als erste Frau im Staat, bemühte sich um ein ansonsten sachliches Verhältnis zu ihrem Mann und vor allem: Sie gebar ihrem Ehemann sieben Kinder, von denen sechs das Erwachsenenalter erreichten. Der Erstgeborene wurde nach dem Tod des Vaters als Friedrich Wilhelm III. preußischer König und blieb es 42 Jahre lang, ihre Tochter Wilhelmine brachte es zur Königin der Niederlande. Zum Glück blieb ihr das Schicksal ihrer Vorgängerin, der Ehefrau Friedrichs des Großen, erspart, die ins Exil geschickt wurde und am Leben ihres Ehemanns nur sehr selten teilnahm. Friederike Luise starb 1805 an einem Schlaganfall in Berlin. Ihr Sarg steht in der Hohenzollern-Gruft des Berliner Doms.

WER WAR EIGENTLICH WALTHER RATHENAU?

Zunächst sah es so aus, als wäre Walther vor allem der Sohn seines Vaters Emil Rathenau. Der gehörte zur Generation der Unternehmensgründer, die als Ingenieure mit einer (meist) eigenen Erfindung den rasanten Aufstieg zur Weltspitze schafften: Borsig, Siemens, Bosch, Benz. Rathenau sicherte sich die Verwertung der Patente des amerikanischen Erfinders Thomas Alva Edison und war dann in verschiedenen geschäftlichen Konstellationen immer ganz vorne mit dabei, als es in Deutschland an den Ausbau von Telefonie und Telegrafie ging. Er gründete die AEG. Wenn auch anfangs widerstrebend, trat der 1867 geborene Sohn in die Fußstapfen seines Vaters. So baute er die Elektrochemischen Werke in Bitterfeld (ein Schreibtisch aus dieser Zeit steht heute im Schloss Bad Freienwalde) und Rheinfelden auf, nahm innerhalb der AEG führende Funktionen ein und bekleidete nach und nach 80 Aufsichtsratsposten in der deutschen Wirtschaft. Mit Beginn des Ersten Weltkrieges übernahm er den Posten des Hauptverantwortlichen für die deutsche Rüstungwirtschaft. In dieser Funktion gehörte er zu den Mitbegründern der Leuna Werke in Bitterfeld für die Herstellung von Ammoniak – wichtig für die Produktion von Sprengstoffen.

Stets zog es Rathenau zur Schriftstellerei. Er bezog dabei zunächst nationalistische und rechtskonservativ-idealistische Positionen. Nach der deutschen Niederlage 1918 veränderte sich Rathenaus Weltbild. Er wandelte sich zum liberalen Kapitalismuskritiker. Er ging in die Politik, gründete eine Partei, wurde zum Wiederaufbauminister ernannt und im Januar 1922 zum Außenminister. In dieser Funktion setzte er sich für die Abmilderung der durch den Versailler Vertrag auferlegten Reparationsforderungen ein und schloss mit Sowjetrussland ein Abkommen, das beide Länder international stärkte. Am 24. Juni 1922 wurde er in der Nähe seiner Villa in Berlin-Grunewald ermordet. Die Täter waren ehemalige Freikorps-Anhänger, die von nationalistischen und antisemitischen Motiven getrieben wurden. Die damalige Justiz bemühte sich, den Mord als Einzeltat von Verwirrten darzustellen, und verurteilte die Attentäter zu milden Strafen. Später wurde Walther Rathenau gelegentlich als das „erste Opfer des Dritten Reiches" bezeichnet. Begraben ist Rathenau im Familiengrab auf dem Friedhof Wuhlheide.

Wie aus Freienwalde ein Kurbad wurde

Schon seit alters her wurden einer Quelle in der Nähe von Freienwalde – sie heißt heute „Kurfürstenquelle" – besondere Heilkräfte zugeschrieben. 1683 stellte dann ein ortsansässiger Apotheker fest, dass das Wasser einen hohen Gehalt an Mineralstoffen besitzt und daher heilsam wirkt. Das kam dem damals berühmten Alchimisten und Erfinder des Rubinglases, Johann Kunckel, zu Ohren, der seinem Kurfürsten den Rat gab, sich nach Freienwalde zu begeben. 1684 traf der Sieger von Fehrbellin ein, und der Kurbetrieb begann. Sein Nachfolger ließ ein hölzernes Lustschloss errichten (das nach 15 Jahren wieder abgerissen werden musste, nachdem es bei einem Gewitterguss in Anwesenheit der Königsfamilie beinahe zusammenfiel). Dessen Thronerbe, der „Soldatenkönig" schickte einige seiner Langen Kerls zur Kur nach Freienwalde und hatte ein gnädiges Auge auf den Kurbetrieb.

Die segenreichste Zeit für Freienwalde kam allerdings mit dem Nachfolger Friedrichs des Großen, der vom Volk den Namen „Dicker Willi" verliehen bekommen hatte. Er kam 1788 nach Freienwalde und zeigte sich spendabel. Die Stadt blühte auf. Seine Gemahlin Friederike Louise kam in den folgenden Sommern regelmäßig. Nach dem Tod des Königs 1797 wählte sie sich Freienwalde als Alterssitz aus und ließ sich ein kleines Schloss bauen. So wurde Freienwalde so etwas wie eine Residenzstadt.

Im 19. Jahrhundert entwickelte sich Freienwalde zum Modebad für betuchte Berliner. Preußen bot seine bedeutendsten Stadtgestalter auf: Schinkel entwarf einen neuen Festsaal, und Lenné verwandelte den Kurpark in ein Kunstwerk der Natur. Das Freienwalder Quellwasser wurde getrunken, und man badete darin. Ab etwa 1840 kamen die Gäste nicht mehr nur des Wassers wegen, sondern das in der Nähe abgebaute Heilmoor versprach dank des hohen Schwefelgehaltes wohltuendere Wirkung. Theodor Fontane mokierte sich in seinen „Wanderungen durch die Mark Brandenburg": „ Freienwalde ist ein Badeort, eine Fremdenstadt...; was ihm aber ein ganz eigentümliches Gepräge gibt, das ist, dass alle Bade- und Brunnengäste, alle Fremden, die sich hier zusammenfinden, eigentlich keine Fremden, sondern märkische Nachbarn aus nächster Nähe sind". Der heutige Leser nimmt erfreut Fontanes Einschätzung zur Kenntnis: „Freienwalde ist kein Roulette- und Equipagen-Bad, kein Bad des Rollstuhls und des galonierten Bedienten, am wenigsten ein Bad der fünfmal wechselnden Toilette."

Während des Zweiten Weltkrieges wurde die Toiletten-Frage noch unwichtiger: Das Bad diente als Lazarett. In den Nachkriegsjahren erholten sich hier Offiziere der Roten Armee. 1952 wurde Bad Freienwalde zum „Bad der Werktätigen". Vor allem Kumpel aus den Braunkohlerevieren der Lausitz bekamen hier ihre Kurpackungen, um die geplagten Knochen zu heilen. In den frühen 1990er Jahren übernahm die Stadt Bad Freienwalde den Kurbetrieb und investierte viel, um dem bundesdeut-

schen Standard bei Kureinrichtungen zu entsprechen. Nach kurzer Zeit begann in einer modernen Klinik die Behandlung von Erkrankungen des Skeletts, der Muskeln und des Bindegewebes sowie von Stoffwechselerkrankungen mit Auswirkungen auf das Stütz- und Bewegungssystem. Neben den traditionellen Moorbädern werden inzwischen die verschiedensten Therapien eingesetzt.

Die Kurfürstenquelle

Der Kurbezirk

Wieder auf der Königstraße angekommen, wenden wir uns nach rechts und stehen vor einem futuristischen Brunnen und – wie aus der Zeit gefallen – einem Kolonialwarenladen. Das ist ein nettes Beispiel für Illusionsmalerei. Ein paar Schritte weiter, wo die Fischerstraße einmündet, geht es zur Judentreppe, dem Standort der Freienwalder **Synagoge**. Vor dem Machtantritt der Nazis lebten 13 jüdische Familien in Freienwalde. Am 10. November aber steckten SA-Leute die Synagoge in Brand. Diese Stelle ist heute ein Gedenkort. Am Ende der Königstraße beginnt die Gesundbrunnenstraße. Sie führt direkt zum Kurpark, 1,5 km Strecke liegen vor uns.

Wer gut zu Fuß ist, erreicht zuvor über die Melcherstraße den **Galgenberg** mit dem Aussichtsturm (siehe Turm-Diplom S. 179). Er wurde 1879 erbaut, um den Freienwalder Gästen das Städtchen von seinen schönsten Seiten zu zeigen. Der Rundblick vom gut instand gesetzten 26 Meter hohen Turm geht über die Altstadt, den Schlosspark, den Kurpark bis weit ins Oderbruch. Der Turm ist die weitaus bessere Alternative, den Berg zu krönen, als es der einstige Galgen war.

Der Weg durch die **Gesundbrunnenstraße** führt durch eine andere Welt. Wir sind nicht mehr im betriebsamen Ackerbürgerstädtchen, sondern im ruhigen Kurviertel. Hier dominieren bezaubernde Villen mit gepflegten Vorgärten. Hier hatten die betuchten Kurgäste der Gründerjahre entweder ihr eigenes Domizil oder lebten in einer standesgemäßen Pension. 16 Gebäude in dieser

Erinnerung an die einstige Synagoge von Bad Freienwalde unten: Gute Aussichten vom Freienwalder Galgenberg

Die Papenmühle am Kurpark

🚍 Der Bus 877 der Barnimer Busgesellschaft verbindet das Bad Freienwalder Zentrum mit den Kuranlagen. Er fährt wochentags morgens und am frühen Abend stündlich, ansonsten alle 2 Stunden. Samstags durchgehend zweistündlich.

Straße stehen auf der Denkmalliste von Bad Freienwalde. Auf gut der Hälfte der Strecke erreichen wir den Fontaneplatz mit einer Büste des Dichters. Die Papenmühle und der Papenteich zeigen an: Wir haben den **Kurpark** erreicht. Er zieht sich in ein Kesseltal hinein, an dessen Ende steil aufragende, bewaldete Erhebungen stehen: eine überwältigende grüne Kulisse.

Und wieder fällt der Name Peter Joseph Lenné. Der Freienwalder Kurpark ist ein Frühwerk des Landschaftskünstlers, und er hat sich weitgehend in der ursprünglichen Struktur erhalten – dem Wasserlauf, den geschwungenen Wegen, den Baumgruppen und den überraschenden Sichtbeziehungen. Nicht zu vergessen die Bauwerke von sehr unterschiedlicher Prägung. Sie begrenzen den Park und geben ihm doch seine Weite. Mit diesem Schauspiel der Landschaft wollte Freienwalde im 19. Jahrhundert mit den mondänen Kurbädern weit im Westen Deutschlands konkurrieren. Der gewünschte Erfolg stellte sich nicht ein – zum Glück für Freienwalde, das sich so seinen natürlichen Charme erhielt. Parkanlagen hat es schon zu Zeiten des Großen Kurfürsten hier gegeben. Was ihnen fehlte, war aber die Großzügigkeit, in der künstlich angelegte Partien mit der natürlich gewachsenen Umgebung verbunden wurden. Ein großes Glück für Lenné war es, dass er die Papenmühle und ihre Wasseranlagen in seine Gestaltungen einbeziehen konnte.

Das dominierende Bauwerk im Kurpark ist das **Logier- und Badehaus** aus dem Jahr 1791. Es entstand zur gleichen Zeit wie das nahe Schloss. Baumeister

Carl Gotthard Langhans schloss im gleichen Jahr die Bauarbeiten am Brandenburger Tor in Berlin ab. Erhöht über der Parkfläche, direkt am Rand des Hanges, thront es über dem Kurbetrieb. Das nach innen gezogene Portal mit dem säulengetragenen Rundbogen lässt das „Landhaus", wie es ursprünglich genannt wurde, wie ein riesiges Schilderhaus erscheinen. Einstmals standen zu seinen Füßen 21 kleinere Kurgebäude, die jedoch nach und nach dem großen Komplex weiter hinten im Tal wichen. Unter der Bezeichnung „Kurmittelhaus" dient es heute der Behandlung ambulanter Patienten mittels Moorpackungen, Moortreten, Massagen, Krankengymnastik, Elektrotherapien u.a.m.

Ein weiteres markantes Gebäude am Park ist das **Alte Kurhaus**. Es wurde 1875 als Hotel mit einem großen Festsaal für große Bälle errichtet. Heute befindet sich hier der Speisesaal der benachbarten Klinik und eine Cafeteria für jedermann. Auf unserem Gang durch den Freienwalder Kurpark sind wir nun am Klinikgebäude angelangt. Der vollständige Name lautet: Fachklinik und Moorbad Bad Freienwalde – Klinik für Orthopädie und Rheumatologie. In der heutigen Form besteht es seit 1994. Behandelt werden Krankheiten des Skeletts, der Muskeln und des Bindegewebes. Ein Schwerpunkt ist die Behandlung von Osteoporose. Die meisten Patienten kommen mit chronischen Leiden, die sich – meist durch Schmerzen – auf die gesamte Lebensqualität beträchtlich auswirken. Daher steht neben dem Einsatz unterschied-

Das historische Logier- und Badehaus

links: Der weiße Stier aus Carrara-Marmor im Kurpark ist das Werk des Bildhauers Louis Tuaillon, stand zunächst im Gutspark von Hirschfelde. Die haben inzwischen ihren Anspruch auf Rückgabe angemeldet, konnten aber bisher nicht nachweisen, dass der Stier auf ihrem Dorfanger besser aufgehoben ist als im Kurpark von Bad Freienwalde (siehe dazu auch Seite 212).

Das moderne Kurzentrum von Bad Freienwalde

licher Heilmethoden die Aktivierung der Patienten zur Selbsthilfe im weiteren Leben im Mittelpunkt.

Das Ärzteteam wird von Fachärzten für Physikalische und Rehabilitative Medizin, Orthopädie und Innere Medizin geleitet. Erfahrene Sporttherapeuten, Physiotherapeuten, medizinische Bademeister und Masseure begleiten die Kurgäste in der krankheitsspezifischen Gymnastik, im sportlichen Training und bei balneo-physikalischen (bäderkundlichen) Anwendungen. Die Fachklinik verfügt über 220 Einzelzimmer mit Dusche, WC und Fernseher, darunter 10 rollstuhlgerechte Zimmer. Zur Klinik gehören ein Schwimmbad mit Bewegungsbecken, Sauna und die verschiedensten Therapieräume, außerdem eine Gymnastikhalle, eine Patientenbibliothek und eine Fahrradausleihe. In einer Dependance bietet die Klinik Zimmer für Kurgäste an, die zur ambulanten Kur nach Bad Freienwalde kommen.

Weil es sich so gehört, besuchen wir noch die **Kurfürstenquelle**. Es mag sein, dass das Heilwasser, das einst dem Großen Kurfürsten Linderung verschaffte, hier entsprang. Die Brunneneinfassung mit einer Porträt-Medaille des Herrschers jedenfalls stammt aus dem Jahr 1900. Trotzdem ist sie das Wahrzeichen für Bad Freienwalde als das älteste Kurbad Brandenburgs.

Die Skisprungschanzen

Sportlich gesinnte Wanderer werden dem Weg in den Papengrund zum Jahn-Stadion folgen. Sie kommen so zum Auslauf der Bad Freienwalder Sprungschanzen. Hier bekommt man einen Überblick über die verschiedenen Schanzengrößen und kann sich ausmalen, wie sich die jungen Springer buchstäblich nach oben kämpfen. Wenn kein Schnee vorhanden ist, kann von allen Schanzen auf Kunststoffmatten gesprungen werden. Die Schanzen am Papengrund sind das nördlichste Skisprungzentrum Deutschlands. Die erste Schanze wurde 1930 errichtet und bis 1970 betrieben. Der Olympiasieger von 1936 Birger Ruud sprang 1936 hier den Schanzenrekord von 40,5 m. Sie war jedoch nicht für Mattensprünge geeignet. Mehrere schneearme Winter brachten ihr das Aus. Im neuen Jahrtausend wurde mit der Errichtung eines komplett neuen Skisprungzentrums begonnen. 2001 wurden die beiden kleinen Schanzen fertiggestellt, 2003 kam dann die mittlere hinzu. 2008 wurden die Bauarbeiten an der 1,7 Mio. Euro teuren K-60-Schanze mit einem Sommerspringen abgeschlossen. Sie bietet einen Gesamt-Höhenunterschied von 155 Metern. In Bad Freienwalde finden jährlich mehrere internationale Kinder- und Jugendwettkämpfe statt. Hausherr der Schanzenanlage ist der „Wintersportverein Bad Freienwalde 1923 e.V."

Rekordweiten auf den vier Schanzen:

71,5 m (2001)   45,5 m (2006)   22 m (2013)   11,5 m (2004)

60   42   21   10

Turmhöhe (m)

Das Haus der Naturpflege

Das nächste und zugleich letzte Ziel unserer Rundwanderung ist das Haus der Naturpflege. Wir erreichen es entweder durch einen steilen Aufstieg entlang der vier Sprungschanzen zur Berliner Straße, der wir stadteinwärts folgen. Oder wir gehen zurück zum Kurmittelhaus. Gleich nebenan führt ein Weg ebenfalls zur Berliner Straße. Von hier aus sind es nur wenige Meter stadteinwärts zum Dr.-M.-Kienitz-Weg, der uns zum Haus der Naturpflege bringt.

Auch hier zunächst eine Richtigstellung. „Haus der Naturpflege" meint: „Hier hat der Naturschutz ein Zuhause". Denn das hölzerne Haus ist ein wichtiges und auch sehr schönes Detail, aber die Hauptsache ist der 1,7 Hektar große Garten. Der hat allerdings mit den aufgeräumten, bis in den letzten Winkel sorgsam gepflegten Schrebergärten im Umfeld deutscher Städte wenig gemein. Er ist angelegt als „ein Garten zum Lernen und zum Träumen". Hier in Bad Freienwalde erfährt der Besucher, was die Natur so ausrichten kann, wenn man sie lässt. Weil aber Pflanzen- und Tierwelt gut aufeinander abgestimmt sind, kann von Wildwuchs keine Rede sein.

Dreh- und Angelpunkt der Anlage ist der Schau- und Lehrgarten, ein Gelände mit verschlungenen Pfaden und Plätzen der Ruhe und Besinnung. Hier wech-

seln Landschafts- und Gartentypen auf engstem Raum.
Es gibt einen Mischwaldpark, Stein-, Heide- und Kräutergärten und natürlich einen Staudengarten. Infos gibt es auch über verschiedene Gartenbewohner: Vögel, Kleinsäuger, Insekten und Kriechtiere. Nicht nur Hobbygärtner nehmen von hier Anregungen für die eigene Gartengestaltung mit. Im Blockhaus ist ein kleines Naturkundemuseum untergebracht.

Hiermit endet der Rundgang durch Bad Freienwalde. Bis ins Zentrum sind es 15 Minuten zu Fuß, oder man nutzt den Bus 887, der von der Haltestelle „Waldstadt" an der Berliner Straße alle zwei Stunden ins Zentrum fährt.

links: Staudengarten
rechts: Lerchensporn

WER WAREN DIE KRETSCHMANNS?

Angelegt wurde das Paradies vom Ehepaar Erna (1912 - 2001) und Kurt Kretschmann (1914 - 2007). Beide wurden 1999 Ehrenbürger von Bad Freienwalde. Vielleicht begann alles damit, dass der überzeugte Pazifist Kurt Kretschmann, der nach einem Heimaturlaub nicht an die Front zurückkehren wollte, die letzten 75 Tage des Zweiten Weltkriegs in einer Gartenlaube auf dem Areal des heutigen „Hauses der Naturpflege" verbrachte. Das jetzige Blockhaus entstand in den folgenden Jahren als Wohnung für das junge Ehepaar. Naturschutz begleitete dann den weiteren Berufsweg von Kurt Kretschmann. 1949 wurde er ehrenamtlicher Kreisbeauftragter für Naturschutz im Kreis Oberbarnim, er gestaltete Naturlehrpfade und führte in jener Zeit die stilisierte Waldohreule auf gelbem Grund als Zeichen für Naturdenkmäler und Naturschutzgebiete ein. Dieses Zeichen setzte sich in der DDR als allgemeingültig durch und verdrängte nach 1990 den bundesdeutschen Seeadler. Die beiden Kretschmanns redeten nicht nur über Naturschutz, sondern sie lebten ihn auch persönlich. Seit 1960 bauten sie ihr persönliches Refugium zu einem für jedermann zugänglichen Schaugarten aus.

Das neobarocke Schloss Altranft

AUSFLUG INS ODERBRUCH

Bad Freienwalde liegt das **Oderbruch** regelrecht zu Füßen. Die meist wenig befahrenen Straßen eignen sich hervorragend für Radtouren. Nach Altranft ist es nur der berühmte „Katzensprung".

Altranft

Zwei Sorten von Dörfern gibt es im Oderbruch. Erstens jene, die schon vor der großen Trockenlegung des Bruchs auf Befehl Friedrich II. existierten, und jene, die auf dem gewonnenen Neuland gegründet wurden. Die Unterscheidung ist selbst für den Ortsfremden einfach und funktioniert verblüffend gut: Die Neugründungen tragen meist die Vorsilbe „Neu" oder haben exotische Namen wie zum Beispiel Beauregard, ein Hinweise auf die ferne Herkunft der Siedler.

Unser Ausflug führt nach Altranft. Das ist ein Ortsteil von Bad Freienwalde und nur 4 Kilometer vom dortigen Zentrum entfernt. Bis zur Oder sind es Luftlinie rund 7 Kilometer. Altranft kann uns viel über die Geschichte des Oderbruchs erzählen. Das geht informativ und kompakt im Museum des Altranfter Schlosses oder durch einen ausgedehnten Spaziergang durch das Dorf mit seinen zahlreichen historischen Gebäuden. Sie alle zusammen ergeben das Freilichtmuseum Altranft, eine der bedeutendsten musealen Einrichtungen Brandenburgs.

Dem Ort selbst hat die Begradigung und Eindeichung der Oder sowie die Trockenlegung der Auenlandschaft eine komplette Veränderung seiner Lebensverhältnisse gebracht. Ursprünglich war er eine Fischersiedlung. Gefangen, eingesalzen und weithin verschickt wurden vor allem Hechte. Die Zunft der „Hechtreißer" vertrat in diesem Gebiet die Interessen einer wohlhabenden Fischereiwirtschaft. Binnen kürzester Zeit mussten die Fischer in der Mitte des 18. Jahrhunderts auf Landwirtschaft umsatteln. Die stellte sich allerdings als außerordentlich lukrativ heraus.

Im Altranfter Herrenhaus, das erst nach 1876 sein heutiges neobarockes Aussehen erhielt und danach „Schloss" genannt wurde, befand sich so etwas wie die Befehlszentrale für die Oderbruch-Trockenlegung. Das Gut gehörte seit 1739 dem Geheimen Finanzrat Samuel von Marschall und der leitete die Arbeiten.

Im Schloss befinden sich heute eine Ausstellung zur Geschichte des östlichen Brandenburgs und eine Interieurausstellung gutsherrschaftlicher Wohnverhältnisse der Gründerzeit, die auf eine Sammlung von Charlotte von Mahlsdorf zurückgeht. In der Galerie präsentieren sich Künstler aus der Region und aus Westpolen.

 Im Bad Freienwalder Ortsteil Schiffmühle steht ein kleines Fachwerkhaus, in dem von 1855 bis zu seinem Tode 1867 Theodor Fontanes Vater Louis Henri Fontane lebte. Mindestens einmal im Jahr sah der Sohn beim Vater vorbei. In dem Haus ist die Ausstellung „Fontane und das Oderbruch" zu sehen.

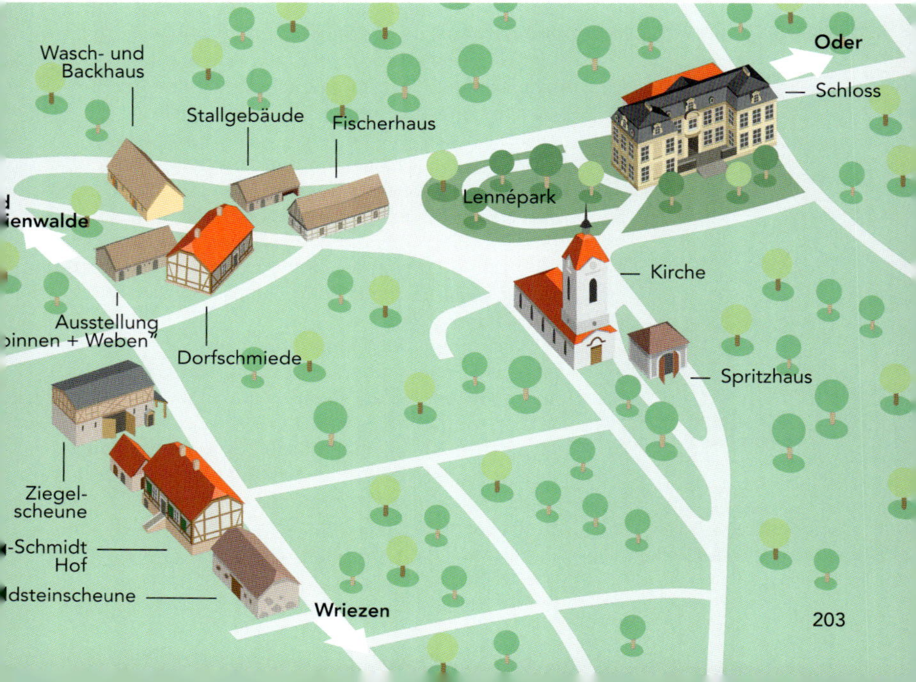

Wasch- und Backhaus

Stallgebäude

Fischerhaus

Oder

Schloss

Lennépark

ienwalde

Kirche

Ausstellung
pinnen + Weben"

Dorfschmiede

Spritzhaus

Ziegelscheune

-Schmidt Hof

dsteinscheune

Wriezen

Der Baa-See

Ein Besuch in Bad Freienwalde bliebe unvollständig ohne eine Wanderung zum Baa-See. Hin und zurück sind das – auf unterschiedlichen Routen – ca. 12 km. Bei der Tourist-Information gibt es einen kleinen Wanderplan zu kaufen oder aber man lädt ihn sich aus dem Internet herunter.

Der Baa-See ist ein kleiner Waldsee, den man bequem in einer halben Stunde umrunden kann. Aber hier ist bereits der Weg das Ziel. Ausgangspunkt ist das Wasserwerk in der Sonnenburger Straße. Hier, am Rande der Stadt, beginnt ein Hohlweg und damit der mit grünem Punkt im weißen Feld markierte Siebenhügelweg. Bergauf und bergab schlängelt er sich durch den Wald.

Das Ziel ist die „Waldschenke" am See, besser gesagt: die Bergbaude. Da prasselt in der Schankstube ein offenes Feuer, die Gäste sitzen an langen, rohen Tischen, an den Wänden all die Wintersport-Reliquien, die man vielleicht jenseits von 1.000 Höhenmetern erwartet, aber kaum hier. So urig wie die Gaststätte ist auch das Speiseangebot. Zum Beispiel die im Brot servierte Soljanka. Wer im Inneren keinen Platz findet, hat sicher in einer der rustikalen Lauben

Waldschenke am Baa-See
Mi–So ab 12 Uhr

Erlebnisgastronomie am Baasee

um den Grillplatz Glück. Unterhalb der Schenke gibt es an einer Anlegestelle eine erste Einweisung in die Sagenwelt des Baa-Sees. Ein Naturlehrpfad führt ein wenig in einen besonderen Wald hinein. Seit den 1880er Jahren wurden hier „ausländische" Bäume angepflanzt, um ihre Verwendbarkeit für die preußische Forstwirtschaft zu testen. Also steht hier eine Douglasie, die mit rund 50 Höhenmetern als höchster Baum Brandenburgs vermessen wurde. An Riesenkiefern, Riesenlebensbäumen und anderen beeindruckenden Gewächsen führt der Weg vorbei. Am See bietet eine kleine Schutzhütte Gelegenheit zur Rast.

Der Rückweg nach Bad Freienwalde führt, wiederum dem grünen Punkt auf weißem Feld folgend, durch das Brunnental zum Kurpark.

Treffen der Riesenbäume

Barnimer Feldmark

Nicht verpassen

1 Ein Sommertag am Gamensee. - S. 209 f

2 Mit der Draisine von Tiefensee nach Leuenberg mit Rast im Forsthaus. - S. 210 f

3 Eine Sonntagsführung zu den freilebenden Büffeln in Hirschfelde. - S. 213 ff

4 Eine tiefe Verbeugung am Grab von Pfarrer Schmidt in Werneuchen. - S. 219

5 Eine Pilgerwanderung von Werneuchen nach Börnicke. - S. 220

6 Zum Storchenfest auf dem Gutshof von Schloss Börnicke. - S. 221

7 Eine Fischsuppe in Seefeld am Haussee. - S. 223

8 Frische Pilzbrut im Hofladen von Dr. Schulz in Krummensee kaufen. - S. 224 f

9 Ein Spaziergang durch den Lenné-Park von Blumberg. - S. 228 f

10 Eine Wanderung von Ahrensfelde aus durchs Wuhltal. - S. 232 f

Anfahrt

Mit dem Fahrrad
Durch die Barnimer Feldmark führen zahlreiche regionale Radwege, sie ist jedoch an keine der großen Radfernwege angeschlossen.

Mit Bahn & Bus
Die Regionalbahn RB 25 verkehrt stündlich ab Berlin-Lichtenberg nach Ahrensfelde (hier parallel zur S-Bahn S 7), Blumberg, Seefeld und Werneuchen.

Mit dem Auto
Die B 158 führt zwischen dem Berliner Ring (Abfahrt Blumberg) und Bad Freienwalde durch die Barnimer Feldmark. Die B 168 stellt die Verbindung zwischen der B 1 bei Müncheberg und Eberswalde her und verläuft zwischen Prötzel und Tiefensee durch den Gamengrund.

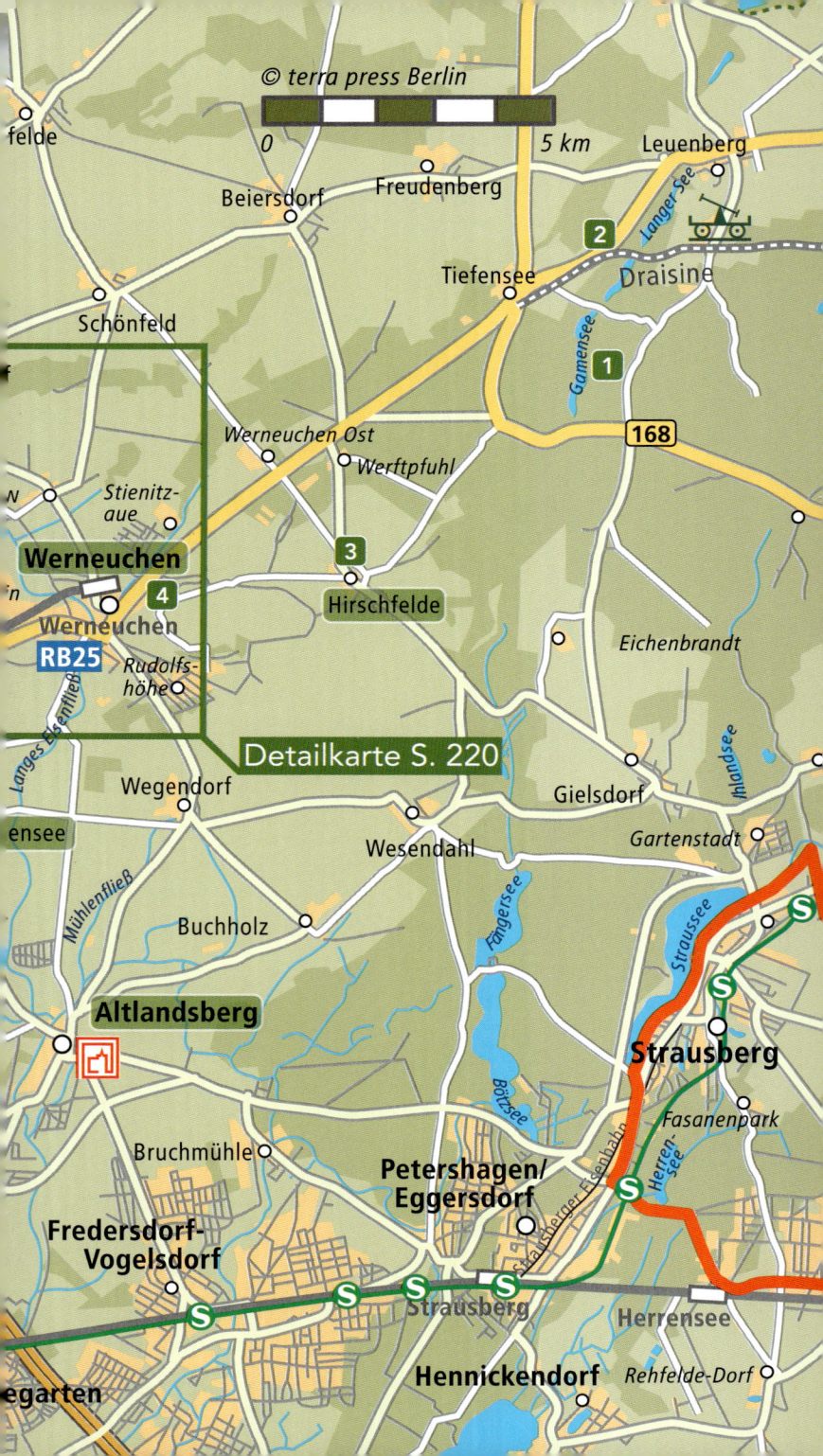

In der Barnimer Feldmark schließt sich der Kreis unserer Rundreise durch das Barnimer Land. Wir kommen wieder an den Stadtrand von Berlin, wo die Metropole durch die Wohnsiedlungen von Hohenschönhausen und Marzahn eine klare Grenze markiert. Raus aus der Stadt, rein ins Landleben. Das ist die Barnimer Feldmark. Sie ist einer von acht Regionalparks rund um Berlin und steht für eine nachhaltige Stadt-Umland-Entwicklung im Verflechtungsbereich von Berlin und Brandenburg. Der Regionalpark umfasst ca. 43.000 ha ländlich geprägte Landschaftsräume der Landkreise Barnim und Märkisch-Oderland und Grünzüge der Berliner Bezirke Lichtenberg und Marzahn-Hellersdorf. In seinem Einzugsbereich leben und arbeiten, sehr unterschiedlich verteilt, eine halbe Million Menschen.

Die Barnimer Feldmark grenzt östlich an den Naturpark Barnim und erstreckt sich auf dem östlichen Teil der Barnimer Platte. Typisch sind weite Felder mit kleinen, umwachsenen Teichen, alte Alleen und märkische Angerdörfer mit den dazugehörigen Gutshöfen und Herrenhäusern sowie alten Kirchen, meist aus Feldsteinen errichtet. Gerade entlang des Pilgerwegs zwischen Börnicke und Werneuchen fallen die zahlreichen Toteisrestlöcher (Sölle) auf, die Lebensraum für seltene Amphibien bieten. Der Gamengrund, eine noch heute markante eiszeitliche Rinne, durchschneidet das Plateau und bietet satte, urwüchsige Natur entlang einer Seenkette. Er ist Landschaftsschutzgebiet, zugleich ein beliebtes Ausflugsziel der Berliner.

Der Regionalpark Barnimer Feldmark wird auf über 60 Prozent seiner Gesamtfläche landwirtschaftlich genutzt. Das ist einzigartig im gesamten Berliner Speckgürtel. In fast jedem Ort verkauft ein Hofladen Frisches aus der unmittelbaren Umgebung. Oft bieten die Höfe Erlebnisse für die ganze Familie: Obstplantagen zum Selbstpflücken, Tiergehege zum Streicheln, Spezialitäten zum Probieren vor Ort. Natürlich fehlen auch nicht Reiterhöfe.

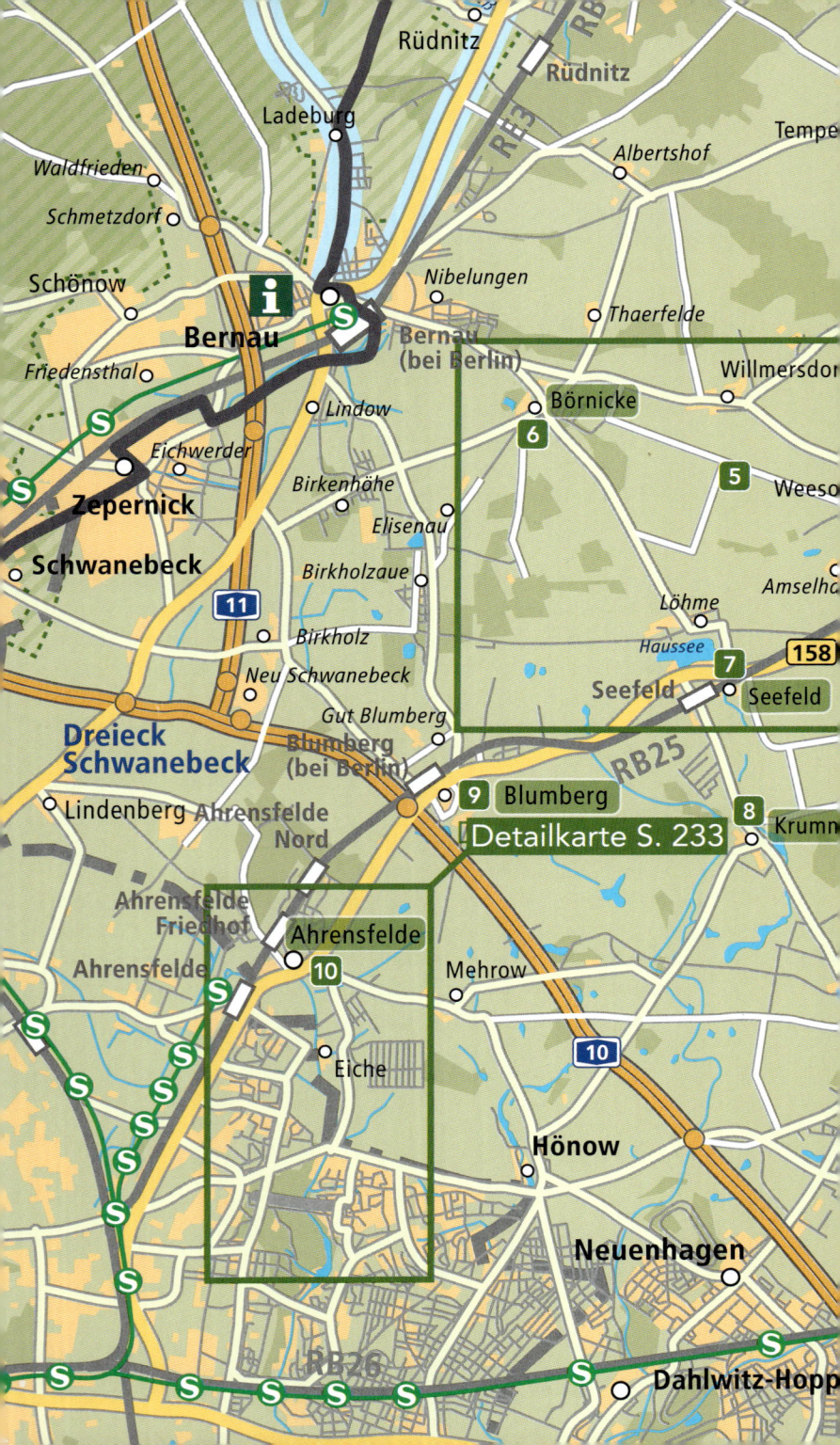

Badestelle am Gamensee (auch Seite 208)

Der Gamengrund

Auf dem Weg in die Barnimer Feldmark genießen wir ein besonders reizvolles Stück Barnim: den Gamengrund. Aus einer eiszeitlichen Rinne, durch die das Schmelzwasser ablief, entwickelte sich eine bis zu 400 Meter breite und fast 27 Kilometer lange Einkerbung in die Barnimer Platte. Hier reihen sich 13 Seen aneinander, umgeben von dichten Laubmischwäldern. Der Gamengrund beginnt südlich von Eberswalde und reicht fast an Strausberg heran. Er gehört zu den schönsten Tallandschaften Brandenburgs und nimmt mit seinen teils schroffen Abhängen mittelgebirgsartige Züge an. Im Gamengrund sind zwei Landschaftsschutzgebiete (LSG) ausgewiesen: das LSG Gamengrund in Norden und das LSG Blumthaler Wald- und Seengebiet. Mit einer Fläche von etwa 100 Quadratkilometern ist es eins der größten geschlossenen Waldgebiete in der Umgebung von Berlin.

Der Gamengrund ist ein ruhiges und abgeschiedenes Gebiet, das sich besonders zum Wandern eignet. Der einzige Campingplatz des Gebietes liegt in Tiefensee direkt am **Gamensee**. Es führen nur wenige Straßen hindurch, und kein Badestrand hat einen Parkplatz in seiner Nähe. Der Gamengrund will erwandert werden. Für reichlich Ausschilderung ist gesorgt. Durch den Gamengrund führt u.a. die Etappe des 66-Seen-Wanderwegs von Leuenberg nach Strausberg über 26 Kilometer, stets auf Uferwegen entlang der Seen.

Die bis zu 50 Meter tiefen Einkerbungen in das Gelände lassen eine landwirtschaftliche Nutzung des Gamengrundes nicht zu. So ist das Tal fast vollständig mit Wald bedeckt. Eichen, Buchen, Lärchen und Kiefern stehen hier wie seit Urzeiten beieinander. Mancher Baum mag es auf 250 oder mehr Jahre gebracht haben. An den Seen und Wasserlöchern nisten unter anderem Haubentaucher und Rohrammer, Kraniche, Graugänse und Graureiher. Die hervorragende Wasserqualität macht fast alle Seen zum idealen Angelrevier. Hier gehen Blei, Hecht, Schlei, Wels und Karpfen an den Haken. Im Band „Spreeland", dem vierten Teil seiner „Wanderungen durch die Mark Brandenburg" entwirft Theodor Fontane ein romantisches, fast schwärmerisches Bild des Gamengrundes:

„Spitzkrug"
A.-Reichwein-Str. 1
Tiefensee
täglich ab 11 Uhr

„Der Gamen-See, wie ein Flußarm, windet sich in leis gespanntem Bogen zwischen den Tannenhügeln hin, und nichts unterbricht die Stille als ein plätschernder Fisch, den die Nachmittagssonne an die Oberfläche treibt."

Tiefensee

Tiefensee ist reich gesegnet mit Wasser, Wald und Wanderwegen. Das muss gesagt sein, bevor man aufzählt, was Tiefensee nicht hat: eine Kirche, einen Marktplatz und einen Bahnhof. Letzterer ist zumindest als Gebäude vorhanden, aber der Verkehr auf der Strecke Berlin-Lichtenberg - Werneuchen - Tiefensee wurde auf dem letzten Stück 2006 eingestellt.

Tiefensee beherbergt das kleinste Sägewerk Brandenburgs. Hier werden filigrane Laubsägearbeiten hergestellt und verkauft.
Mo–Do 9.30–12 und 13.30–18 Uhr,
Sa, So, feiertags 9.30–18 Uhr
A.-Reichwein-Str. 9
16356 Tiefensee

Die Wriezener Bahn fuhr vom Wriezener Bahnhof in Berlin – zwischen Ostbahnhof und dem S-Bahnhof Warschauer Straße gelegen – zwischen 1903 und 1949 die gut 60 km zwischen der Metropole und dem Oderbruch. Zwischen 1949 und 1998 fuhren noch Züge von Berlin-Lichtenberg bis nach Wriezen. Dann wurde erst der Verkehr zwischen Wriezen und Tiefensee eingestellt, danach der zwischen Werneuchen und Tiefensee.

Tiefensee hat nur 250 Einwohner, liegt aber an einem Straßenknoten, der den Ort zu einem zentralen Punkt zwischen Strausberg, Eberswalde, Berlin und Bad Freienwalde macht. Direkt an der Kreuzung befindet sich das Hotel und Restaurant „Spitzkrug" mit großer Außenterrasse.

Gleich gegenüber findet sich die Station Tiefensee der Draisinenbahn auf stillgelegten Teilstücken der ehemaligen Wriezener Bahn. Wenn man vor einer ausrangierten Berliner U-Bahn steht, ist man richtig.

Zur Auswahl stehen Handhebeldraisine (8 - 12 Personen), Fahrraddraisine (bis 4 Personen) und die bequeme Kartdraisine (ebenfalls bis 4 Personen). Die

Strecke führt auf 12 km von Tiefensee über **Leuenberg**
bis Sternebeck. Drei Stunden dauert die Tour hin und
zurück. Von **Sternebeck** ist ein Besuch des Atombun-
kers Harnkop möglich. In naher Zukunft sollen auch
die noch vorhandenen Schienen zwischen Werneuchen und Tiefensee für Draisinefahrten zur Verfügung stehen.

*Die Draisinen stehen von
Anfang April bis Ende Oktober
mittwochs bis sonntags zur
Verfügung. Anmeldung ist drin-
gend geboten.*

*A.-Reichwein-Str. 2
16356 Tiefensee
www.draisinenbahn.de*

Hirschfelde

Zwischen Gamengrund und der B 158 liegt versteckt
hinter Wald und Feldern Hirschfelde. Eine Straße führt
von Norden in den Ort, eine andere von Süden. Selten
fährt hier jemand hindurch. Der Ort ist ein beredtes
Beispiel dafür, dass gerade abseits der großen Verkehrswege verblüffende Entdeckungen möglich sind.
Ursprünglich war Hirschfelde ein typisches Ritterguts-
Dorf mit Dorteich, Anger, alter Feldsteinkirche und Gutshof. Genau der richtige Ort, wo die Zeit stehen bleiben
könnte, und niemand würde es bemerken. Vor über 100
Jahren allerdings, im Jahr 1904, erwarb der jüdische
Geschäftsmann Eduard Arnhold das Gut. Ihm ging es
dabei allerdings nicht um die Vermehrung seines Reich-
tums – das hatte er nicht mehr nötig – sondern um ein
Leben mit der Kunst in der Natur. Er ließ einen Skulptu-

Ein einsamer Hirsch erinnert an einen kunstvollen Skulpturenpark. In Bad Freienwalde sind wir bereits einem Werk des Berliner Bildhauers Louis Tuaillon begegnet: dem marmornen Stier (siehe S. 197).

Gasthaus am Berg
Freienwalder Chaussee 6
16356 Werneuchen-Ost
täglich ab 11 Uhr geöffnet
www.gasthaus-amberg.de

renpark anlegen, darin ein wertvoller Springbrunnen und ein Amphitheater. Es heißt, die Ufa-Diva Brigitte Helm sei bei einer Theateraufführung der Zöglinge des von Arnhold gestifteten Waisenhauses für den Film entdeckt worden. Arnhold dachte aber auch sehr praktisch. Er sorgte frühzeitig dafür, dass der Ort mit elektrischem Strom versorgt wurde, und ließ einen Wasserturm für eine regelmäßige Versorgung mit sauberem Wasser bauen.

Der nahe Flugplatz von Werneuchen wurde, Hirschfelde zum Verhängnis. Bei den Kämpfen Ende des Zweiten Weltkrieges wurden Gutshof und Skulpturenpark stark in Mitleidenschaft gezogen, die Kunstwerke wurden in alle Winde verstreut. Der vom Berliner Bildhauer Louis Tuaillon (1862 - 1919) geschaffene bronzene Hirsch, der heute wieder in der Dorfmitte steht, kam erst mit Abzug der sowjetischen Truppen vom Flugplatz zurück nach Hirschfelde. Das ehemalige Herrenhaus ist heute in Privatbesitz, und auch der weithin sichtbare Wasserturm wurde bewohnbar gemacht. Die nach Kriegsende demolierte Kirche hat inzwischen zumindest ihr Dach wieder.

Der stolze Hirsch ist sonntags 10 Uhr der Treffpunkt für all jene, die Wasserbüffeln und Galloway-Rindern sehr nahekommen wollen. Dort startet eine zweistündige Führung zu den Weiden des landwirtschaftlichen Familienbetriebes Sonja Moor Landbau. Die befinden sich zwischen der Dorfgrenze und dem ehemaligen Flugplatzgelände und haben so exotische Namen wie „Serengeti" und „Vietnam". Unterwegs erfährt man, dass auch jedes Tier einen Namen hat: Die Wasserbüffel sind nach Orten der Region benannt, die Rinder heißen nach fernen Ländern. Beeindruckend ist vor allem die Gutmütigkeit der Tiere. Es scheint, dass sie die Besucher als Freunde begrüßen.

Mitten in Hirschfelde befindet sich auch der Hofladen von Sonja Moors Landbau. Angeboten werden alle vier Wochen frisches Büffelfleisch und in der Zeit dazwischen Würste, Schinken und Fertiggerichte im Weckglas. Der Hofladen ist die für Ostbrandenburg zuständige Dependance der Vereinigung Slow Food Deutschland. Das ist ein Verein, dessen Mitglieder es sich zur Aufgabe gemacht haben, die Kultur des Essens und Trinkens zu pflegen und lebendig zu halten. Er fördert eine verantwortliche Landwirtschaft, eine artgerechte Viehzucht und die Bewahrung der regionalen Geschmacksvielfalt.

Die Kirche ist teilweise bedacht.

WER WAR EIGENTLICH EDUARD ARNHOLD?

Wer sagt, dass Kohlehändler bedauernswerte Menschen sind? Eduard Arnhold jedenfalls hat es mit dem Kohlehandel aus dem schlesischen Steinkohlerevier nach Berlin zu einem ansehnlichen Vermögen gebracht. Er besaß praktisch das Monopol. Arnhold spielte dank seines Reichtums eine herausragende Rolle im gesellschaftlichen Leben von Berlin; Kaiser Wilhelm II. berief ihn als Abgeordneten in das Preußische Herrenhaus. Sein Geld legte er zum großen Teil in Kunst an. Adolph Menzel, Max Liebermann und Arnold Böcklin gehörten zu seinen Freunden, und er galt als der größte bürgerliche Kunstmäzen Berlins in der Zeit vor dem Ersten Weltkrieg. 1913 stiftete er die Villa Massimo, ein Kulturinstitut, das noch heute deutsche Künstler nach Rom einlädt. Die Stiftung Eduard Arnhold Hilfsfonds in der Obhut der Berliner Akademie der Künste gewährt nach wie vor Stipendien an bildende Künstler. Zu einer Open-Air-Ausstellung gestaltete Arnhold den Park seines Rittergutes in Hirschfelde. Davon existieren noch der Hirsch und der Stier des Bildhauers Louis Tuaillon.

ZU BESUCH BEI DEN WASSERBÜFFELN

Tierhaltung mal anders

Sonja Moor ist seit 2007 diplomierte Landwirtin. Seit über zehn Jahren betreibt sie mit ihrem Ehemann einen der noch zwei vorhandenen landwirtschaftlichen Betriebe in Hirschfelde nach Demeter-Richtlinien und mit einer sehr speziellen Ausrichtung: Sie züchtet Wasserbüffel und Galloway-Rinder. In einem früheren Leben hat Sonja Moor für das Fernsehen Filme produziert. In jenem Leben war sie erst Österreicherin, dann Schweizerin. In ihrem jetzigen Leben ist sie Brandenburgerin. Sie denkt lokalpatriotisch. Denn sie findet es widersinnig, wenn lebende Tiere über hunderte Kilometer zum Schlachten gefahren werden, um dann als vakuumverpacktes Fleisch wieder zurückzukommen. Und sie will sich nicht damit abfinden, dass sich Viehzucht und Fleischverarbeitung in der Region nicht mehr lohnen. Sie hat viele Ideen und sie engagiert sich, zum Beispiel für die Vermarktung unter dem Label „regional und fair". Unsere Unterhaltung findet im Anschluss an eine Fütterung von zwei Kälbern statt. Das eine ein Galloway-, das andere ein Wasserbüffel-Kalb. Beide sind drei Monate alt, und die Umstände wollten es, dass Sonja Moor jetzt die Mutter ersetzen muss.

Wie viel Liter Milch bekommen die beiden täglich?
Neun Liter pro Tag, eine Hälfte am Morgen, die andere am Nachmittag. Und wehe, ich bin unpünktlich...

Bekommen beide die gleiche Milch? Woher stammt sie?
Das Wasserbüffelkalb bekommt eine fettere Milch vom Ökodorf Brodowin.

Sind Wasserbüffel nicht tropische Temperaturen gewöhnt, wie vertragen sie die hiesigen Winter?
Man kennt Wasserbüffel vor allem von Bildern aus Südostasien. Dabei wird vergessen, dass diese Tiere schon seit über 200 Jahren in Europa heimisch sind. In Norditalien zum Beispiel. Und dort können die Winter auch hart werden. Wasserbüffel vertragen problemlos unsere winterlichen Temperaturen, wenn sie einen großzügigen, mit Stroh eingestreuten Offenstall haben und genug Heu und Trinkwasser.

Und wie vertragen sich Galloway-Rinder mit Wasserbüffeln?
Wie man sieht, leben sie hier auf der Weide sehr friedlich miteinander. Da ihr Futter zum Teil unterschiedlich ist – Wasserbüffel vertragen Schilf und nährstoffärmeres Gras, das für Rinder unverdaulich ist – gibt es keinen Futterneid. Auch die Gefahr unerwünschter Kreuzung gibt es nicht, da die Genetik nicht identisch ist.

Was hat Sie dazu gebracht, gerade diese Tiere zu züchten?

Wer eine Alternative zur Massentierhaltung sucht, stößt irgendwann auf diese anspruchslosen und nicht überzüchteten Arten. Man darf sie nur nicht einseitig als Fleischlieferant sehen. Die Muttertiere können bei uns 15 bis 20 Jahre leben und sich nützlich machen. Das ist im Durchschnitt viermal länger als in einer Mastanlage.

Und wie machen sich Wasserbüffel nützlich?

Vor allem als Landschaftspfleger. Unsere Tiere kommen dort zum Einsatz, wo schützenswerte Habitate, die das Licht suchen, eine offene Landschaft brauchen. Auch das Programm zur Renaturierung von Feuchtgebieten braucht Helfer wie unsere Wasserbüffel. Sie sorgen auf natürliche Weise dafür, dass das Gelände weder verlandet, noch zuwachsen kann, und dass so der Artenreichtum erhalten bleibt. Die Wasserbüffel kümmern sich um die feuchteren Böden, die Galloway-Rinder um die trockneren. Da die Bedingungen überall unterschiedlich sind, müssen wir für jeden Ort genau die richtige Kombination ermitteln.

Wo kommen sie beispielsweise zum Einsatz?

In den Sommermonaten leihen wir unsere Tiere aus. Man kann sie dann auf der Pfaueninsel sehen. Dort „mähen" sie in der Nähe der Meierei feuchte Wiesen, in die jeder Traktor tief einsinken würde. Außerdem erinnern sie an die Zeiten von Königin Luise, als schon damals Wasserbüffel dort grasten. Hier ganz in der Nähe, im Gamengrund, sind sie auf Flächen eingesetzt, die wiedervernässt werden sollen. Hier sorgen sie dafür, dass die Natur bei solchen Eingriffen nicht aus dem Gleichgewicht gerät.

Sind Wasserbüffel gefährlich für Spaziergänger, wenn sie ihnen begegnen?

Es gibt kaum friedlichere Tiere als Wasserbüffel. Wenn sie auf unbekannte Menschen zugehen, dann tun sie es aus Neugier. Ist ihnen der Mensch bekannt, kommen sie häufig zur Begrüßung, wollen sie keinen Kontakt, ziehen sie sich zurück.

Welchen Nutzen bringen sie noch?
Denken Sie an die Milch und den
begehrten Mozzarella-Käse.

**Büffelfleisch gehört aber auch zu
den besonderen Delikatessen....**
Durchaus. Durch die Freilandhaltung
wachsen die Tiere langsam heran. Das
Fleisch wird damit sehr zart und hat eine
aromatische Note. Gegenüber dem
üblichen Rindfleisch besitzt es nur einen
halb so hohen Fett- und Cholesteringehalt,
trägt aber doppelt so viele Vitamine und
Mineralstoffe. In unserem Hofladen in
Hirschfelde kann man Büffelsalami, frische Bratwurst, Bock und Wiener kaufen.
Wir bieten auch leckere Fertiggerichte im
Weck-Glas an, z.B. Wiener Gulasch, Bra-
ten à la Moor, Sauce Bolognese etc. Alle
vier Wochen ist frisches Fleisch in den
bekannten Teilstücken erhältlich. So kann
es jeder selbst ausprobieren. Außerdem
liegt hier ein kleines Heft bereit, in dem
Rezepte für Büffel-Fleisch gesammelt
sind. Die gelingen garantiert.

Welche Tiere werden geschlachtet?
Die Bullen, wenn sie drei Jahre alt sind.
Da ein Bulle für zwanzig Kühe ausreicht,
entsteht ein gewisser Überschuss. Unaus-
gelastete Bullen würden einige Aufregung

verursachen. Die Tiere werden hier auf
der Weide geschossen, ohne dass sie
Stress erleben. Sie werden dann hier in
der Umgebung verarbeitet.

**Muss ich nach Hirschfelde kommen,
um das Fleisch kaufen zu können?**
Die bekannten Bio-Läden in Berlin und
im Barnim bieten es auch an. Sie finden
sie aufgelistet auf unserer Internet-Seite
www.sonja-moor-landbau.de.

**Letzte Frage: Finden die Tiere auch
unter dem Schnee Futter?**
Sie finden immer Futter. Gerade das
Gras, das einen Frost abbekommen hat,
schmeckt besonders süß. Das mögen sie.
Ab Dezember verfüttern wir dann das
Heu und Stroh, das wir im Sommer
geborgen haben.

Der Hofladen von Sonja Moor Landbau in
Hirschfelde ist Fr–So 12–18 Uhr geöffnet.

www.sonja-moor-landbau.de Hier können
die Termine für frisches Fleisch nachgelesen
werden. Unter dieser Adresse kann auch
das erste Wasserbüffel-Kochbuch Deutschlands heruntergeladen werden.

Vertraute Zwiesprache während einer sonntäglichen Hofbesichtigung

Die Stadtpfarrkirche St. Michael

WERNEUCHEN

Der direkte Weg von Hirschfelde in die Stadt Werneuchen ist durch den Flugplatz versperrt. Radfahrern sei empfohlen, im großen Bogen über Wesendahl und Wegendorf nach Werneuchen zu fahren.

Die Stadt Werneuchen liegt mitten in der Barnimer Feldmark und ist bestens zu erreichen: auf dem Jakobsweg, auf der Bundesstraße 158, auf der Landebahn des Flugplatzes oder mit der Regionalbahn RB 25, die Berlin-Lichtenberg mit Werneuchen verbindet und dafür eine halbe Stunde benötigt.

Als Theodor Fontane vor 150 Jahren in einer Kutsche in Werneuchen ankam, mochte er sich nicht entscheiden, ob er den Ort (mit dem seinerzeit ältesten Birnbaum der Mark, wie er vermerkte) als „Flecken" oder „Stadt" titulieren sollte. An Größe hat Werneuchen seither um einiges zugelegt, mit neuen Siedlungen kamen neue Einwohner. Dennoch erweist es sich bei näherem Hinsehen als ein nettes Städtchen, für das sich eine Fahrtunterbrechung und ein Bummel durch die Altstadt durchaus lohnen.

Tourist-Information
Stadt Werneuchen
Am Markt 5
16356 Werneuchen
www.werneuchen.de

1937 wurde vor den Toren Werneuchens eine Jagdfliegerschule mit dazugehörigem Flugplatz eingerichtet. Bis 1993 wurde er von einem sowjetischen Jagdbomber-Regiment genutzt. Die auf 1500 m verkürzte Landebahn ist heute für Ultraleichtflugzeuge freigegeben.

Eine Ausstellung anlässlich des 250. Geburtstages des Dichterpfarrers Schmidt von Werneuchen über sein Leben und Wirken ist im Stadthaus Werneuchen während der Öffnungszeiten der Stadtverwaltung oder nach vorheriger Terminvereinbarung auch außerhalb der Öffnungszeiten zu sehen. Der Eintritt ist frei.

Das Gutshaus von Werneuchen

Ein Gang durch Werneuchen

Direkt an der vielbefahrenen Straße zwischen Berlin und Bad Freienwalde steht Werneuchens markantestes Gebäude – das Gutshaus. Wer es „**Schloss**" nennt, übertreibt nicht einmal. Allerdings: Selbst niederster Landadel hat hier zu keiner Zeit logiert. Es waren Hans und Frieda Müller, die es 1913/14 im Stil der Neorenaissance errichten ließen und von hier aus ihr Landgut bewirtschafteten. Und wie kamen Müllers zu einem Schloss? Ganz einfach: Frieda war die Tochter des Berliner Werkzeugfabrikanten Robert Stock, der sich einen solchen Bau leisten konnte. Nach der Bodenreform von 1946, durch die Müllers ihren Besitz verloren, diente das Gebäude Umsiedlern als Wohnung, wurde als Schule genutzt, stand lange Zeit leer und verfiel. Inzwischen hat es wieder einen Besitzer gefunden, wurde zumindest von außen restauriert, wartet aber noch auf eine weitere Nutzung.

Gegenüber dem Schloss beginnen die **Breite Straße und Am Markt**. Ein Ensemble historischer Gebäude gibt einen schnellen Überblick, wie in den vergangenen Jahrhunderten in Werneuchen gebaut wurde. Vom Fachwerkhaus um 1740 bis zur Stadtvilla aus der Gründerzeit ist so manches dabei. Im Stadthaus aus dem Jahr 1897, das mit seiner markanten Backsteinfassade den Blick auf sich zieht, befindet sich die Tourist-Information. Gleich nebenan zieht die Werneuchener Filiale des nördlich von Berlin mehrfach anzutreffenden Kaffeehauses Madlen Kaffee- und Eis-Genießer an.

Der Markt geht in den parkähnlich angelegten Kirchplatz der **Stadtpfarrkirche St. Michael** über. Sie ist ein neogotischer Ziegelbau von 1874, für die Feldsteine der Vorgängerbauten genutzt wurden. Bis in das Jahr 1247 reicht die Werneuchener Kirchengeschichte zurück. Dominiert wird der Platz von einer gewaltigen Linde. Hier wurde im 19. Jahrhundert das „Wröh" genannte Schiedsgericht abgehalten, vor dem die Werneuchener Landwirte ihre Flurstreitigkeiten austrugen. Ein **Mausoleum** und zwei Grabmale verraten, dass der Park einst der Kirchhof war. Sie bieten außerdem einen Blick in die Geschichte von Werneuchen.

Das Mausoleum zeigt sich im feinsten klassizistischen Stil, weshalb es auch gern dem Baumeister Karl

Friedrich Schinkel zugeschrieben wird. Einen Beleg dafür gibt es nicht. Es enthält die Gräber der hugenottischen Familie Petitjean, die am Ort eine der größten brandenburgischen Poststationen unterhielt. Bis zu 200 Pferde sollen hier stationiert gewesen sein.

Gleich nebenan befindet sich das **Grab des Predigers Friedrich Wilhelm August Schmidt**, der sich auch als Dichter versuchte. Während andere reimende Kollegen Kirchenlieder hervorbrachten, waren es bei ihm Idyllen, in denen er seine liebste Henriette und die Barnimer Landschaft in höchsten Tönen pries. Seine Gedichte wurden im einfachen Volk geliebt, aber von den Großen der Zunft verhöhnt. Dennoch bleibt der „Schmidt von Werneuchen" der bekannteste Einwohner der Stadt. Am Pfarrhaus gegenüber der Kirche erinnert eine Gedenktafel an ihn. Jedoch hat Schmidt weder die Kirche noch das Pfarrhaus in ihrer jetzigen Gestalt. erlebt. Beide wurden nach seinem Tod erneuert.

Das Grab von Pfarrer Schmidt

WER WAR DER PFARRER SCHMIDT AUS WERNEUCHEN?

Friedrich Wilhelm August Schmidt wurde 1764 im heute zu Potsdam gehörenden Fahrland geboren. Er besuchte das Gymnasium zum Grauen Kloster in Berlin und studierte Theologie in Halle, war seit 1795 Pfarrer in Werneuchen, wo er auch 1838 starb. Und so besang er seine Stadt: „Wenn vor des Pfarrhofs kleinen Zellen/ Nun bald die Lindenknospen schwellen,/ Wenn Vögel in den Ahornhecken/ Die weißen Eierchen verstecken,/ Dann kommst du, unsres Glückes froh/ Im Hute von geflochtnem Stroh,/ Zu atmen hier von Veilchenduft/ Werneuchens reine Frühlingsluft". Theodor Fontane schrieb über den dichtenden Pfarrer: „Schmidt von Werneuchen handhabte Vers und Reim mit großer Leichtigkeit und zählte zu den produktivsten Lyrikern jener Epoche. … Sein ganzes Dichten, Kleines und Großes, Gelungenes und Misslungenes, einigt sich in dem einen Punkte, dass es überall die Liebe zur Heimat atmet und diese Liebe wecken will. Und deshalb ein Hoch auf den alten Schmidt von Werneuchen!" Der Dichterfürst Johann Wolfang von Goethe hingegen parodierte „Schmidt von Werneuchen" auf bissige Weise: „O wie freut es mich, mein Liebchen,/ Daß du so natürlich bist;/ unsre Mädchen, unsre Bübchen/ Spielen künftig auf dem Mist…". Anstatt sich über diese Parodie zu ärgern, fühlte sich Pfarrer Schmidt – zu Recht – geehrt. Und seine Kinder mussten viele der goetheschen Gedichte auswendig lernen. Im Nachlass Goethes fanden sich allerdings folgende Zeilen: „Schmidt von Werneuchen ist der wahre Charakter der Natürlichkeit. Jedermann hat sich über ihn lustig gemacht, und das mit Recht; und doch hätte man sich über ihn nicht lustig machen können, wenn er nicht als Poet wirkliches Verdienst hätte, das wir an ihm zu ehren haben." Eine nachträgliche Rehabilitierung.

Manch einer war „dann mal weg" und meldete sich wieder vom Camino de Santiago, bei uns bekannt als „Jakobsweg", dem berühmtesten Pilgerweg der Christenheit durch Nordspanien zwischen den Pyrenäen und der Atlantikküste. Man kann aber auch hierbleiben und auf dem Jakobsweg pilgern. Zwischen Werneuchen und Bernau zum Beispiel. Wir folgen diesem Zeichen bis vor die Tore von Bernau. Die Stadt selbst haben wir bereits im ersten Kapitel besucht.

Wir starten auf dem Marktplatz von Werneuchen und verlassen die Stadt auf der Köpenicker Straße. Nachdem wir die vielbefahrene B 158 und kurz danach die Bahnstrecke zwischen Berlin und Werneuchen überquert haben, geht es über einen Feldweg nach Löhme. Hier begrüßt uns die Feldsteinkirche aus dem 16. Jahrhundert. Gegenüber lädt die Pilgerherberge & Pferdepension „San Lobell" zum Ausruhen ein. Eine kurze Erfrischung bietet an Sommertagen die Liegewiese am Haussee, den wir in Seefeld noch einmal besuchen.

Ein kurzes Wegstück führt auf der Straße nach Börnicke entlang. Die Pilgerroute aber nimmt einen Umweg über das Vorwerk **Helenenau**. Hier gibt es einen Reiterhof und Angebote für einen Urlaub auf dem Bauernhof. Dann geht es auf direktem Weg nach Börnicke.

Börnicke

Hier zeigt sich noch einmal sehr deutlich, was es heißt, ein märkisches Dorf in der Nähe von Berlin zu sein. Da ist zunächst das über 700 Jahre alte Angerdorf mit einer spätromanischen Feldsteinkirche und einer alten Schule in einem schmucken Fachwerkbau daneben. Dann ist da der Gutshof mit Scheunen, Ställen, Brennerei natürlich. Schließlich besitzt Börnicke auch ein Gutshaus, das angesichts seiner Dimensionen gut und gerne Schloss genannt werden kann.

Börnicke war ein Rittergut. Doch bereits im 19. Jahrhundert hatte hier nicht mehr der alteingesessene Landadel das Sagen, sondern der Geldadel aus Berlin. 1892 kaufte ein Neffe des Komponisten Felix Mendelssohn Bartholdy, ein bekannter Bankier, das Anwesen. 1909 wurde das Schloss dem Zeitgeschmack entsprechend umgebaut. Der Riesenbau erinnert eher an eine Konzernzentrale als an eine ländliche Villa. Die jetzigen Besitzer haben noch viel zu tun, um den Bau für eine dauerhafte Nutzung herzurichten. Das Gleiche gilt für den Park, dessen Baumriesen von einer einst gepflegten Anlage künden.

Eine alte Scheune gegenüber dem Schloss ist als „Kulturspeicher" hergerichtet. Hier schlägt das kulturelle Herz von Börnicke. Vielfältige Veranstaltungen locken Besucher selbst aus Berlin. Alljährlich wird das Storchenfest gefeiert. Der „Kulturspeicher" dient außerdem als Pilgerstützpunkt. Auf dem nahegelegenen Kirchhof finden sich Gräber der Familie Mendelssohn Bartholdy.

Von Börnicke aus führt ein Wanderweg nach Werneuchen zurück, der deutlich kürzer ist als der Pilgerweg und sich daher als Rückweg gut eignet. Er führt vorbei an **Willmersdorf**. Es gehört zu den Dörfern, die in den vergangenen Jahren ihre Einwohnerzahl erhö-

Der Kunstspeicher und „Schloss" Börnicke

221

Gräber der Familie Mendels-sohn Bartholdy vor der Börnik-ker Kirche

hen konnten. Dass es hier schon immer einen gewissen Wohlstand gab, beweisen die stattlichen Hofanlagen und die Dorfkirche mit einem Doppelturm – äußerst selten in der Mark Brandenburg.

Der Weg führt anschließend vorbei am Naturschutzgebiet **Weesower Luch**. Es unterliegt besonderem Schutz, weil hier seltene Tiere und Pflanzen ihren Lebensraum gefunden haben, aber auch ausdrücklich wegen seiner „landschaftlichen Schönheit". Gerade die Sonnenuntergänge über dem Luch ziehen Naturfreunde an.

Kurz vor **Weesow** steht ein Bauwerk, das man auf den ersten Blick für den Rumpf einer Windmühle halten könnte, dem die Flügel abhanden gekommen sind. Dann aber stellt man fest, dass der Turm aus Beton besteht. Das will zur historischen Mühle wahrlich nicht passen. Des Rätsels Lösung: Der Turm wurde 1943/44 gebaut, um neuentwickelte Bodenradar-Anlagen zur Überwachung des Luftraumes zu testen. Auf dem Turm war ein Rundsuchgerät montiert. Ein Jahr später beendete der Einmarsch der Roten Armee dieses Treiben.

Seefeld

Seefeld hat einen eigenen Bahnhof an der Strecke zwischen Berlin und Werneuchen. Es gibt mehrere Gründe, hier auszusteigen. Der erste: eine Runde um den Löhmer Haussee. Das dauert maximal eine Stunde. Dann ist man zurück am Dorfanger mit der mittelalterlichen Feldsteinkirche und der „Fischerhütte" – der zweite Grund, hier auszusteigen. Zander, Hecht, Wels, Karpfen, Forelle – hier gibt es all das, was die Gewässer zwischen dem Löhmer Haussee und der Oder hergeben. Wer sich nicht entscheiden kann, beginnt mit einer deftigen Fischsuppe. Der dritte Grund, in Seefeld auszusteigen, ist Bauer Peters Hofladen. Man muss schon genau hinschauen, um ihn am Anger nicht zu übersehen. Was ihm an Größe fehlt, macht er mit Frische wett. Einhundert Meter weiter kann man sich im

Die Doppelturm-Kirche von Willmersdorf

Herbst selbst davon überzeugen, dass seine Weihnachtsgänse ihr Leben im Freien verbracht haben. Und noch ein vierter Grund sei genannt: bei Kaffee und Kuchen im Café Mona gleich in der Nähe des Bahnhofs sitzen.

Man bittet zur Einkehr ... oben zum Fischessen in Seefeld, unten zum deftigen Mahl in Krummensee

Krummensee

Krummensee gehört zwar amtlich als Ortsteil zu Werneuchen, aber näher ist es nach Altlandberg – außerhalb der Grenzen des Barnim. Es will scheinen, dass Krummensee, abseits der großen Verkehrswege, schon immer etwas Besseres war. Die Kirche ist hier größer als in der Nachbarschaft, die Höfe machen einen wohlhabenden Eindruck. Der Grund dafür ist aber weniger darin zu suchen, dass Preußenkönig Friedrich I. 1708 das Dorf mit Haut und Haaren kaufte und ein Domänengut daraus machen ließ. Der gute Eindruck, der sich bei einem Spaziergang zwischen der Dorfmitte und dem Haussee (ja, noch ein Haussee in dieser Gegend, der Krumme See liegt ein wenig südlich des Dorfes) ergibt, soll vor allem – so hört man – aus dem engen Zusammenhalt zwischen den Einwohnern herrühren. Egal, ob es Alteingesessene oder Neuzugezogene, wovon es einige gibt, sind. Das konnten auch Renate und Ronald Schulz erleben, die vor fast zwanzig Jahren nach Krummensee kamen, um einen Pilzhof aufzubauen. Die Krummenseer haben damals die Ärmel hochgekrempelt, und der Pilzhof liefert heute das ganze Jahr über Pilze an Restaurants und verkauft sie im eigenen Hofladen.

Von Krummensee aus sind es nur wenige Kilometer auf einer wenig befahrenen Straße nach Altlandsberg. Die Stadt gehört zwar zum Kreis Märkisch-Oderland, eine Bestandsaufnahme des Barnimer Landes wäre aber ohne sie unvollständig. Ein von Bäumen gesäumter Feldweg führt über fünf Kilometer von Krummensee nach Blumberg. Doch der Reihe nach.

🍽 Zur Fischerhütte
Seestr. 11, 16356 Seefeld-Löhme, täglich ab 10 Uhr
www.zur-fischerhuette.de

🍽 „Ritterkrug"
Dorfstr. 7, Krummensee
Saison: täglich ab 11 Uhr
Nebensaison: nur an Wochenenden

Exotische Pilze vom Bauernhof:

Ein Lebenselixier

Dr. Ronald Schulz und seine Frau Renate machten sich 1996 von Berlin aus auf, um geeignete Räume für eine eigene Pilzzucht zu suchen. Die beiden Lebensmitteltechnologen wollten Theorie und Praxis bei der Zucht exotischer Pilze auf einem eigenen Anwesen zusammenbringen. Mitten in Krummensee fanden sie einen verlassenen Bauernhof, der sich gut für ihr Vorhaben eignete, vorausgesetzt, sie waren bereit, sehr viel Arbeit in die Wiederherstellung der Gebäude zu stecken. Wer den heutigen Pilzhof betritt, erlebt das Schmuckstück eines Bauernhofes, wie er um 1900 typisch für die Region war: die Ställe unten aus Feldsteinen, in den Giebeln aus Ziegeln. Dazwischen ein neu erbautes Haus mit dem Hofladen. Seine Spezialität: Shii-take, der beliebteste und auch älteste Kulturpilz Asiens. Daneben gibt es selbstproduzierte Liköre, Marmeladen und vom Nachbarhof Honig und frische Produkte.

Wenn man Bilder von 1996 mit dem Zustand von heute vergleicht, kann man sich in etwa vorstellen, welch gewaltiger Arbeitsaufwand nötig war. Haben Sie das mit Ihrer Frau allein gestemmt?
Ohne die Nachbarn aus Krummensee, ohne zum Beispiel die Freiwillige Feuerwehr, hätten wir das nicht geschafft. Wir sind ihnen allen sehr dankbar.

Während wir uns unterhalten – es ist Oktober – bevölkern die Pilzsammler die Wälder auch hier in der Gegend. Empfinden Sie das als Konkurrenz?
Im Gegenteil, wer Pilze sammelt, kommt auf den Geschmack. Und so kommt vielleicht der Wunsch auf, auch außerhalb der Saison Pilze auf den Teller zu bekommen. Wir bieten Shii-take das ganze Jahr über frisch an. Wer mag, kann sie auch getrocknet oder tiefgefroren mitnehmen.

Warum gedeihen exotische Pilze im Kuhstall besonders gut?
Ursprünglich dachten wir, dass die einst massiv gebauten Ställe für relativ gleichmäßige Temperaturen sorgen. Das hat sich jedoch als Irrtum herausgestellt, sodass wir Klimakammern einbauen mussten, in denen die Pilze bei konstanter Temperatur, Luftfeuchtigkeit sowie Beleuchtung wachsen. Gerade der Shiitake ist von seiner japanischen Heimat her ein ausgeglichenes Klima gewöhnt, nicht sehr warm, aber auch nicht kalt.

Apropos Geschmack: Wie würden Sie den Geschmack von Shii-take charakterisieren?
Er schmeckt zubereitet ähnlich wie Maronen, ist relativ fest und hat eine dezente Knoblauchnote.

Dann ist das wohl auch der Grund, weshalb Sie die Zucht dieser Pilzsorte aufgebaut haben?
Shii-take kommt bei zahlreichen, vor allem anspruchsvollen Restaurants auf den Tisch. Der Pilz ist aber auch ein anerkanntes Heilmittel. Wer die chinesische Küche etwas kennt weiß, dass dort Genuss und Heilkraft nahe beieinanderliegen. Wir stellen aus unseren Pilzen auch Vitamin-D-Präparate her, die den Knochenaufbau fördern und die Erhaltung der Muskulatur im Alter begünstigen.

Kann man exotische Pilze auch selbst züchten?
Wenn Sie es versuchen wollen, bekommen Sie in unserem Hofladen dafür die entsprechende Pilzbrut sowie eine Anleitung. Was Sie für eine Shii-take-Zucht im Garten brauchen, sind Stämme von Laub- oder Obstgehölzen. Nach dem Beimpfen, was meist im Frühjahr geschieht, können Sie nach etwa 4-6 Monaten die ersten eigenen Pilze ernten. Die Stämme verbleiben die gesamte Zeit draußen im Garten und können mehrere Jahre abgeerntet werden.

Sie unterhalten hier auch ein Laboratorium?
Ja , wir testen bisher noch nicht genutzte Pilzarten auf Anwendungen zum Beispiel in der Medizin oder in der Kosmetik. Übrigens: Wir bauen hier nicht nur Shii-take an, sondern auch den Austern-

und den Kräuterseitling, für medizinische Zwecke solche Exoten wie Ling Zhi, Enoki-take oder Zunderschwamm.

Gibt es auch Gelegenheiten, die Pilze in zubereiteter Form bei Ihnen zu erleben?
Ganz einfach: in den Sommermonaten jeden Samstag. Dann brutzelt es in der Pilzpfanne, außerdem gibt es Kaffee und selbstgebackenen Kuchen sowie saisonale Getränke. Und jedes Jahr veranstalten wir am 3. Oktober ein Hoffest. Die Termine für weitere Höhepunkte finden sich auf www.pilzhof.de.

PILZHOF Dr. SCHULZ
16356 Krummensee (Barnim)
Dorfstr. 16
www.pilzhof.de

Auf dem Strausberger Torturm nisten seit 1897 Störche.

Die Skulpturengruppe „Kleinstadtgeschichte" lädt zum Schmunzeln und Nachdenken ein (auch Seite 227).

ALTLANDSBERG

Altlandsberg hat einen zweiten Blick verdient, sollte der erste ungünstig ausfallen. Man kann es so sehen: enge Kopfsteinpflaster-Straßen zwischen Fachwerkhäusern, deren breite Einfahrten auf landwirtschaftlichen Erwerb schließen lassen. Aber auch so kann man Altlandsberg sehen: ein charmantes, kleines Ackerbürgerstädtchen, mit Stadtmauer und Türmen, Feldsteinkirche und Marktplatz, das kräftig daran gegangen ist, seine Schätze auch für Besucher zu heben. Infotafeln des Heimatvereins und der AG „Städte mit historischen Stadtkernen" sorgen für Informationen.

Das **Altlandsberger Schloss** gehört nicht mehr zu den Schätzen. Es brannte 1757 ab, wurde nicht wieder aufgebaut und schließlich geschleift. Aber es trug die Bezeichnung Schloss zu Recht, denn der preußische König Friedrich I. hatte die Herrschaft Altlandsberg gekauft und das bestehende Gutshaus zu einem Barockschloss ausbauen lassen. Vielleicht geschah das in gutem Angedenken an seine Kindheit, die er in der Familie von Otto Freiherr von Schwerin (1616 - 1679) in Altlandsberg verbrachte. Der Freiherr war nicht nur einer der einflussreichsten Ratgeber des Großen Kurfürsten, sondern auch der Erzieher seiner Söhne (der ältere, Karl Emil, starb mit 19 Jahren an Ruhr,

Die Stadtkirche und ein Portal der Schlosskirche

der jüngere, Friedrich, krönte sich selbst 1701 zum König in Preußen). Als das Schloss fertig war, starb der Bauherr.

Sein Nachfolger, der „Soldatenkönig" Friedrich Wilhelm I., verlegte seine Nebenresidenz nach Potsdam und verkaufte alles, was in Altlandsberg von Wert war. Geblieben aber sind nebeneinander zwei Kirchen: die eine, die Stadtkirche, im 13. Jahrhundert aus Feldsteinen errichtet, die andere, die **Schlosskirche**, wurde aus Materialien des abgebrannten Schlosses erbaut. Dazu gehören auch die drei Sandsteinportale. In der **Stadtkirche** trafen sich Anhänger des protestantischen Glaubens, in der Schlosskirche die des reformierten Glaubens. Vor der Schlosskirche erinnert eine Porträtbüste an den einstigen Patron.

Der Berliner und der Strausberger **Torturm** wachen nach wie vor über die Zugänge zum historischen Stadtkern. Und über einem der Türme wachen im Sommer die Störche. Am Strausberger Turm, auch „Storchenturm" genannt, schließen ein Stück Stadtmauer und das heute als Gaststätte genutzte Armenhaus an. Nomen ist hier allerdings nicht omen – es ist die angesagteste Adresse. An das Berliner Tor auf der anderen Seite der Stadt schmiegt sich ein kleines Museum des Heimatvereins, in dem auch die Tourist-Info untergebracht ist. Ein Kleinod mitten in der Stadt ist die Skulpturengruppe „Kleinstadtgeschichte" des Bildhauers Christian Uhlig. Die launigen Figuren sorgen auch in Wittenberg an der Elbe und auf dem Marktplatz von Angermünde für gute Stimmung.

Von März bis Oktober führt jeden letzten Freitag im Monat der Altlandsberger Nachtwächter durch die nächtliche Stadt. Treffpunkt ist 20 Uhr am Storchenturm.

🍴 Gaststätte Armenhaus
Am Strausberger Tor 2
armenhaus-altlandsberg.de

Im Dorfkern von Blumberg

AN DER BERLINER STADT-
GRENZE

Blumberg

Im alten Schulgebäude Blumbergs hat die AG „Schulgeschichte" ein kleines Museum geschaffen, das den Unterricht um das Jahr 1900 dokumentiert. Besichtigung nach Anmeldung unter Tel. (033394) 210.

Durch Blumberg führt die vielbefahrene B 158 von Berlin nach Bad Freienwalde. Die wenigsten, die hier vorbeikommen, ahnen etwas von den Reizen, die dieser Ort entlang der Bundesstraße zu bieten hat.

Da ist zum einen der historische Dorfkern mit dem Dorfteich und der Dorfkirche aus dem 13. Jahrhundert. Es ist nicht übertrieben, diese Ansicht „malerisch" zu nennen. Zum anderen besitzt Blumberg einen Schlosspark, dessen Gestaltung auf Peter Joseph Lenné zurückgeht. Das dazugehörige Schloss existiert nicht mehr. Es wurde in den letzten Kriegsmonaten von der Wehrmacht genutzt und von der Roten Armee beim Einmarsch zerstört. An das Schloss erinnert nur noch ein Plateau am Rand des Parks. Ein jüngst hergerichteter Ringweg führt um den Schloss-See.

Der Blumberger Schlosspark bietet Begegnungen mit Baumriesen aus der Zeit, als Friedrich Ludwig

von Arnim Schloss und Park erwarb –
das war 1836 – und anschließend von
Peter Joseph Lenné und Karl Friedrich
Schinkel bzw. seinem Nachfolger
August Friedrich Stüler erneuern ließ.
In Arnims Auftrag schuf Lenné einen
Entwurf für die Gestaltung eines **Guts-
parkes**. Der ist typisch für Lennés Spät-
stil: große Rasenflächen, ein See und
reiche Baumpflanzungen, die sich zu
den Grenzen hin waldartig verdichten.

Am Rand des Parks, nur wenige
Meter neben der Bundesstraße, steht
ein **Denkmal**, das einen drachentö-
tenden Reiter zeigt. Es erinnert an Otto
von Arnim, der am 18. Februar 1813 in
Blumberg von französischen (tatsächlich waren des Württemberger im
Dienste der Franzosen) Besatzungssol-
daten erschossen wurde. Er gilt als das
„erste Todesopfer der Befreiungs-
kriege". So verkündet es jedenfalls das
Denkmal, das frisch restauriert zum
Besuch des Parks einlädt.

Auf der anderen Seite der Straße
macht der „**Gärtnerinnenhof Blum-
berg**" auf sich aufmerksam. Seit 1992
betreiben sechs Frauen eine Gärtnerei
im ökologischen Landbau nach den
Richtlinien der Vereinigung „Gäa".
Auch hier wird konsequent auf den
Einsatz von synthetischen Dünge- und
Pflanzenschutzmitteln verzichtet.
Angebaut werden Gemüse, Kräuter,
Beerenobst und Kartoffeln, die man
freitags direkt vor Ort kaufen kann.
Eine Besonderheit im Angebot ist zum
Beispiel der Wildkräutersalat – beste-
hend aus Giersch, Löwenzahn, Melde,
Wegerich und jungem Blattgemüse
wie Babyspinat, Mangold und Fen-
chelgrün.

Alte Bäume im Lenné-Park
*unten: Denkmal Otto von
Arnim, gefallen im Kampf
gegen Napoleon*

ALS ERSTER IM KAMPFE
FÜR DEUTSCHLANDS BEFREIUNG
FIEL HIER AUF HEIMATLICHER ERDE
EIN TREUER SOHN DER MARK
OTTO von ARNIM
A.D.H. SUCKOW
AM 18. FEBRUAR 1813

Die Jugendstil-Kapelle im Ahrensfelder Ostfriedhof

Ahrensfelde

Ahrensfelde ist der Endpunkt einer Linie der Berliner S-Bahn, die sich von Südwesten bis Nordosten einmal diagonal durch die Hauptstadt schlängelt. Egal, in welche Richtung man sich am Bahnhof Ahrensfelde wendet, überall fallen die Plattenbauten aus der Zeit des DDR-Wohnungsbauprogramms ins Auge. Aber sie gehören zum Berliner Bezirk Marzahn-Hellersdorf. Erst wo die Satellitenstadt aufhört, beginnt Ahrensfelde.

Der Wechsel ist abrupt. Felder und Weiden ziehen sich zwischen den Eigenheimsiedlungen der sechs Ortsteile von Ahrensfelde hin. Es gibt vier Reiterhöfe, allein im Ortsteil Mehrow zwei. Hier lernen junge Berliner, vor allem junge Berlinerinnen, den Umgang mir Pferden und starten ihre Ausritte in die Barnimer Feldmark.

Durch den Ortskern von Ahrensfelde braust permanent der Verkehr. Durch den Ort führt die B 158, die hier als Zubringer aus dem Berliner Nordosten zur Autobahn A 10 fungiert. Und dennoch findet man hier einen Platz der Ruhe und der Besinnung: den **Ostkirchhof** Ahrensfelde. So wie der viel bekanntere

Südwestfriedhof in Stahnsdorf, wurde auch der Ostkirchhof angelegt, um neue Begräbnisplätze für die
Metropole Berlin außerhalb der eigentlichen Stadt-
grenzen zu schaffen. Verschiedene Berliner Kirchge-
meinden – vor allem in Friedrichshain und in Kreuz-
berg – besaßen hier eigene Gräberfelder.

Der Friedhof umfasst heute 25 Hektar, war aber
ursprünglich viel größer geplant. Dennoch gleicht er
einem Park mit riesigen Ausmaßen. Über einhundert
Jahre nach seiner Einweihung sind die Bäume auf
stolze Höhen gewachsen und bieten ausreichend
schattige Plätze. Die Friedhofskapelle ist im reinsten
Jugendstil erbaut und steht unter Denkmalschutz.
Obwohl der Friedhof einen eigenen Haltepunkt an
der Wriezener Bahn besaß (heute RB 25 zwischen
Berlin-Lichtenberg und Werneuchen), ist er von den
Berlinern nie richtig angenommen worden. So kann
er auch nicht auf die Gräber prominenter Verstor-
bener verweisen.

Die Wuhle

In einem kleinen Waldgebiet nordöstlich des Ahrensfelder Friedhofs entspringt ein Fluss, der längs durch
den Osten Berlins fließt und in Köpenick in die Spree
mündet, die Wuhle. Bezeichnungen wie Wuhlegrund,
Wuhletal und Wuhlheide zeigen, welche Rolle das
Gewässer in der Landschaft spielt.

Etwas mehr als 16 Kilometer ist die
Wuhle lang. Sie durchfließt den Friedhof, unterquert die B 158 und erreicht
im Ortsteil Eiche die Grenze zu Berlin.
Nach ein paar hundert Metern beginnt
der Landschaftspark Wuhletal, dessen
gepflegte Wege eine Wanderung bis
fast an die Mündung heran möglich
machen. Den nördlichen Eingang zum
Wuhletal markiert der „Wuhletalwächter", ein 15,5 m hoher, aus abmon-
tierten Balkonbrüstungen aus Beton
errichteter Kletterturm, den eine Berliner Sektion des Deutschen Alpenver-
eins fürs Training nutzt.

Der „Wuhletalwächter", errichtet aus 550 Balkonplatten, die
bei der Sanierung von Marzahner Plattenbauten anfielen

Zwischen Ahrensfelde im Norden und Köpenick im Süden schlängelt sich ein Grünzug durch den Osten von Berlin, der zu den vielseitigsten Biotopen der Hauptstadt gehört: das Wuhletal. Umfangreiche Renaturierungsarbeiten haben in den vergangenen Jahren für Tiere und Pflanzen neue Lebensräume entstehen lassen und für die Menschen ein großes Erholungsgebiet. Flankiert von Plattenbausiedlungen zieht sich über 15 Kilometer der gut ausgeschilderte Wuhletal-Wanderweg. Er hat drei Erhebungen zu bieten, die mit ihren jeweils ca. 100 m Höhe beachtliche Ausblicke über das östliche Berlin gestatten.

Startpunkt für die Wanderung ist der „Wuhletalwächter" im Eichepark. Die Wanderung führt an zwei Gewässergräben entlang – der Alten und der Neuen Wuhle. Die Alte Wuhle führt aber kaum noch Wasser und ist vor allem am alten Baumbestand zu erkennen. Hier hat das Flüsschen eine reizvolle Auenlandschaft entstehen lassen. Und dann gibt es dort die Ahrensfelder Berge. Einst natürliche Erhebungen, wurden sie mit Bauschutt aufgeschüttet und erreichen stolze 101 und 112 Meter. Der Blick von hier oben reicht weit über den Berliner Osten und ins Brandenburger Umland.

Der folgende Wegabschnitt ist deutlich vom Eingriff der Menschen in die Natur geprägt. Vieles wurde in der Nachbarschaft zu den Wohnbauten neu angepflanzt, und manche Kleingewässer wurden für die Tierwelt geschaffen. Im Wuhletal wachsen 250 Arten an Farn- und Blütenpflanzen. Es wurden fast 800 Tierarten gezählt, darunter zwei Drittel aller für Berlin beschriebenen Vogelarten sowie 23 geschützte bzw. gefährdete Arten.

An der Eisenacher Straße führt der Weg an den Erholungspark Marzahn heran. Man sieht den japanischen Garten vom Weg aus. Während der Wanderweg zum 102 Meter hohen Kienberg mit Aussicht bis Köpenick und zu den Müggelbergen führt, ist es ein kurzer Fußweg zum nördlichen Eingang zu den „Gärten der Welt" im Erholungspark Marzahn.

Gärten aus fernen Regionen der Welt und unterschiedlichen Zeiten sind hier vereint. Besuchermagnet ist der „Garten des wiedergewonnenen Mondes": chinesische Gartenkunst, anmutig um einen künstlichen See gruppiert, so weit das Auge reicht. Weitere Gärten kamen hinzu: ein japanischer, ein koreanischer, ein balinesischer und ein orientalischer, aber auch ein Renaissance-Garten und ein christlicher Garten. Nicht zu vergessen: der Karl-Foerster-Staudengarten und der Irrgarten. Wer den Marzahner Erholungspark besucht, spürt, dass Gartenkunst viel mehr ist, als Blumen zu pflanzen – es ist Naturerlebnis, Lebensgefühl, Philosophie. Deshalb wurde er zum zentralen Ort der Internationalen Gartenschau 2017 erkoren.

S Ahrensfelde

Kletter-felsen „Wuhletalwächter"

Eichepark
Neue Wuhle

Kemberger Str.

Wuhle

BARNIM

Dorfstr.

Eichner Str.

*Landschafts-
park
Wuhletal*

Ahrensfelder
Berge

Wuhletal-Wanderweg

Eichner Chaussee

**Marzahn-
Hellersdorf**

Mehrower Allee

Mehrower Allee

0   500 m

Landsberger Chaussee

Zossener Str.

Zossener Str.

Alte Hellersdorfer Str.

-Wallenberg-Str.

Damm

Landsberger Allee

Blumberger

Wuhle

TAXI

BERLIN

TAXI

Allee der Kosmonauten

Eisenacher Str.

P

Gärten
der Welt

Kienberg

▲ 102

*Erholungspark
Marzahn*

Jelena-
Santic-
Friedenspark

P

Wuhleauen

▶ Köpenick

U   TAXI

Gut zu wissen.

Service und Adressen

Information & Buchung

Pauschalangebote
WITO Barnim - Wirtschafts- und Tourismusentwicklungsgesellschaft mbH des Landkreises Barnim
Alfred-Nobel-Str. 1, 16225 Eberswalde
Tel.: (0 33 34) 59 100
www.barnimerland.de

TMB
Tourismus-Marketing Brandenburg GmbH
Am Neuen Markt 1, 14467 Potsdam
Tel. (0331) 29873-0
Fax (0331) 29873-73
www.reiseland-brandenburg.de

Urlaub auf dem Lande
pro agro e.V.
Gartenstr. 1-3, 14621 Schönwalde-Glien
Tel: (03 32 30) 20 770
www.landsichten-brandenburg.de

Brandenburger Gastlichkeit
Deutscher Hotel und Gaststättenverband Brandenburg e. V.
Schwarzschildstr. 94, 14480 Potsdam
Tel: (0331) 862368
www.hoga-brandenburg.de

Camping
Verband für Camping- und Wohnmobiltourismus im Land Brandenburg e.V.
Finowfurter Ring 10 A
16244 Schorfheide/OT Finowfurt
Tel.: (03335) 32 67 17
www.campingland-brandenburg.de

Tourist-Infos

BARNIM PANORAMA
Naturparkzentrum - Agrarmuseum Wandlitz
Breitscheidstraße 8–9, 16348 Wandlitz
www.barnim-panorama.de - S. 49 f

Bernau bei Berlin
Bürgermeisterstraße 4, 16321 Bernau
Tel.: (0 33 38) 76 19 19
Apr–Okt Mo–Fr 10–18, Sa–So 10–14 Uhr
Nov–März Mo–Fr 10–17 Uhr
www.bernau-bei-berlin.de - S. 22 f

Biesenthal
Tourismusverein Naturpark Barnim e.V.
Am Markt 1, 16359 Biesenthal
Tel. (0 33 37) 49 07 18
Di 9–12,14–18 Uhr,
Do 9–12, 14–18 Uhr
Fr 9–14, Sa 10–14, So 10–14 Uhr
www.barnim-tourismus.de - S. 35 f

Blumberg
Tourist-Info Barnimer Feldmark
Am Bahnhof 2, 16356 Ahrensfelde
OT Blumberg, Tel.: (03 33 94) 53 60
Öffnung bei Bedarf
www.feldmaerker.de - S. 228 f

Chorin
Tourist-Information im Bahnhof
Chorin-Kloster
Bahnhofstraße 2, 16230 Chorin
Tel.: (03 33 66) 53 00 53
Sa–So, Mo–Fr nach Absprache
www.schorfheidechorin.info - S. 116 f

Eberswalde
Tourist-Information
Steinstraße 3, 16225 Eberswalde
Tel.: (0 33 34) 6 45 20
Mo, Mi, Fr 10–13, 14–16 Uhr
Di, Do 10–13, 14–18 Uhr
Sa 10–13 Uhr
www.eberswalde.de - S. 138 f

Tourismuszentrum im Familiengarten
Am Alten Walzwerk 1-5,
16227 Eberswalde,
Tel.: (0 33 34) 38 49 10
Apr–Okt Di, Mi 10–18 Uhr
Nov–März Di, Mi 11–17 Uhr
www.familiengarten-eberswalde.de
S. 148 f

links: Eingangspforte der Wehrkirche in Neuendorf

Eichhorst
Touristinformation
Am Werbellinkanal 13 b,
16244 Schorfheide OT Eichhorst
Tel. (0 33 35) 33 09 34
Ostern–Sept Do–So 10–18 Uhr
Okt Do–So 10–16 Uhr
www.schorfheide.de - S. 61 f

Groß Schönebeck
Tourist-Information im Jagdschloss
Groß Schönebeck
Schloßstraße 6,
16244 Schorfheide OT Groß Schönebeck
Tel.: (03 33 93) 6 57 77
Mai–Sept Mo–So 10–17 Uhr
Okt–Apr Mo–So 10–16 Uhr
Jan–Ende 3. KW geschlossen
www.schorfheide.de - S. 57 f

„Schorfheidestube am Wildpark"
16244 Schorfheide OT Groß Schönebeck
Tel. (03 33 93) 66 79 89
April–Okt Di–Fr 10–17 Uhr
www.info-schorfheide.de - S. 58 f

Joachimsthal
Schorfheide - Information
Töpferstraße 1, 16247 Joachimsthal
Tel. (03 33 61) 6 33 80
Apr–Sept Mo–Sa 10–16 Uhr
Okt–März Di–Fr 10–15 Uhr
www.schorfheide-chorin.de - S. 76 f

Kaiserbahnhof
Bahnhof Werbellinsee 1,
16247 Joachimsthal
Sa, So, feiertags 10–17 Uhr
Führungen außerhalb der Öffnungs-
zeiten nach Absprache.
Tel. (01 74) 9 08 89 72 oder
(01 60) 8 06 07 44 - S. 74

Wandlitz
Tourismusverein Naturpark Barnim e.V.
Bahnhofsplatz 2, 16348 Wandlitz
Tel.: (03 33 97) 67 277
Mo 10–16, Di 10–17, Do–Fr 10–18
Sa 10–17, So 10–15 Uhr
www.barnim-tourismus.de - S. 46 f

Glambeck
Info-Punkt Glambeck
Wolletzer Weg 1,
16247 Friedrichswalde OT Glambeck
Tel. (03 33 61) 7 02 65
Apr–Okt Fr–Di 11–18 Uhr
www.glambeck-schorfheide.de - S. 86 f

Niederfinow
Tourist-Information „Im Krafthaus am
Schiffshebewerk Niederfinow"
Lieper Schleuse, Parkplatz 6,
16248 Niederfinow
April–Sept Sa, So, 10–17 Uhr - S. 134 f

Oderberg
Tourist-Information im Binnenschiff-
fahrtsmuseum Oderberg
H.-Seidel-Straße 44, 16248 Oderberg
Tel. (03 33 69) 4 70
Apl–Okt Mo–So 10–17 Uhr
Nov–März Mo–So 10–15 Uhr
www.bs-museum-oderberg.de - S. 125 f

Werneuchen
Tourist-Information der Stadt Werneuchen
Am Markt 5, 16356 Werneuchen
Tel. (03 33 98) 8 16 24
Mo/Mi/Fr 9–12 Uhr
Di 13–18.30, Do 13–16 Uhr
www.werneuchen.de - S. 217 f

AUSSICHTSPUNKTE

**Wer genießt nicht gern den offenen
Blick über die Landschaft? Gerade dort,
wo es an hohen Bergen mangelt, bieten
natürliche und künstlich errichtete Aussichtsplattformen das Gefühl von Weite
und Ferne.**

BIORAMA-Projekt
Am Rande von Joachimsthal gelegen,
bietet die Aussichtsplattform auf dem
Dach des denkmalgeschützten Wasserturms einen Ausblick auf die eiszeitlich
geformte Landschaft des UNESCO-Biosphärenreservates Schorfheide-Chorin.
Am Wasserturm, 16247 Joachimsthal
www.biorama-projekt.org - S. 75

Naturbeobachtungspunkt Althüttendorf
Am Ostufer des Grimnitzsees mit Blick über den Grimnitzsee mit seiner Vielfalt an Wasservögeln. Natur- und Heimatverein Althüttendorf e.V., Grimnitzer Str. 1 b, 16247 Althüttendorf - S. 95 f

Askanierturm
Dort, wo der Werbellinkanal in den Werbellinsee müdet, steht ein Aussichtsturm, der „Askanierturm". Er bietet den Blick auf den südlichen Werbellinsee und den Segelhafen von Wildau. Den Schlüssel für den Turm gibt es in der Tourist-Information in Eichhorst und im Café Wildau.
16244 Schorfheide OT Eichhorst - S. 62 f

Aussichtsturm Mellin
Der frei zugängliche Aussichtsturm liegt an der Straße zwischen Parlow und Glambeck. Schalenwild, Kraniche und Wiesenbrüter lassen sich dort beobachten.
16247 Parlow - S. 84

Aussichtspunkt Rummelsberg
Der „Gipfel" des kleinen Rummelsberges liegt ca. 81 m über dem Meeresspiegel. Er erhebt sich südlich von Brodowin und bietet seinen Bezwingern einen herrlichen Rundumblick auf den Pehlitzsee, den Parsteinsee und den Wesensee bis hin zum Rosinsee.
16230 Brodowin - S. 110

Aussichtsplattform Kiesgrube
Zwischen Neugrimnitz und Groß-Ziethen bietet eine Aussichtsplattform einen Überblick über den aktiven Tagebau in der nahen Kiesgrube und zeigt die Gesteinsschichten der Eiszeit.
Kiesgrube 1, 16247 Ziethen - S. 96

Aussichtsplattform Drebitzberg
Hier erwartet die Besucher der Dreiseenblick – eine fantastische Aussicht über die Toskana-Landschaft hinweg auf den Serwestsee, den Rosinsee und den Parsteiner See.
An der B 198 bei Klein Ziethen.

Der Eberswalder Höhenpass
Der Eberswalder Höhenpass verbindet auf einer Wanderung entlang des Finowkanals vier Aussichtspunkte:
- Turm der Maria-Magdalenen-Kirche,
- Eberkran amFamiliengarten,
- Tigerturm im Eberswalder Zoo,
- Wasserturm der Messingwerksiedlung
Flyer mit Infos und Karte zum Download unter www.eberswalde.de - S. 144 f

Der Turmwanderweg mit Turm-Diplom
Wer auf dem rund 12 km langen Turm-Wanderweg um und in **Bad Freienwalde** wandert, kommt an vier Türmen vorbei, die mit Aussichten auf den bergigen Oberbarnim, ins Oderbruch und über Bad Freienwalde locken. Von April bis Oktober gibt es zudem die Möglichkeit, nach Erklimmen aller vier Türme das „Turm-Diplom" zu erwerben.
Das sind:
- Bismarckturm bei Falkenberg,
- Aussichtsturm auf dem Galgenberg,
- Turm der höchsten Sprungschanze,
- Eulenturm im Garten des Hauses der Naturpflege.
Flyer mit Infos und Karte zum Download unter
www.bad-freienwalde.de - S. 179

BUNKER

Nach den Aussichtspunkten des Barnim geht es nun ins Innere der Landschaft, wo die Besucher eine beklemmende Unterwelt erwartet. - S. 44 f

Prötzel/Harnekop (MOL), Hauptführungsstelle des Ministeriums für Nationale Verteidigung.
Dreigeschossig, höchste Schutzklasse A, 7500 m² Fläche und damit einer der größten Bunker auf DDR-Gebiet. Gut erhalten, sodass er nach dem Ende der DDR durch die Bundeswehr weiter in Betrieb gehalten wurde. Ein Verein bietet Besichtigungen. Anmeldungen unter www.atombunker-16-102.de

Biesenthal, Führungsstelle des MfS. Galt als technisch ausgereiftester Bunker der DDR, wurde aber wegen Baumängeln nie in Betrieb genommen. Er zieht sich über zwei Etagen 15 m tief. Im Kriegsfall wäre er zwei Wochen, wie ein U-Boot, autonom überlebensfähig gewesen. Gelegentlich Führungen. Infos unter www.untergrund-brandenburg.de

Prenden, Führungsbunker „Filigran" des Nationalen Verteidigungsrates, ausgelegt für die 17 Mitglieder dieses Gremiums, an dessen Spitze Erich Honecker stand, und weitere 350 Personen. Der Bau zieht sich drei Etagen in die Tiefe. Sechs Jahre lang wurde er von einer 50-köpfigen Besatzung ununterbrochen in Betrieb gehalten. Höchste Schutzklasse A. Nicht mehr öffentlich zugänglich.

Freudenberg (MOL), Führungsbunker des Innenministeriums. Wegen Geldmangels mit vielen Mängeln behaftet, bot er nur mangelhaften Schutz vor modernen Waffensystemen. Eher „Tiefgarage" als Trutzburg, so Experten.

Neben Bunkern für die politische und militärische Führung der DDR gab es auch Schutzanlagen für militärische Einheiten, die zum Teil in einem guten Zustand sind und zu bestimmten Terminen besichtigt werden können:

Kunersdorf (MOL), Nebenbunker und Funkzentrale von Harnekop. Sendestellen im Umkreis von 400 Quadratkilometern. Ab 1982 in Betrieb. Als einziger Bunker fachgerecht wieder hergerichtet. Termine für Führungen unter www.bunker-kunersdorf.de

Bunker Ladeburg zur Führung von zehn Fla-Raketenabteilungen Termine für zweistündige Führungen: www.bunker-ladeburg.de

BADESTELLEN

Abtauchen im Barnim ist keine Problem. Wo sich ein See an den anderen reiht, gibt es jede Menge einfache Badestellen und gut ausgestattete Strandbäder – da ist für jeden etwas dabei. Hier nur eine kleine Auswahl:

Strandbad Wandlitzsee
Gastronomie, Bootsverleih, Spielplatz, Sprungturm, Sportmöglichkeiten
Prenzlauer Chaus. 154, 16348 Wandlitz

Waldbad Liepnitzsee
Gastronomie, Bootsverleih, Spielplatz, Wasserwacht des DRK, Kinderschwimmbecken, Volleyball
mehrere Badestellen am See
Am Liepnitzsee, 16348 Wandlitz

Badestelle auf der Liepnitzinsel
Saisonale Fähre zur Insel „Großer Werder", Imbiss
Am Liepnitzsee 3, 16348 Wandlitz

Stolzenhagener See
Badestelle, Restaurant, Fischerstube, Gastronomie, Verleih von Wassertretern
Basdorfer Straße 1a
16348 Wandlitz OT Stolzenhagen

Rahmersee
Badestelle Strandbad Rahmersee
Ruderbootverleih, Sonnenliegen
Wandlitzer Chaussee, 16515 Zühlsdorf

Badestrand am Obersee
mit Strand-Café
Straße am Obersee, 16348 Lanke

Strandbad Wukensee
Steganlage, Bootsverleih, Spielplatz, Verleih von Wasserlaufschuhen, Sprungturm, Badeinsel
Ruhlsdorfer Straße 41, 16359 Biesenthal

Badestelle an den Ruhlsdorfer Kieseen
Camping, Gastronomie, Wasserski und Wakeboarding, Angeln, Minigolf, Volleyball, Beachsoccer-Anlage

Biesenthaler Chaussee 24-25
16348 Marienwerder OT Ruhlsdorf

Strandbad am Grimnitzsee
Spielplatz, Volleyballplatz
Hövelstraße, 16247 Joachimsthal

Badestelle im Feriendorf am Grimnitz-see, Spielplatz & Übernachtung
Angermünderstraße 20
16247 Joachimsthal

Badestelle Leistenhaus
Übernachtung, Gastronomie
Leistenhaus 5, 16247 Joachimsthal

Badewiese am Grimnitzsee
Spielplatz
Dorfstraße, 16247 Althüttendorf

Werbellinsee, Badestelle auf dem Campingplatz „Am Spring", Kiosk, Restaurant, Boots- und Fahrradverleih
Am Spring 4, 16247 Joachimsthal

Zahlreiche Badestellen entlang des Westufers

Am Nordufer:
Badestelle „Holzablage Michen"
Beachvolleyballfeld
Seerandstraße, 16247 Joachimsthal

Badestelle am Stein
Kiosk
Seerandstraße, 16247 Joachimsthal

EJB Werbellinsee GmbH
bewachte Badestelle mit Nichtschwimmerbereich (Rettungsschwimmer), Beachvolleyballanlage, Tischtennisplätze, Steganlage, Joachimsthaler Straße 20, 16247 Joachimsthal

Badestelle am Krummen See
Holzschuhmacher-Erlebniszentrum
Seestraße, 16247 Friedrichswalde

Badestelle Weißer See Böhmerheide
Spielplatz, Buchfinkenweg
16244 Schorfheide OT Böhmerheide

Badestelle am Naturcampingplatz Parsteiner See, Übernachtung, Gastronomie, Bootsverleih, Surfschule
Seestraße 1, 12648 Parsteinsee OT Parstein

Badestelle Campingplatz Pehlitzwerder
Übernachtungsmöglichkeit
Dorfstraße 76, 16230 Brodowin

Badestelle Naturfreundehaus Üdersee
Übernachtung, Spielplatz, Bootsverleih
Üdersee-Süd 111, 16244 Schorfheide OT Finowfurt

Badestelle Lottschesee
Gaststätte, Bahnstation
16348 Wandlitz, OT Klosterfelde

Badestelle am Gamensee
Camping, Gaststätte, Wasserrutsche
nähe 16259 Tiefensee

Badestelle am Löhmer Haussee,
Naturlehrpfad
16356 Seefeld-Löhme

Badestelle Seehof Krummensee
Übernachtung, Gastronomie, Spielplatz, Hofladen, Erlebnisbauernhof mit Bogenschießen, Liegewiese mit Spielplatz
Dorfstraße 7, 16356 Werneuchen OT Krummensee

Camping

Camping im Barnimer Land – das ist Wohnen mitten in der Natur. Viele Plätze befinden sich an Seeufern und in Waldnähe. Die Anfahrt ist unkompliziert und die Ausstattung kann sich sehen lassen. Die Auswahl ist groß.

Die Schönmacher Camping
Ganzjährig für Wohnmobil oder Zelt
am Kleinen Lottschesee 1B
16348 Wandlitz OT Klosterfelde

Campingplatz am Liepnitzsee***
In ruhiger Waldlage, mit Reiten, Golf
und Tennis
Am Liepnitzsee 8A
16348 Wandlitz OT Lanke/Ützdorf
www.mecklenburg-tourist.de

Familiencamping Ruhlsdorf
Waldcampingplatz am Ruhlesee
Biesenthaler Chaussee 24-25
16348 Marienwerder OT Ruhlsdorf

Campingplatz am Mittelprendensee
An See und Wald, Grill- und Spielplatz.
Straße zum Mittelprendener
16348 Sophienstädt

Campingparadies Berolina
eigene Steganlage am See
Süßer Winkel am Werbellinsee
16244 Schorfheide OT Eichhorst
www.berolina-camping.de

Campingplatz „Am Spring"****
– Märchenplatz Schorfheide
Mit Badestrand und einer weitläufigen
Liegewiese
Am Spring 4, 16247 Joachimsthal
www.camping-spring.de

Campingplatz Parsteiner See ***
Nahezu unberührte Natur zum Wandern, Segeln und Angeln
Am Parsteiner See 24, 16248 Parstein
www.camping-parsteiner-see.de

Ferienpark Üdersee
Mitten im Biosphärenreservat
Schorfheide
Am Üdersee 1
16244 Schorfheide OT Finowfurt

Marina Eisvogel Finowfurt
Direkt am Finowkanal
Werbelliner Str. 54
16244 Schorfheide OT Finowfurt

TriangelTour Camp Niederfinow
Schleuse Stecher des Finowkanals
Boot- und Fahrradverleih möglich
Dorfstr. 31, 16248 Niederfinow

Country Camping Tiefensee****
Im Naturschutzgebiet mit drei Seen
Schmiedeweg 1
16356 Werneuchen OT Tiefensee
www.country-camping.de

ERLEBNISHÖFE

**Landleben liegt im Trend – und wenn es
nur für ein paar Wochen oder Tage ist.
Der Duft von frischem Heu, die großen
Augen der jungen Tiere, die Wanderung
auf einsamen Pfaden, die Abende unter
freiem Himmel, all das gehört auf dem
Erlebnisbauernhof immer dazu.**

Biohof Gerstel
Ein Landwirtschaftsbetrieb mit hofeigenen Produkten, Übernachtungsmöglichkeiten und Streicheltieren
Breitscheidstraße 8-9
16448 Wandlitz
www.biohof-gerstel.de

Siegis Landhauspension
Die barrierefreie Pension im Landhaus-
ambiente bietet hofeigene und regionale
Produkte, Streicheltiere und Sauna.
Dorfstraße 47
16230 Brodowin
www.fewobrodowin.de

Heidehof
Gute Jagd- und Angelmöglichkeiten, Mitarbeit und Kinderangebote auf dem Hof
Ausbau 6
16230 Chorin OT Serwest
www.heidehof-serwest.de

Seehof Krummensee
Der Erlebnisbauernhof mit Heimatstube
und Hofladen organisiert Hoffeste,
Schaubacken an Sonntagen im Holz-
backofen und Ferien auf dem Lande.
Dorfstraße 7
16356 Werneuchen
www.seehof-krummensee.de

Fahrräder

Man kann den Barnim mit dem Rad erreichen, man kann aber auch das Rad in der Bahn oder im Auto mitbringen, man kann sich hier ein Rad ausleihen. So können auch Kurzentschlossene eine Tour durch die Barnim-Landschaft unternehmen.

Sportfactory Wandlitz
Prenzlauer Chaussee 3
16348 Wandlitz
www.sportfactory-onlineshop.de

Fahrradhof
Kulturbahnhof Biesenthal
Bahnhofsplatz 1, 16359 Biesenthal
www.bahnhof-biesenthal.de

Fahrrad Schneider
Berliner Straße 26, 16321 Bernau
www.fahrradservice-schneider.de

Zweirad-Center Rott
Dimitroffstraße 5 a, 16352 Basdorf
www.zweiradcenter-rott.de

Fahrradverleih Café Schulz
Robert-Stolz-Allee, 16321 Bernau

Fahrradvermietung „Am Breten"
Am See, 16244 Schorfheide OT Altenhof
www.altenhof-werbellinsee.de

Café Kunst & Rad Wildau
Wildau 3, 16244 Eichhorst
www.kunst-und-rad.de

„Fahrradflicker"
Am Knick 7, 16247 Joachimsthal
www.fahrradflicker.de

Fahrradverleih im Café Wildau
Wildau 19, 16244 Eichhorst
www.cafe-wildau.de

Gut Sarnow - Elektro-Fahrradverleih
Eichhorster Chaussee 5
16244 Schorfheide OT Groß Schönebeck
www.gut-sarnow.com

Fahrradvermietung im Bahnhof Chorin
Bahnhofstr. 2, 16230 Chorin
www.fahrradverleih-chorin.de

Fahrradverleih Hotel „Haus Chorin"
Neue Klosterallee 10, 16230 Chorin
www.chorin.de

Rad-Haus Kattanek
Eisenbahnstr. 87, 16225 Eberswalde
www.radhaus-kattanek.de

Fahrradverleih im Reisebüro Fern & Meer (Elektrofahrräder)
Goethestr. 18a, 16225 Eberswalde
www.fernundmeer.de

Pension Kersten
Kreuzstraße 3, 16248 Liepe
www.pension-christa-kersten.de

Waldgaststätte Köhlerei
Sonnenburger Straße 3c
16259 Bad Freienwalde
www.stephanus-werkstaetten.de

Kinderparadiese

Kletterwald Schorfheide
In unmittelbarer Nachbarschaft des bekannten Wildparks führen in bis zu 7 m Höhe starke Seilstraßen, Wackelstege und Netzbrücken des Kletterwaldes durchs Geäst. Auf spielerische Weise werden Einblicke in die Vielfalt der heimischen Natur eröffnet.
Prenzlauer Str. 16
16244 Groß Schönebeck
www.kletterwald-schorfheide.de - S. 57 f

Waldschule Jägerhaus
In zwei Waldschulräumen des Jagdschlosses sind wechselnde Ausstellungen zu sehen. Am Rande der Ortslage gibt es einen interessanten Walderlebnispfad, auf dem man sein Wissen über die Natur testen und auch erweitern kann.
Schlossstr. 7, 16244 Groß Schönebeck
www.schorfheide.de - S. 57 f

Wildpark Schorfheide

Auf sieben Kilometer langen Wanderwegen können Besucher lehrreiche und erholsame Stunden in der Natur verbringen. Das Besucherhaus und das „Dörfchen" mit Feldbackofen und Lagerfeuerstelle bieten Platz zum Ausruhen und Speisen, für Kinder gibt es einen großen Spielplatz und ein Streichelgehege.
Prenzl. Str. 16, 16244 Gr. Schönebeck
www.wildpark-schorfheide.de - S. 58 f

Geopark

In der Ausstellung „Erfahrung Eiszeit" wird im Besucher- und Informationszentrum des Geoparks eine Zeitreise über drei Etagen und 15.000 Jahre inszeniert. Der Weg führt u.a. durch einen künstlichen Gletschertunnel.
Zur Mühle 51, 16247 Groß-Ziethen
www.schorfheide.de - S. 97 f

Geologischer Garten Stolzenhagen

Der Geologische Garten wendet sich vor allem an junge, geologisch interessierte Entdecker. Hier erlebt man eine Führung durch die Eiszeit und die Landschaft im nördlichen Brandenburg.
Elsengrund 7, 16248 Lunow-Stolzenhagen
www.geologischer-garten.de - S. 106 f

Familiengarten Eberswalde

Wo einst Industrieanlagen stampften und hämmerten, lädt nun der Familiengarten zu einem Besuch voller Erlebnisse ein – mit Märchenspiellandschaft, Riesenrutsche, Industriedenkmalen und bezaubernden Gartenwelten.
Am Alten Walzwerk 1, 16227 Eberswalde
www.familiengarten-eberswalde.de
- S. 148 f

Zoo Eberswalde

Einer der schönsten kleinen Tierparks in Deutschland, mit rund 1500 Tieren aus fünf Kontinenten. Für kleine Besucher stehen mehrere abwechslungsreiche Abenteuerspielplätze sowie ein eiszeitlicher Gletscherspielplatz bereit.
Am Wasserfall 1, 16225 Eberswalde
www.zoo.eberswalde.de - S. 150 f

Schiffshebewerk Niederfinow

Das technische Denkmal ist ein riesiger Lift für Binnenschiffe. Von oben hat man einen fantastischen Panoramablick bis zu den Hängen des Oberbarnim und weit ins Oderbruch hinein.
Hebewerkstraße 52 , 16248 Niederfinow
www.schiffshebewerk-niederfinow.info
- S. 134 ff

Waldgaststätte Köhlerei

Die Waldgaststätte „Köhlerei" ist ein beliebtes Ausflugsziel für Familien mit Streichelgehege, Waldspielplatz und Lagerfeuer. Alles wird von der Stephanus-Werkstatt betrieben, einer Einrichtung für Menschen mit Behinderungen.
Sonnenburger Straße 3c
16259 Bad Freienwalde
www.stephanus-werkstaetten.de - S. 181

Haus der Naturpflege

Das Haus der Naturpflege wurde 1960 von Erna und Kurt Kretschmann begründet. Neben dem eigentlichen Haus gibt es einen Schau- und Lehrgarten, ein Naturschutzmuseum, Übernachtungsmöglichkeiten und einen Eulenturm.
Dr.-Max-Kienitz-Weg 2
16259 Bad Freienwalde
www.haus-der-naturpflege.de - S. 260

JUGENDHERBERGEN

DJH Jugendherberge Bad Freienwalde

Auf dem etwa 1,7 Hektar großen Gartengelände wachsen über tausend verschiedene Pflanzenarten, und man findet viele versteckte Ruheplätze mit einem reizvollen Ausblick auf das Oderbruch. Bei einer Führung können Kinder und Erwachsene viel erfahren über ökologischen Gartenbau und das Zusammenspiel von Pflanzen und Tieren.
Hammerthal 3, 16259 Bad Freienwalde
bad-freienwalde.djh-berlin-brandenburg.de

Jugendherberge Wandlitz

Prenzlauer Chaussee 146
16348 Wandlitz - www.jh-wandlitz.de

Jugendherberge Liepnitzsee
Wandlitzer Straße 6
16348 Wandlitz OT Lanke/Ützdorf
www.jh-liepnitzsee.de

DJH Jugendherberge Bad Freienwalde
Hammerthal 3, 16259 Bad Freienwalde
www.bad-freienwalde.djh-berlin-brandenburg.de

Begegnungsstätte & Herberge
„Am Märchenwald"
Sonnenburger Straße 3 B
16259 Bad Freienwalde
www.spielbau-badfreienwalde.de

LANDPRODUKTE

Auch wenn das Barnimer Land sehr stark von Wäldern und Seen geprägt ist, gehören auch Felder und Weiden dazu. Was sie hervorbringen, kann frisch und oft in Bio-Qualität direkt im Hofladen eingekauft werden.

Der Höfeladen
Unter dem Motto: „Heimat schmecken" bietet Inhaber Hans-Christoph Peters ein umfangreiches Angebot regionaler Produkte. Dazu nutzt er über 80 Lieferanten, die überwiegend aus dem Barnim kommen.
Alte Goethestraße 3, 16321 Bernau
www.der-hoefeladen.de

Hof der kleinen Tiere
Hier werden Tierrassen gehalten, gezüchtet und deren Produkte verkauft. Im Hofladen gibt es Fleisch-und Wurstwaren sowie Schafs-und Ziegenkäse, Stutenmilchprodukte, Bio-Weine, Honig.
Alte Lindenstraße 10A
16348 Wandlitz OT Zerpenschleuse
www.hofderkleinentiere.de

Klosterfelder Senfmühle
Klosterfelde im Barnimer Land ist der Ursprungsort für handgemachten Senfgenuss. Der kleine Familienbetrieb hat sich ausschließlich der traditionellen

Herstellungsmethode verschrieben.
Zerpenschleuser Straße 34
16348 Wandlitz OT Klosterfelde
www.klosterfelder-senfmuehle.de

Café Lobetaler Bio
Hier können Sie alle Produkte frisch abgefüllt, an- oder aufgeschnitten kaufen – oder im Bistrobereich sofort probieren. Etwas Besonderes ist die „Joghurt-Bar", an der man mit tagesfrischen Lobetaler Joghurts, aber auch mit Früchten der Saison und Müsli bedient wird. Herzhafte und süße Kleinigkeiten, Wein, kühle Getränke, Kaffee und Kuchen runden das Angebot ab.
Sydower Feld 1
16359 Biesenthal OT Biesenthal
www.lobetaler-bio.de

Feldsteinbackofen Familie Scheuing
Ein Charakteristikum für Danewitz sind die Feldsteinbacköfen, dessen Entstehungszeit um 1850 geschätzt wird. Einer der Feldsteinbacköfen steht auf der Wiese der Familie Scheuing und wurde ab 1996 instandgesetzt. Eine Backofenhütte bietet Reisegruppen sowie Fahrrad- und Wandergruppen Platz, sodass man das Schaubacken und die Verkostung von Brot und Kuchen mit guter Rundumsicht genießen kann. Diese touristische Attraktion ist einmalig im Land Brandenburg.
Dorfstraße 27
16359 Biesenthal OT Danewitz
www.feldsteinbackofen.de

Buckower Gemüsekorb
Gemüse, Beet- und Balkonpflanzen sowie Kräuter aus eigener Produktion und weitere regionale Produkte
16244 Schorfheide OT Buckow

Landfleischerei Buckow
Die Landfleischerei Buckow bietet hausgemachte Wurstwaren, Schinken, Fleisch und Grillspezialitäten von Tieren aus eigener Zucht.
Lindenstr., 16244 Schorfheide OT Buckow

Schorfheider Landtheke

Eine Vielzahl an regionalen sowie Bio- und Naturkostprodukten: frisches Obst und Gemüse der Saison, Molkereiprodukte direkt vom Erzeuger, Wurstwaren, Honig aus der Region, Senf der Klosterfelder Senfmühle sowie hausgemachte Marmeladen, Gelees und Liköre
Rosenbecker Straße 13
16244 Schorfheide OT Groß Schönebeck

Schorfheidestube am Wildpark

Erzeugnisse aus Keramik, Holz, Glas, Textilien, Korb sowie Senf, Honig, Brotaufstriche u.a., die überwiegend in Handarbeit und vorwiegend in der Region hergestellt werden
Ernst-Thälmann-Str. 18
16244 Schorfheide
OT Groß Schönebeck

Hofladen „Ökodorf Brodowin"

Die Meierei mit großer Glasfassade lässt Besucher miterleben, wie die frische Brodowiner Milch verarbeitet und Käse hergestellt werden.
Brodowiner Dorfstraße 89
16230 Chorin OT Brodowin
www.brodowin.de

Der Globus-Naturkostladen

Große Auswahl an Käse & Wein, Brotsorten und Obst & Gemüse sowie Bio-Produkte aus der Region, z.B. Brodowiner Milch, Lobetaler Joghurt und Fleisch vom Hof der kleinen Tiere
Eisenbahnstr. 7, 16225 Eberswalde
www.globus-naturkost.de

Scotland-and-Malts

Kleiner Verkaufsraum mit über 600 verschiedenen Sorten Whisky, Rum, Obst- und Edelbränden, Gin und Liköre
Gersdorfer Straße 27 B
16225 Eberswalde
www.scotland-and-malts.de

SENFLAND - Zimmermanns Senf

Neben solchen hofeigenen Produkten wie Senf oder Ketchup finden Sie hier viele Dinge, die zu einem guten Essen passen, wie z.B. Honig, Wein, Gewürze, Salz.
Hebewerkstraße 81, 16248 Niederfinow
www.zimmermanns-senf.de

Berliner Beerengarten

An verschiedenen Standorten können Erdbeeren, Heidelbeeren und Himbeeren selbst frisch vom Feld gepflückt werden.
Freienwalder Chaussee
16356 Ahrensfelde OT Blumberg
www.berlinerbeerengarten.de

Landwirtschaftsbetrieb Detlef Nietsch

Erntefrisches, ökologisch erzeugtes Obst und Gemüse aus eigenem Anbau
Adolf-Reichwein-Str. 23A
16356 Werneuchen OT Tiefensee
www.bauer-nietsch.de

Obst- und Gemüsebau Wolfgang Lange

Der Anbau eigener Produkte umfasst unter anderem Obst wie Erdbeeren, Johannisbeeren, Pflaumen und Sauerkirschen sowie Gemüse: Tomaten, Gurken und Kürbisse.
Bernauer Chaussee 15A
16356 Blumberg/Elisenau

Gärtnerinnenhof Blumberg

Das Angebot umfasst: Gemüse der Saison, Beerenobst, Kartoffeln, Sommerblumen sowie verschiedene Tee- und Küchenkräuter.
Krummenseer Weg
16356 Ahrensfelde OT Blumberg
www.gaertnerinnenhof-blumberg.de

Herbert Matthes – Hofladen

Der Hofladen in Blumberg bietet landwirtschaftliche Produkte direkt vom Erzeuger.
Freienwalder Chaussee 16
16356 Ahrensfelde OT Blumberg

Erdbeerhof Britta Bahnsen

Selbstpflücke auf den Feldern, Verkauf von Erdbeeren in der Saison an verschiedenen Ständen und auf Märkten
Lindenstraße 21
16230 Breydin OT Klobbicke
www.erdbeerhof-bahnsen.de

Wolterhof

Landwirtschaftlicher Familienbetrieb mit Hofladen, Selbstpflücke und Damwildgehege
In Willmersdorf 401
16356 Werneuchen OT Willmersdorf
www.derwolterhof.com

Pilzhof Dr. Schulz

Ganzjährig Speisepilze, Pilzprodukte zur Stärkung der Gesundheit und des Wohlbefindens, Pilzbrut sowie weitere Lebensmittel mit Pilzen
Dorfstraße 16
16356 Werneuchen OT Krummensee
www.pilzhof.de

Obstbau Mehlich

Frisches Obst aus Werneuchen zum Selbstpflücken
Hofladen mit Grünspargel, Obst, Honig, Säfte, Obstbränden und Kartoffeln
Freienwalder Str.57
16356 Werneuchen

Landbau Sonja Moor

Zuchtbetrieb für Gallowayrinder, Wasserbüffel und Schafe. Hofladen mit Fleisch- und Wurstwaren
Ernst-Thälmann-Str. 14
16356 Werneuchen OT Hirschfelde
www.sonja-moor-landbau.de

Obstgut Franz Müller

Während der jeweiligen Erntesaison können Früchte selbst gepflückt werden: Erdbeeren, Süß- und Sauerkirschen, Äpfel und Pflaumen, im Hofladen finden Sie ländliche Spezialitäten aus der Region: Säfte, Honig, Kartoffeln, Gemüse, Eier, Käse und Wurstwaren.
Dorfstr. 1, 15345 Wesendahl (Altlandsberg)
www.obstgut-franz-mueller.de

KULTURFESTE

Wer Vogelzwitschern als Bereicherung klassischer Musik ansieht, der findet im Barnim zahlreiche Möglichkeiten, die Verbindung von Kunst und Natur zu erleben. Der Verein „Kulturfest im Land Brandenburg" gibt jährlich einen Katalog mit dem Programm, den Orten und Terminen heraus (www.kulturfeste.de). Hier die Kulturfeste im Landkreis Barnim:

Festival Alter Musik Bernau

Hochkarätige klassische Musik in der Bernauer Marienkirche; ein Wochenende Anfang September
www.altemusik-bernau.de

Siebenklang – Bernauer Musikfestspiele

Songs, Lieder, Chansons
Ende April bis Ende Mai an verschiedenen Spielstätten
www.siebenklang.de

Kirchensommer Brodowin

Klassische Musik von der Barockzeit bis heute; von Ostern bis Advent in der Dorfkirche Brodowin
www.kirchensommer-brodowin.de

Choriner Musiksommer

Bekannte Orchester und Interpreten bieten Klassik im Grünen.
Von Ende Juni bis Ende August im Kloster sowie in der Dorfkirche Chorin
www.choriner-Musiksommer.de

Kapellenkonzerte im Kloster Chorin

Klassische Musik in kleiner Besetzung
April bis Dezember im Brüdersaal
www.kapellenkonzerte-chorin.de

Eberswalder Jazztage

Jazz vom Feinsten, intoniert von Oldies und Newcomern
4 Tage nach Himmelfahrt im Paul-Wunderlich-Haus und drumherum
www.facebook.com/jazzine

Glambecker Claviermusiken
Kammermusik mit Schwerpunkt Klaviermusiken; März bis Dezember in der Glambecker Dorfkirche
www.glambeck-schorfheide.de

Inselleuchten Marienwerder
Songs und Lieder im mitreißenden Stilmix; 2 Tage Anfang Juli auf der Kulturinsel Marienwerder
www.inselleuchten.de

Bebersee Festival
Renommierte Solisten bieten im Konzerthangar des ehemaligen Flugplatzes Groß Dölln klassische Leckerbissen an zwei Wochenenden im August auf dem Gelände des Driving Centers Groß Dölln.
www.umkulturagenturpreussen.de

Chanson-Festival Brassens in Basdorf
Frühlings-, Sommer- und Herbstfestivals an verschiedenen Orten in und um Basdorf zu Ehren des französischen Chansonniers George Brassens
www.festival-brassens.info

Museen

Heimatmuseum Bernau
Breitscheidstraße 43 c
16321 Bernau bei Berlin
und
Museum Henkerhaus
Am Henkerhaus
16321 Bernau bei Berlin
www.bernau-bei-berlin.de

Wolf Kahlen Museum Bernau
Intermedia Arts Museum
Am Pulverturm
16321 Bernau bei Berlin
www.wolf-kahlen.net

Museum Steintor
Berliner Straße 1
16321 Bernau bei Berlin
www.bernau-bei-berlin.de

Bernau-Karte S. 27

BARNIM PANORAMA
Naturparkzentrum - Agrarmuseum Wandlitz
Breitscheidstraße 8-9, 16348 Wandlitz
www.barnim-panorama.de - S. 49 f

Schulmuseum Blumberg
geöffnet nach Vereinabrung
Schulstr. 10
16356 Ahrensfelde OT Blumberg
www.schulmuseum.net - S. 228

Heimatstube des Heimatvereins
Biesenthal e.V.
Am Markt 1, 16359 Biesenthal
www.heimatverein-biesenthal.de - S. 35

Heidekrautbahn Museum
An der Wildbahn 2a
16348 Wandlitz OT Basdorf
www.berliner-eisenbahnfreunde.de - S. 53

Holzschuhmacher-Erlebniszentrum
Heimatverein „Pfälzer Erbe" e. V.
Dorfstraße, 16247 Friedrichswalde
- S. 80 f

Dorfmuseum Glambeck
Weg am Park
16247 Glambeck (Friedrichswalde)
www.glambeck-schorfheide.de - S. 86 f

**Redern-Museum
im Taubenturm Glambeck**
Weg am Park / Taubenturmplatz
16247 Glambeck (Friedrichswalde)
www.glambeck-schorfheide.de - S. 86 f

**Jagdschloss Groß Schönebeck
mit Schofheide-Museum**
Schlossstr. 6, 16244 Groß Schönebeck
www.jagdschloss-schorfheide.de - S. 57 f

Kutschenmuseum Groß Schönebeck
E.-Thälmann-Str. 4,
16244 Groß Schönebeck - S. 58

Kloster Chorin
Amt Chorin 11a, 16230 Chorin
www.kloster-chorin.org - S. 116 ff

Binnenschifffahrts-Museum Oderberg
Hermann-Seidel-Str. 44, 16248 Oderberg
www.bs-museum-oderberg.de - S. 126

Heimatmuseum Liebenwalde
Marktplatz 20, 16559 Liebenwalde
www.museum-im-knast.de - S. 164

Museum Eberswalde
in der Adler-Apotheke
Steinstraße 3, 16225 Eberswalde
www.eberswalde.de - S. 138 f

Wäschereimuseum „Omas Waschküche"
nur für angemeldete Gruppen
Angermünder Str. 15, 16227 Eberswalde
www.waeschereimuseum.com

Museum Finower Wasserturm
Lindenstr. 33, 16227 Eberswalde
www.wasserturm-finow.de - S. 154 f

Luftfahrtmuseum Finowfurt
Museumsstraße 1
16244 Schorfheide OT Finowfurt
www.luftfahrtmuseum-finowfurt.de
- S. 159 f

Motorrad-Museum Marienwerder
Klandorfer Str. 13, 16348 Marienwerder
- S. 162

Brandenburg. Freilichtmuseum Altranft
Am Anger 27
16259 Bad Freienwalde OT Altranft
www.freilichtmuseum-altranft.de
- S. 202 f

Oderlandmuseum Bad Freienwalde
Uchtenhagenstraße 2
16259 Bad Freienwalde (Oder)
www.oderlandmuseum.de - S. 184 f

Haus der Naturpflege
Dr.-Max-Kienitz-Weg 2
16259 Bad Freienwalde
www.haus-der-naturpflege.de - S. 200 f

Heimatstube Werneuchen
Schulstr. 1, 16356 Werneuchen - S. 217 f

REITEN

Brigittes Reiterhof
Dorfstr. 22,
16341 Panketal OT Schwanebeck
www.brigittes-reiterhof.de

Reiterhof Hinze
Kirchstr. 12, 16348 Wandlitz
www.reiterhof-am-wandlitzsee.de

Reitstall Verworner
Rüdnitzer Straße
16321 Bernau bei Berlin OT Ladeburg
www.hengststation-verworner.de

Pferdehof Ladeburg
Rüdnitzer Str. 21
16321 Bernau bei Berlin OT Ladeburg
www.pferdehof-papke.de

Der Birkhof
Str. nach Blumberg 46, 16321 Birkholz
www.derbirkhof.de

Reiterhof Helenenau
Löhmer Chaussee 15
16321 Bernau OT Börnicke
www.helenenau.de

Reiterhof Biesenthal
Kirschallee 10
16359 Biesenthal
www.reiterhof-biesenthal.de

Reit- und Fahrtouristik Sander
Prenzlauer Str. 14
16244 Schorfheide OT Groß Schönebeck
www.reittouristik-sander.de

Reitstall Böse
Berliner Str. 28A
16244 Schorfheide OT Groß Schönebeck
www.reitstall-boese.de

Beritt-, Zucht- und Ausbildungsstall
Ruby Rose
Eichhorster Chaussee 5
16244 Schorfheide OT Groß Schönebeck
www.rr-reitsport24.de

Reiterhof Crazy Horses
Lichterfelder Weg 20
16244 Schorfheide OT Werbellin
www.reiterhof-werbellin.de

Reitanlage Gut Sarnow
Eichhorster Chaussee 5
16244 Schorfheide OT Groß Schönebeck
www.js-ahrensdorf.de

Double C Ranch
Dorfstr. 20
16247 Ziethen OT Klein Ziethen
www.double-c-paints.de

Reiterhof Blütenberg
Blütenberg 1
16244 Schorfheide
www.reiterhof-bluetenberg.lima-city.de

Reit- und Fahrtouristik Lehmann
Kastanienallee 2
16278 Angermünde OT Sternfelde
www.urlaub-bei-lehmann.de

Ponyhof Neuholland
Nassenheider Chaussee
16559 Liebenwalde
www.ponyhof-neuholland.de

Crazy Cowboy Ranch
Liebenthaler Str. 2A
16559 Liebenwalde OT Hammer
www.crazy-cowboy-ranch.de

Fahr- und Reitgestüt Insel
Insel 1
16348 Marienwerder (Wandlitz)
www.gestuet-insel.de

Sonnenhof Werneuchen
Berliner Allee 38
16356 Werneuchen
www.horse-personal-coaching.de

Reiterhof Groke
Lindenberger Str. 29
16356 Ahrensfelde
www.reiterhof-groke.de

Reiterhof Klopsteg
Am Stener Berg 43
16356 Ahrensfelde OT Mehrow
www.reiterhof-klopsteg.de

Reitanlage Elisenau
Alte Bernauer Str. 30
16356 Ahrensfelde OT Blumberg
www.reitanlage-elisenau.de

Wasserwandern

Marina Liebenwalde
Berliner Straße 45 a
16559 Liebenwalde
Tel.: (03 30 54) 3 90 30
www.marina-liebenwalde.de

Bootshaus Ruhlsdorf
Am Finowkanal 4
16348 Marienwerder OT Ruhlsdorf
mobil: (01 76) 61 07 88 91
www.bootshaus-ruhlsdorf.de

Marina „Eisvogel"
Hafen „Hubertusmühle"
Werbelliner Str. 54
16244 Schorfheide OT Finowfurt
Tel.: (0 33 35) 3 02 03
www.mst-touristikfloesserei.de

Finowtaltouristik
Erzbergerplatz 1
16244 Schorfheide OT Finowfurt
mobil: (01 74) 9 41 14 62
www.triangeltour.de

TriangelTour
Dorfstraße 31
16248 Niederfinow OT Stecherschleuse
Tel.: (03 33 62) 7 04 37
www.triangeltour.de

Marina Oderberg
Altes Bruch 5
16248 Oderberg
Tel.: (03 33 69) 7 55 40
www.marina-oderberg.de

Ortsregister

ÜK = Übersichtskarte
DK = Detailkarte

Impressum

Barnim. Ein Wegbegleiter
Erschienen unter Edition Terra, einer Marke der terra press GmbH
in Kooperation mit der WITO GmbH
und mit freundlicher Unterstützung örtlicher Tourist-Informationen.

© **terra press GmbH**
Albrechtstraße 18, 10117 Berlin, www.terra-press.de
1. Auflage 2014 · ISBN 978-3-942917-16-2

Fotos: 12/146/147 Konditorei Wiese, 14 shutterstock/Kzenon, 24/25 Tourist-Information
Bernau, 32-34 Stiftung Lobetal, 44/45 Rainer Funke, 53 NEB, 69 Stephan Höferer, 73 EJB
am Werbellinsee, 77 Grimnitzer Glashütten, 111/112/171/174/175 Dirk Schwarzer, 144 Zoo
Eberswalde, 157 Museum der Stadt Eberswalde, 158 Achim Lerch, Finowfurter Flößerver-
ein e.V., 161 Michael „Jahpix" Schönherr, 164 Hof der kleinen Tiere, 224/225 Pilzhof
Schulz, 230 Carolin Kotte, alle anderen terra press GmbH

Karten und Layout: terra press GmbH

Mitarbeit: Rainer Funke, Marion Klotz, Katarzyna Polok

Bibliografische Information der Deutschen Bibliothek: Die Deutsche Bibliothek verzeichnet diese Publikation in der Deutschen Nationalbibliografie; die detaillierten
bibliografischen Daten sind im Internet unter http://dnb.ddb.de abrufbar.
Alle Angaben in diesem Buch wurden nach bestem Wissen recherchiert. Sollten sich
dennoch Fehler eingeschlichen haben, bedankt sich der Verlag für jeden Hinweis.

Hat Ihnen dieses Buch gefallen?
Dann hätten wir noch diese für Sie:

Potsdam. Der illustrierte Stadtführer
Potsdam – die Stadt der Schlösser und Gärten, der
Wissenschaft und Kultur – wird in diesem Stadtführer
in all ihren Facetten vorgestellt. Ein Reisebegleiter mit
Touren, Anekdoten und jeder Menge Tipps.
160 Seiten, 25 Karten und 3-D-Darstellungen,
250 Fotos und Grafiken, deutsch (5. Aufl.),
auch in englischer Sprache erhältlich
ISBN 978-3-942917-10-0, 9,80 Euro

Havelland. Ein Wegbegleiter
Zwischen der westlichen Stadtgrenze von Berlin bis ins
Vorland der Elbe erstreckt sich eine Landschaft, in der
Mensch und Natur ein spannendes Bündnis eingegan-
gen sind. Dieser Reiseführer folgt dem Havel-Radweg,
der Tour Brandenburg und dem Havelland-Radweg, um
das Havelland einmal zu umrunden und seine Sehenswürdigkeiten zu entdecken.
270 Seiten mit 300 Fotos, zahlreichen Karten,
Wandertouren und Stadtrundgängen
ISBN 978-3-942917-11-7, 14,80 Euro

Uckermark. Ein Wegbegleiter
Der nordöstlichste Landstrich Brandenburgs bietet berau-
schend schöne Landschaften, überraschende Ursprüng-
lichkeit und jede Menge Geschichte. Der Reiseführer
folgt dem rund 200 km langen Märkischen Landweg und
vermittelt Hintergründe zu interessanten Sehens- und
Denkwürdigkeiten. Er führt durch den Naturpark Uckermärkische Seen, das Biosphärenreservat Schorfheide-
Chorin und den Nationalpark Unteres Odertal.
3. erweiterte Auflage, 200 Seiten, über 300 Fotos und
zahlreichen Karten
ISBN 978-3-9812477-8-7, 14,80 Euro

www.terra-press.de